法治建设与法学理论研究
部级科研项目成果

疑难案件中法官决策的风格与技艺

谢小瑶 等 著

法律出版社 LAW PRESS · CHINA
—— 北京 ——

图书在版编目(CIP)数据

疑难案件中法官决策的风格与技艺 / 谢小瑶等著
. -- 北京 : 法律出版社, 2021
ISBN 978-7-5197-6214-8

Ⅰ. ①疑… Ⅱ. ①谢… Ⅲ. ①审判-研究 Ⅳ.
①D915.18

中国版本图书馆 CIP 数据核字(2021)第 235540 号

疑难案件中法官决策的风格与技艺
YINAN ANJIAN ZHONG FAGUAN JUECE DE FENGGE YU JIYI

谢小瑶 等著

责任编辑 李 群 翁潇潇
装帧设计 汪奇峰

出版发行 法律出版社
编辑统筹 法规出版分社
责任校对 晁明慧 王 皓
责任印制 耿润瑜
经　　销 新华书店

开本 710 毫米×1000 毫米 1/16
印张 14.25 **字数** 180 千
版本 2021 年 11 月第 1 版
印次 2021 年 11 月第 1 次印刷
印刷 北京建宏印刷有限公司

地址:北京市丰台区莲花池西里 7 号(100073)
网址:www.lawpress.com.cn
投稿邮箱:info@lawpress.com.cn
举报盗版邮箱:jbwq@lawpress.com.cn
销售电话:010-83938349
客服电话:010-83938350
咨询电话:010-63939796

书号:ISBN 978-7-5197-6214-8
定价:48.00 元
凡购买本社图书,如有印装错误,我社负责退换。电话:010-83938349

序

经过40多年努力,中国特色社会主义法律体系已然建立起来。在这当中,我国立法取得的成就有目共睹。此可见诸不同面向:不论是从横向上法律门类齐全的建设上,如《民法典》《刑法》《行政诉讼法》《网络安全法》等,还是从纵向上各级地方立法机构对上位法不断充实、完善的精细化操作;也不论是法律、法规及规章的立、改、废程序设计及有条不紊地推进,还是包括立法语言、立法解释等立法技术的日臻成熟。对于公权力的规范与公众权益的保障而言,如果说立法侧重解决无法可依、无法可循,那么,当有了较为完备的法律体系之后,随之而来更为突出的任务之一就是公平、公正的司法。基于此语境,面对大量的社会纠纷,作为社会正义的最后一道防线的司法部门,其运作特别是法官的裁判活动,通常都会受到公众格外的关注。

按理说,依照三段论的形式逻辑,法官对所系纠纷进行裁判,得出的结论自是无异议的。然而,在实际生活中,这样的规划设想时常遭遇挑战,集中表现在:在所系纠纷中,当作为大前提的法律原则/规则出现不清晰或者空白，法律原则/规则间冲突，严格遵循原则/规则会出现结论与公众的价值追求相违背等问题时（为便于论述，本书将此类型案件称为疑难案件），形式逻辑在司法裁判中的“至高形象”就会受到质疑。事实上，人们业已形成的一个共识是，即使纠纷存在与之相应的法律原则/规则，法官的裁判也不可能像“自动贩卖机”那样机械、呆板，必然渗透着法官对法律原则/规则的主观理解及价值抉择，只不过这种抉择常假借一种“可理解的推理”所谓“客观方式”展开而已。当下学界对“同案不同判”现象的探讨即说明此问题。如此，也就意味着，在法官面前的案件，绝大部分可能属于疑难案件的范畴，而法官作出的裁判也是糅合并考量了多种因素后的“断然性”决策。

究竟该如何解决这样的问题？既有研究侧重于从两个维度展开。第一，着眼宏观的分析。比如探讨裁判中的法律与政治的关系，涉及法官任职的员额制、司法责任追究制、合议庭等相关制度的功能。第二，偏重微观的论证。基于此维度下的论证，有的强调对裁判进行技术性分析，如实质推理技术、目的与体系解释方法等；有的偏好研究法官的直觉或法感的意义、认知与心理的影响等。必须承认，这两个维度对人们“疑难案件中法官的决策”现象的研究带来诸多有益的启发。然而，忽视特定时空下法律思想对法官决策的构成性影响，在许多时候，会让一些研究的结论变得“纯粹的形而上”，甚至陷入“自说自话”的尴尬境遇。比如，在分析欧洲的自由法思潮（或称为自由法学）强调裁判中法官主观价值的积极影响时，若未理解自由法学所特有的法律思想——法律人文主义，以及它针对概念法学过于形式化追求的批判，人们得出的结论就很容易是偏颇的。类似地，如果罔顾美国现实主义法学思想对社会科学与主观价值的合理安置，便无法解释它对法官心理、情感的重视和偏好。

鉴于此，本书采取中观维度，即使用在历史中存在并至今产生影响的法学思想来审视“疑难案件中法官决策”问题。比如，法律最低限度主义（Legal minimum），美国的法律现实主义（Legal realism），欧洲的自由法学、法律家长主义（Legal Paternalism）、美德/德性法理学（Virtue jurisprudence）等。此举的意义在于，一方面，尽可能比较好地展示法官裁判活动在受到不同法律思想影响下形成的独有风格，而这种风格，在某种意义上，恰恰又是“司法活力”（Justice energy）的助推者，同时，也使司法部门采取一些做法以及制定有关制度的意义获得具体化理解，比如强调依法裁判、司法公开、法官操守/美德等；另一方面，它对我们重新审视国内司法改革的某些制度措施，深挖司法裁判理论，进而考察法官决策的“内部世界”问题具有重要指引意义。就此展开，若从大的层面上说，它或许为法治中国建设提供了一种新的智识见解。

谢小瑶

2021 年 7 月 3 日于宁波

目　　录

第一章　司法最低限度主义

——基于美国宪法判例的分析

在牵涉道德事实的疑难案件中，法官往往会遭遇一连串影响司法裁判的难题——法律条文在特定争议上的具体含义是什么？如何确定它的具体含义？如何对外表达它的含义？谁又有权决定它的含义？

面对上述问题，美国的法理学界探索出了种类繁多的司法裁判理论。其中有两个理论颇为引人注目，它们分别是宽度主义和深度主义〔1〕。前者的领军人物是前任美国联邦最高法院大法官安东尼·斯

〔1〕 桑斯坦认为一个裁判可以从两个维度加以考量：一是司法裁判的效力范围，二是论证过程的理论深度。前者可以由“宽”与“窄”来形容，后者可以由“深”与“浅”来形容。斯卡利亚在自己的作品和判决中显示了他对“宽”的规则和严格遵循法律的偏好，桑斯坦将这种裁判风格称为“民主形式主义”，而德沃金偏好深刻的判决理由，在其理论中展现了对“整全性”理想的热衷。本书根据这两种裁判风格的不同特点，依靠桑斯坦提供的两个考察维度，将它们分别归纳为宽度主义和深度主义。参见［美］凯斯·R. 桑斯坦：《就事论事：美国最高法院的司法最低限度主义》，泮伟江、周武译，北京大学出版社 2007 年版；［美］安东尼·斯卡利亚：《联邦法院如何解释宪法》，蒋惠岭、黄斌译，中国法制出版社 2017 年版；［美］罗纳德·德沃金：《法律帝国》，许杨勇译，三联书店 2016 年版。

卡利亚(Antonin Scalia),后者则是法理学大家罗纳德·德沃金(Ronald Dworkin)。这两个理论在不同的场合各自获得了胜利,但也留下了各自的遗憾。宽度主义偏好"宽"的裁判,他们以捍卫民主、维护司法的可预测性为名,希望法官"尽可能地严格按照规则裁判",并提议由"法官宣布和遵守一般性的规则"。[1] 但是宽度主义又过度地限制了法官的自由裁量权,甚至不惜否定"活的宪法"理论[2],结果导致在某些情况下不得不"口是心非"。[3] 而深度主义以捍卫正义、填补规则的漏洞为目的,热衷于在裁判中进行深刻的论证,他们相信法院在"关于自由和平等的问题的商议中"处于最核心的地位,并且要求法官"对现存的法律材料提供一种'最佳的建构性阐释'"。[4] 但由于过度地发挥了主观能动性,深度主义陷入了"不忠于宪法""改写宪法"的质疑声中。[5]

在凯斯·桑斯坦(Cass Sunstein)看来,他们的司法裁判进路都过于简单,而没有考虑司法实践中的实际情况和复杂性。宽度主义将

---

[1] [美]凯斯·R.桑斯坦:《就事论事:美国最高法院的司法最低限度主义》,泮伟江、周武译,北京大学出版社2007年版,第255页。

[2] "活的宪法",指的是如下观点:宪法中含糊的、概括性的词和短语为法官提供了使宪法应对社会状况之变化的机会。斯卡利亚反对这一理论,并讽刺道"它(法官造法)甚至胜过民主立法机构制定的法律"。参见[美]索蒂里奥斯·巴伯、詹姆斯·弗莱明:《宪法解释的基本问题》,徐爽、宦胜奎译,北京大学出版社2016年版,第19页;[美]安东尼·斯卡利亚:《联邦法院如何解释宪法》,蒋惠岭、黄斌译,中国法制出版社2017年版,第53页。

[3] 斯卡利亚支持严格适用法律,却反对任何支持实施鞭刑的制定法。他反对"活的宪法"理论,却又支持了类似于布朗诉教育委员会案的判决。对于这种前后不一致,斯卡利亚不得不承认:"法院已经选择了一些长期存在并且已经是不可更改的原则,这些原则无论是否符合宪法要求的原意,都不违背人民的一般实践,其形成的影响已经无法扭转。"这意味着斯卡利亚在实质上接受了"活的宪法"理论造成的有利结果。参见张月琴:《论斯卡利亚的文本原旨主义》,西南大学2007年硕士学位论文,第70页;[美]凯斯·R.桑斯坦:《就事论事:美国最高法院的司法最低限度主义》,泮伟江、周武译,北京大学出版社2007年版,第288页。

[4] [美]凯斯·R.桑斯坦:《就事论事:美国最高法院的司法最低限度主义》,泮伟江、周武译,北京大学出版社2007年版,第299页。

[5] 对德沃金的理论提出的批评,可以参见[美]索蒂里奥斯·巴伯、詹姆斯·弗莱明:《宪法解释的基本问题》,徐爽、宦胜奎译,北京大学出版社2016年版,第5、10章。

“多数主义政治中发生的偶然事件当作民主本身”,〔1〕并规则化以形式逻辑推导出来的文本含义,结果导致了对民主讨论空间的限制,以及对立法进程的阻碍。而深度主义为了寻求对法律的最佳理解,无视法官个人理性的有限性以及司法系统的制度定位,在许多需要集结整个政府系统和群众智慧才能解决的复杂问题上,给予了法官过高的期望。〔2〕 于是,他提出了司法最低限度主义,该理论站到了宽度主义和深度主义的对立面,试图用最平实的理性为裁判结果作出最低限度的自我辩护,用对民主系统最小限制的方式促进桑斯坦所谓的审议民主。接受这一理论的法院会以谦逊的姿态,将那些不适合由自己解决的现实难题托付给民主系统解决。“司法最低限度主义是一个面对道德争议时的更优选项吗”“它是在何种程度上论证的”“其基于的理论基础是什么”等问题,成为学界热议的焦点,同时也是本书尝试回答的问题。

一、司法最低限度主义的理论架构

司法最低限度主义是桑斯坦对 20 世纪 90 年代美国联邦最高法院审判风格的理论概括。它的首秀出现在 1996 年桑斯坦为《哈佛法律评论》撰写的一篇序言中。凑巧的是,在该文章问世后的两年间,又有两位学者同样在《哈佛法律评论》的序言中发表了相似的观点。〔3〕 其中的迈克尔·多福(Michael Dorf)基于社会环境的复杂多变性,为“临时裁决”的概念作出了辩护。根据他的观点,美国联邦最高法院应遵循临时裁决的模式,以便专注于为这个复杂且瞬息万变的世界找到临时可行的解决方案。另一位学者是理查德·法伦

〔1〕 [美]凯斯·R. 桑斯坦:《就事论事:美国最高法院的司法最低限度主义》,泮伟江、周武译,北京大学出版社 2007 年版,第 259 页。

〔2〕 [美]凯斯·R. 桑斯坦:《就事论事:美国最高法院的司法最低限度主义》,泮伟江、周武译,北京大学出版社 2007 年版,第 9 页。

〔3〕 结合后文的讨论,不难发现“临时裁决”类似于“个案裁判”,而“理论检验”类似于“未完全理论化的合意”。

(Richard Fallon),他认为美国联邦最高法院可以在宪法案件中利用学说检验来为结果提供正当性,这种检验会将讨论范围限制在一个比较浅的维度内,因此,它可以避免由于深层次的意识形态矛盾而发生冲突。[1] 上述两位学者基于各自的观察,得出了与桑斯坦相似的结论。这似乎说明了,司法最低限度主义的诞生是那个时代背景下的必然事件。果然,到了 1999 年,随着《就事论事:美国最高法院的司法最低限度主义》(*one case at a time*)一书的出版,司法最低限度主义的思想得到了全面阐述,并且正式登上了宪法解释理论之争的舞台。

舞台之上,司法最低限度主义提出了诸多与宽度主义、深度主义针锋相对的观点。首先,它将自身与一套名为审议民主的制度相绑定,因此它的研究视角不再局限于司法分支。其次,它在评价司法裁判的两个维度上展现出了对于"窄"与"浅"的偏好。所谓的"窄"指的是,法院在裁判时除非确有必要,否则"只解决手头的案件,而不对其他案件作出评价"。[2] 所谓的"浅"则是法院要尽可能"提供一些就某些深刻的问题意见不一致的人们都能够接受的东西"。[3] 在"窄"的指引下,它接受了个案累积式的裁判进路,而在"浅"的指引下,它选择了用未完全理论化的合意来达成裁判结果。再次,它大胆引入了外在于宪法的实体内容,并借助审议民主来获取正当性。换言之,它通过忠于更具有可操作性的审议民主,来实现对模糊的宪法文本的忠诚。最后,它不像它的竞争对手那样,拘泥于宪法解释并且追求宪法的唯一正解。取而代之的是,它以一种就事论事的态度来

---

〔1〕 克里斯托弗·彼得斯将许多人的理论都纳入所谓的"新司法最低限度主义"中,并且将亚历山大·比克尔(Alexander Bickel)视为最初的司法最低限度主义者。See Christopher J. Peters, *Assessing the New Judicial Minimalism*, 100 Columbia Law Review 1454(2000).

〔2〕 [美]凯斯·R. 桑斯坦:《就事论事:美国最高法院的司法最低限度主义》,泮伟江、周武译,北京大学出版社 2007 年版,第 22 页。

〔3〕 [美]凯斯·R. 桑斯坦:《就事论事:美国最高法院的司法最低限度主义》,泮伟江、周武译,北京大学出版社 2007 年版,第 23 页。

寻找个案中的合适回答。以上四个主要区别确立了司法最低限度主义的与众不同。

（一）司法裁判的个案累积

采用司法最低限度主义的法官在判决时，采取的是“一案一判”的策略，他只解决手头上的案件，而不对其他案件作出评价，除非解决该案必须以评价其他案件为前提。这种观点是在“窄”的激发下产生的，而“窄”的最终目的在于通过个案累积式的裁判进路来给予民主系统足够的时间去制定一个完善的规范。用桑斯坦的话说，宪法领域的最佳程序首先是“一个最浅和最窄的判决”，接着是“一个调节的过程”，在这个过程中“联邦系统将能设计出许多很不错的解决方案”。[1]

为了使个案累积式的裁判进路具有说服力，司法最低限度主义必须论证“窄”的特别价值。对此，桑斯坦给出了两个方面的回答：“窄”的价值首先是体现在判决成本和错误成本上，其次是它提供了更多民主自治的空间。[2] 影响判决成本的相关因素包括解决案件需要的信息、法官持有的不同立场和多变的社会环境等。为了使判决保持长久的实效性，法官需要在判决时考虑到这些因素，然后就会发现由一连串“窄”的判决所构成的规范，其效力将更加持久地发挥作用，因为它能灵活地适应新的情况，同时又不会因为过于“宽泛”而使先例制约到现例。而一个过早的“宽”的判决，不但在判决达成时就花费大量的判决成本，而且会更早地失去实效性。这些因素同样也在一定程度上加大了错误成本，比如缺乏足够的信息或环境的改变都会给法官制造麻烦。而法官一旦犯了错误，一个宽泛的裁决很容易造成更大的错误成本，毕竟宽泛的规则将对以后大量的案例产生影响。

---

〔1〕［美］凯斯·R. 桑斯坦：《就事论事：美国最高法院的司法最低限度主义》，泮伟江、周武译，北京大学出版社 2007 年版，第 306 页。

〔2〕See Cass R. Sunstein, *Beyond Judicial Minimalism*, 43 Tulsa Law Review 825(2008).

不过单单从判决成本和错误成本的角度出发，尚不足以确切地论证出“窄”的判决一定更好。因为反对者能够轻易地进行反驳。例如，他们可以说，一个清晰的规则可能使判决的总成本变得很低，因为规则可以减轻将来的工作负担，又或者一个“窄”的判决因其缺乏清晰的规范，可能导致下级法院和以后的案件犯下更多的错误。事实或许就是如此，如果将成本的计算放眼于相当长的时间背景之下，其数额就会变得难以预计，进而也就无法再为“窄”的价值提供辩护了。

桑斯坦的第二个理由与审议民主密切相关。在宪法领域，狭隘的规则可以为持续的讨论和辩论保留大量的空间。在规则的留白处，民主系统将有机会制定出更为妥当的规定。一个“窄”的判决会让一项模糊的宪法权利先固定在一个最低限度的范围内。人们虽然无法就该权利的完整意义达成共识，但可以在这个狭窄的范围内达成一致，因此它不会妨碍到民主系统对于其他情形下的规则的制定。这种狭窄的判决就像拼图中的一小块，通过一步步地累积，最终形成一个完整的画面。虽然这个过程会花费一定的时间，但是它的结果是能够获得普遍接受的。试想如果法院在最开始就颁布一个宽泛的判决来规范一切可能的事项，那么民主系统将会花费很大的力气来不断地修正它，而且民意的抵触会在这一过程中接踵而来。而“窄”的判决从可以达成共识之处慢慢累积，既容易获得公众的认同，也允许民主系统对于相关规则的完善。因此，第二个理由是为“窄”的价值辩护的关键。

（二）未完全理论化的合意

司法最低限度主义者希望解决问题是以“浅”而不是“深”的方式进行。在决定如何处理一些道德争议时，他们只专注于回答当下需要怎么做。如果当下的人们无法就深刻的问题达成一致，那么司法最低限度主义者就会提供一些最低限度的共识。通过这种方式，他们试图达成未完全理论化的合意。桑斯坦指出，这种合意表现为两种形式：对某个抽象的条文构成合意，然而这些抽象条文的具体含义却是含糊不清的;或者对某个具体特定的事项形成合意,然而构成这些具体特定事项的基础却是含糊不清的。[1] 前一种形式是在制定宪法时常用的策略,许多国家的宪法文件都是"基于未完全理论化的合意",以一种"不限定具体范围的抽象方式来表述"诸如自由、民主等的权利。[2] 由于未完全理论化的合意类似于一个空洞的物体,其中没有被填充的空间需要将来用某种规范来补充,这就使人们基于不同理由达成的对某种宪法权利的一致看法成为可能。宪法制定者通过未完全理论化的合意来抽象地表述权利,防止人们就具体内容产生分歧。这样制定出来的宪法条文能够被普遍认同,而其具体含义则留待日后辨明。相对地,如果宪法用具体规范的形式书写,那么宪法制定者很可能就缺乏使公民相信这些具体规范的理由,并导致围绕这些具体内容的争论无休止地拖延宪法的颁布。

在个案的裁判中,采用司法最低限度主义的法院接受了后一种形式的未完全理论化合意,理由是他们相信某个特定的案件中要作出什么样的判决,和解释判决的抽象理论没有关系。法官们在宪法争议中,可能会认为"无论适当的具体的宪法原则是什么,谁胜谁负已经很明了"。因此,他们关心的并不是宪法的具体含义是什么,而是"在具体个案中究竟什么是合理性所要求的"。基于这一判断,桑斯坦指出:具体的结果依赖的并不是抽象的理论,而是平实的理性,这种理性能够被各个不同理论背景的人,以及不能确定究竟什么才是适当的基础的人所接受。[3] 平实的理性考察的是某一事实或行为的合理性,这种合理性检验早已是美国宪法领域的普遍现象。在个案中引入合理性检验成效显著,可以让那些接受不同理论背景

---

〔1〕[美]凯斯·R.桑斯坦:《就事论事:美国最高法院的司法最低限度主义》,泮伟江、周武译,北京大学出版社 2007 年版,第 23 页。

〔2〕[美]凯斯·R.桑斯坦:《就事论事:美国最高法院的司法最低限度主义》,泮伟江、周武译,北京大学出版社 2007 年版,第 25 页。

〔3〕[美]凯斯·R.桑斯坦:《就事论事:美国最高法院的司法最低限度主义》,泮伟江、周武译,北京大学出版社 2007 年版,第 25 页。

的法官也能够就具体问题和观点达成共识。同时,应用合理性检验也暗示了未完全理论化的合意并非和理由毫无瓜葛,相反,它愿意围绕具体事实给出理由,只不过相比于深度主义,它仅在必要限度内提供关于合理与否的解释,而不愿意去展现理论上的雄心。

桑斯坦还指出,未完全理论化的合意有助于理解美国法律文化中对抽象哲学思考的不信任以及对类推的偏好。〔1〕在法官的日常工作中,需要应用概念攀登的场景少之又少。大多数情况下,解决问题需要的只是一个较低的理论化水平。这不单单是出于效率或成本的考虑,也包含了对于自身易错性和有限能力的反思。在一个多元异质的社会中,合理的异议大量存在,即便是美国联邦最高法院的法官也可能在试图解决重大道德问题时铸下大错。比如普莱西诉弗格森案。〔2〕因此,在面对这些争议时,那些在关键问题上存在巨大分歧的法官会尽可能地降低概念性,转而寻求诉诸合理性的理由。这些理由不仅能够让法院内部达成一致,对于外界社会亦是如此。

普通法对类推思维的偏好,是由于后者能够提供一个理论化程度很低的共识,比如人们虽然无法在很多问题上达成一致,但是都能够同意 A 类似于 B,于是他们在这一点上达成了一致。因此,类推思维是一种达成未完全理论化合意的有效方式。作为备受司法最低限度主义者青睐的"浅"的方式,类推思维在宪法领域具有广泛的应用。其原因有两个方面:一是当前案件与先例之间的联系会限制法官的任意裁量权,正如桑斯坦所说,"对司法裁量权的大多数重要的限制,并不是来自宪法文本或者历史,而是来自将其和先前判决相勾连的过程"。〔3〕法官在进行同案不同判时会受到一定的束缚,他只有

---

〔1〕[美]凯斯·R.桑斯坦:《就事论事:美国最高法院的司法最低限度主义》,泮伟江、周武译,北京大学出版社 2007 年版,第 303 页。

〔2〕该案确立了一项在后世看来非常荒谬的"隔离但平等"原则。See Plessy v. Ferguson,163 U. S. 537(1896).

〔3〕[美]凯斯·R.桑斯坦:《就事论事:美国最高法院的司法最低限度主义》,泮伟江、周武译,北京大学出版社 2007 年版,第 61 页。

提供充分的理由，才能摆脱人们对其职业道德或品格的质疑。二是类推思维有助于法官迅速地找到评估争议事实的方法与结论。这里需要说明两点：一是对事实进行的评估将允许人们在一个很浅显的程度上达成一致，例如经过了一番深奥的关于死亡权利的辩论，人们很可能依然对于安乐死是否应该合法化莫衷一是。但如果发现给予病患安乐死的权利，在实践运用中反而降低了他们支配自己身体的权利，那么人们就很容易在否认安乐死的合法性上达成共识。因此，相较于抽象理论得出的深刻道理，基于事实给出的"浅"的理由或许更适用于解决争议。这意味着法官应当更专注于某些与争议相关的事实，而不是雄心勃勃地引入抽象理论。二是那些与当前案件相似的先例，它们提供了许多现成的解决争议的裁判进路，其中对事实采取的评估方式以及相关的论点或结论在经过法官的筛选与提炼后，能够快速地得到新的运用。

（三）解释宪法的实体性原则

桑斯坦在《偏颇的宪法》中提道，宪法解释无可避免地要求我们去使用外在于宪法的原则。因为任何的解释方法要有拘束力的话，就需要有道德或政治上的根据。这就意味着任何解释方法都有赖于某些富有争议的道德基础。而这些道德基础一定是源于宪法之外的，并需要为之争辩。于是，他得出一个最一般化的结论：任何文本，如果离开了那些解释者所持的原则，都会失却了意义。离开了这些原则，解读也就无从开始。他将原则分为两类：语义原则和实体原则。前者采纳的是"相关语言词典所作的解释"，它适用于所有的宪法条文，其中那些能从文本推导出明确含义的宪法条文仅仅只需要适用语义原则；而后者是某个外在于宪法的政治正当化根据，它是解释那些高度抽象化的宪法条文之含义的工具。[1]

语义原则要求法官必须忠于宪法的文本、结构和历史。这意味

---

〔1〕［美］凯斯·R. 桑斯坦：《偏颇的宪法》，宋华琳、毕竞悦译，北京大学出版社 2005 年版，第 117 页。

着法官无法脱离宪法条文的词义解释，在透过作为整体的宪法来理解某个宪法条文中的概念的同时，还要对历史上关于宪法条文的理解给予一定的重视。但是在应对复杂的道德事实时，语义原则并不能解决法官对宪法含义的分歧。既然宪法内部已经无法化解分歧，那么就只能依靠源于外部的原则。这些外在于宪法的实体原则可以用来评判何为宪法的恰当含义。但在此之前，它必须先对自己的正当性作出辩护。

根据桑斯坦的观点，实体原则的正当性应当源于对审议民主的普遍承诺，而不是因为现状而中立。〔1〕为后者辩护的最具影响力的论点是，在现状和既存的配置中，蕴含了太多复杂性和智慧在其间，因此很难找到合适的立场来对此展开批评。当下的实践至少是通过大量的时间和人力发展而来的，因此它们受惠于太多智慧的集合，任何个人或者特定界别的人们的心智在这种智慧的集合面前应当保持谦抑，因为任何的改变都会造成不可预料的坏的后果。桑斯坦批判这种观点："太过宽泛并流于一般化……有时既存配置并非富于理性的产物，相反更多的是归因于偶然的原因，或是经济、自然和社会权利的作用，或是不公平的或恣意的实践作用的结果。"〔2〕而审议民主则不同，它是一种通过开放的审议过程，汇聚新的信息和视角，进而找到优化既存配置的进路的制度。因此，相比于后者审议民主的结果更符合后者所说的"智慧的集合"。

司法最低限度主义的实体内容源于那些忠于审议民主的实体原则，同时它还包含着最低限度主义的维度。当然，并不是所有人都认同审议民主，那么就更谈不上接受桑斯坦版本的审议民主了。司法最低限度主义者不会去追求关于实体性信念的完全共识，他深知求同存异以及合理异议的重要性，所以他会去寻求团体内部共识的最

〔1〕[美]凯斯·R.桑斯坦：《偏颇的宪法》，宋华琳、毕竟悦译，北京大学出版社2005年版，第144页。

〔2〕[美]凯斯·R.桑斯坦：《偏颇的宪法》，宋华琳、毕竟悦译，北京大学出版社2005年版，第153页。

大公约数，也就是最低限度的实体原则。美国作为一个大的集体，在其内部也能找寻到最低限度的实体原则，桑斯坦称为核心价值，并在个人权利问题上归纳了十种类别，“在描述这些信念时，我的目标是描述性的，而不是评价性的。”它们包括免于未经授权的拘禁，对政治异议的保护，投票的权利，宗教信仰自由，免于对财产的实体侵害，公民和财产免于警察权滥用所造成的侵害，法治，不受来自政府（和他人）的身体侵犯、谋杀或者拷打，反对奴隶制和基于种族或性别的歧视以及公民身体免受政府侵犯的实体法上的保护等。〔1〕这十种核心价值在美国的司法实践中获得普遍的共识，各种不同形式的政治思想和道德哲学都能够在这些价值上达成一致，因此创造了不同凡响的成就。

值得一提的是，司法最低限度主义依靠实体原则得出宪法含义的这一过程很容易被误解为一种深度主义式的发现宪法含义的过程。例如，有学者这样评价道：“（司法最低限度主义）先是像德沃金那样发现宪法，然后告诉民众他们最好听到什么。”〔2〕对于这类说法，本书尝试着作出三点回应：首先，桑斯坦反对德沃金式的宪法解读，德沃金作为深度主义者倾向于对宪法条文进行道德哲学论证，并得到高度概括性的描述，而桑斯坦则反对概念攀登，支持用平实的理性来描述和评判案件事实。其次，司法最低限度主义者不是要讨好民众或者故意有所隐瞒，他对某些事情不做裁定的目的在于，将这些无法达成共识的争议存而不论，并留待审议民主作出决定。他相信凭借审议民主的智慧能够得出更好的解决方案。最后，一个最低限度主义的法官作出裁判的根据是从已获得普遍共识的最低限度的实体原则中推理得出的，其目的是说服民众、达成一致、解决纠纷，因此与其说是法官在“告诉民众他们最好听到什么”，不如说是法官在用

---

〔1〕［美］凯斯·R.桑斯坦：《就事论事：美国最高法院的司法最低限度主义》，泮伟江、周武译，北京大学出版社2007年版，第85~90页。

〔2〕［美］索蒂里奥斯·巴伯、詹姆斯·弗莱明：《宪法解释的基本问题》，徐爽、宦胜奎译，北京大学出版社2016年版，第192页。

民众最容易认可的方式说服民众。

二、司法最低限度主义的裁判思维

(一)对道德争议的"沉默"

在个案的裁判中,法官要进行选择:对哪些内容进行论证,同时又拒绝讨论哪些问题。如果他选择扩展当前争议的边界,以便解决其他相似的争议,他就走向了宽度主义;如果他试图回答案件背后深藏着的道德问题,他就走向了深度主义;如果他综合考量了判决成本、错误成本、法官的制度角色、法官的有限理性以及促进审议民主等多方面因素,并最终决定把论证范围限制在必须回答的问题上,他就走向了司法最低限度主义。不难发现,这个选择的结果几乎可以预示法官对裁判进路的选择。但有时,两者的关系是反过来的,即有些法官是接受了某种裁判进路后,再作出的选择。这种情况下,法官就必须确保自己的选择符合自己接受的理论。那么对于接受了司法最低限度主义的法官来说,如何做出一个恰当的选择呢?桑斯坦给出的回答是,"除非(某个问题)对于论证结果的正当性是确实有必要的,否则要谨言慎行",并且"(法官要)尽量对某些事情不作裁定"。[1] 这一主张包含两个建议,一是法官要去回答那些在个案中必须回答的问题。这部分内容会因案件事实的不同而不同,无法被概括或者罗列,因而只能在个案中就事论事地讨论。二是法官要对除去前者以外的其他内容保持慎重,甚至在特定事项上保持沉默,司法最低限度主义更关注第二个建议。考虑到"保持慎重"是一个普遍存在的建议,我们实际上只需要关注这个问题:法官应该对哪些事项保持沉默。

这些特定事项往往是与宪法权利有关的某种争议,并且往往是某种道德争议。进一步讲,这些事项存在共同的特征。首先,这些特

---

[1] [美]凯斯·R.桑斯坦:《就事论事:美国最高法院的司法最低限度主义》,泮伟江、周武译,北京大学出版社2007年版,第2页。

定事项具有高度争议性。这不仅是因为概念本身存在模糊之处，而且是它已经在社会中引起了普遍的争论。法官作为争议的最终裁决者，并不适合对这种争议进行盖棺定论。无论他站在什么立场上，或者他的论证过程有多么丰满，他也只能宣告争论的其中一方的胜利。他最终代表的不会是绝大多数人的意志，而是多数人，甚至是少数人的意志。因为如果绝大多数人都认同法官的见解，就不会存在普遍的争论。法官要是坚持这么做的话，恐怕只会让司法的公信力陷入危机。其次，讨论这些道德争议对于论证案件的结果具有不必要性，甚至可能是有害的。假设法官只是引用了一些模糊的道德概念以期增强结果的正当性，既没有深入讨论，也没有将之具体规范化，这种做法看似无可厚非，因为大多数情况下，法官只是为了让判决显得更加"正义"，而不是解决这些道德争议。但是，它依然可能埋下不可预料的风险。众所周知，宪法中的模糊概念并非总是成立，偶尔还会相互冲突。换言之，法官有可能在错误的情形下引用这些模糊的概念。不过，相较这种不容易出现的错误，更容易发生是当法官引用模糊的道德概念时，道德争议就会从事实争议中独立出来，人们会期待法官在道德争议上深入地讨论下去，而不是浅尝辄止。法官要是满足不了这种期待，那么裁判的公共认同就会大打折扣。此外，有一部分人并不在乎关于道德争议的论证过程，他们只想要一个最终结论。他们也许相信法官的观点会与他们一致，并在内心中期待着由法官来说出他们的意见。但前面也提到了，法官不应该给出这一判断，因此也没必要提供产生这种期待的原因力。

既然法官不应该去拍板道德争议，也没必要冒着风险去讨论它，那就只剩下一个选择，即法官应对此保持沉默。但这似乎又会受到一种质疑：法官凭什么可以对案件中明显涉及的道德争议保持沉默？在复杂的宪法案件中，往往涉及许多的道德争议：生命始于何时，胎儿是否应当被视为一个完整的个体并享有同等的生命权等。一些模糊的概念无法被量化分析，因此法官要想作出回答，只能依靠高度抽象化的理论。这显然不是件轻松的任务,但好在道德争议也从来不是宪法案件中必须解决的问题。因为法官要裁判的往往是州政府颁布的某些特定法案是否构成违宪。既然如此,法官当然可以仅对需要解决问题进行论证。此外,诉讼参与人可能会把某种道德观点作为自己的论据,而法官有义务去回应这些观点,这就迫使法官去面对道德争议。但即便如此,法官还是可以有很多的应对方案,例如通过列举大量的事实案例来反对诉讼参与人的道德观点,最终实现对道德争议的沉默。总而言之,法官应当对道德争议保持沉默,而且也有能力实现这一目标。

(二)对裁判结果的"合理性"测试

裁判结果的正当性通常建立在合法性与合理性之上。合法性是毋庸置疑的,法官可以通过遵循已获得普遍认同的先例或者制定法的相关规定来获取合法性。相比之下,裁判结果的合理性很容易遭到忽视。其实,合理性至少在两个方面发挥着巨大的作用:首先,合理的裁判结果可以赢得普遍的公共认同;其次,它可以带来更高的社会效益。关于第一个作用,桑斯坦认为合理的裁判结果通过求诸"平实的理性"能够"被各个不同理论背景的人"以及"不能确定究竟什么才是适当的基础的人所接受"。[1] 这一论点主要是基于如下观察:围绕事实展开的辩论不同于道德观念的辩论,前者在量化的指标面前没有多少模棱两可的内容,而后者只能停留在理论上的互搏,理性的公民在利弊权衡后很容易得出一致的具有合理性的结果,可一旦脱离了事实,或许就谁也说服不了谁了。因此,一个最具合理性的裁判结果可以在多元异质的社会中获得普遍认同,而一个高度理论化的裁判则不然。合理性的第二个作用与得出裁判结果的过程有关,在这一过程中,法官会"采取一种以'合理性'测试的形式表现出来的标准",来寻找"具体个案中究竟什么是'合理性'所要求的"裁

[1] [美]凯斯·R.桑斯坦:《就事论事:美国最高法院的司法最低限度主义》,泮伟江、周武译,北京大学出版社2007年版,第25页。

判结果。[1] 换言之,法官要评估裁判结果的合理性。这是一种基于事实的评估,通过诉讼参与人提供的证据以及法院的自主调查,法官应当对各种裁判结果可能带来的社会影响做到心中有数。然后,法官需要权衡各种方案的利弊,并充分考虑法院的制度性角色,以便最终寻找到一个社会效益最大化或者风险最小化的恰当的方案。

伦奎斯特法院在华盛顿州诉格拉斯伯格案[2]中发表的法院意见具体地展现了法官是如何进行合理性测试的。该案的起因是华盛顿州的现行法律规定了协助自杀的禁令,几名医生与患者认为该规定违宪,遂诉至法院。两个上诉法院确认了协助自杀的禁令违宪,其中第二巡回法院认为该规定违反了平等保护条款,理由是华盛顿州不应在承认撤除生命维持装置的合法性的同时,宣告医生协助自杀是违法的。而第九巡回法院则直截了当地表示,宪法包含了一种自主控制死亡时间与方式的正当程序权益。但是美国联邦最高法院驳回了它们的观点。对于这一结论,美国联邦最高法院提供了三个部分的论证。首先是回顾关于"自杀和协助自杀"的历史与传统,其次是讨论协助自杀是否为正当程序条款所保护,最后是论证协助自杀禁令背后的政府目的。前两个部分主要是对结果合法性的论证,"合理性"测试则集中在最后一部分。在此,法院向公众展示了禁令背后的合理性:第一,颁布禁令是为了展现州政府保护人类生命的决心,既不愿按照比例原则来分别对待不同的患者,更不愿鼓励人们选择自杀;第二,数据表明承认协助自杀的合法性会导致国家难以保护精神病患者或遭受未经治疗的痛苦病人的生命,因为如果获得相应的治疗,他们大多会撤回自杀的决定;第三,医生协助自杀与医生的作用格格不入,而且有可能模糊了愈合与伤害之间的时间界限,进而导致医患矛盾;第四,承认协助自杀的合法性会导致包括穷人、老人

---

〔1〕［美］凯斯·R. 桑斯坦:《就事论事:美国最高法院的司法最低限度主义》,泮伟江、周武译,北京大学出版社2007年版,第25页。

〔2〕Washington v. Glucksberg, 521 U. S. 702(1997).

在内的弱势群体遭受巨大的风险;第五,允许协助自杀很可能导致患者的非自愿自杀,荷兰的安乐死数据也证明了这一担忧。上述理由不但说明了允许协助自杀将会带来的负面效应,同时也说明了安乐死问题在现实生活中远比"人是否拥有死亡权利"这一道德命题复杂得多。

这里可能会存在一个疑问:"合理性"测试与利弊分析有什么区别?笔者认为两者的区别主要有两点:其一,合理性测试具有偏向性,而且它不会呈现完整的利弊分析的过程。从协助自杀案中就可以看出这点,法院意见中提供的论据几乎都是在反映允许协助自杀会带来的负面效应。允许这种偏向性存在既是为了不让判决显得自相矛盾,也是为了更有力地论证结果的合理性。进一步地讲,合理性测试本来就不需要正反两面的论据,因为它不会严格地权衡各种利益之间的相对优势。那么合理性测试的结果要如何得出呢?这便引出了第二个区别:合理性测试得出结果的过程不仅包含了利弊分析,同时也受制于法院的制度性角色。为了扮演好这个角色,法院要把那些最复杂的宪法权利问题留待民主系统解决,同时为了确保民主系统有能力解决,它还必须维护民主系统的审议功能。在协助自杀案中,法院便充分考虑了这一点,"我们的保留使这场辩论得以继续,正如在民主社会中应该进行的那样",因此它不愿在死亡权利的问题上越俎代庖,并最终选择拒绝承认这个在宪法的传统意义上并不存在的权利。其实,一些场合会发生这种情况。例如,在特纳广播公司提起的两个案件中,法院认为《有线电视消费者保护和竞争法》中规定的"必须播放"原则[1]没有侵犯到言论自由,相反它正是美国宪法第一修正案保护的内容。如果没有这一原则,有线电视的运营商将会出于经济利益压制其他的竞争对手,那么非有线电视的用户

---

〔1〕"必须播放"原则指的是有线电视运营商必须播放当地电视台的节目。参见[美]凯斯·R.桑斯坦:《就事论事:美国最高法院的司法最低限度主义》,泮伟江、周武译,北京大学出版社 2007 年版,第 224 页。

能够选择的电视节目的质量和数量就会大幅减少，进而导致这部分用户失去了获取多元化信息的渠道。法院坚决拥护“必须播放”原则，其目的正是确保民主系统拥有健康的审议功能。总括而言，对于制度性角色的考量是合理性测试中一个至关重要的参考标准，并且它在很大程度上决定了合理性测试的最终偏向。

三、实体性原则的引入：以隐私权为例

司法最低限度主义相信，法官在遇到宪法权利纠纷时，应当达成一个效力范围尽可能狭窄的未完全理论化合意，以便为民主进程预留更多的审议空间。这一主张与法院的制度性角色密切相关。以隐私权为例，桑斯坦认为，当存在复杂的争议时，至少如果一个理性的人会对此产生完全不同的判断时，法院应当对承认这种类型的隐私权保持警惕，除非它能够确定审议式民主制度已经失灵。〔1〕 他的理由可以被归纳为两点：其一，司法的绝缘性会导致法院能够掌握的信息非常有限，进而更易作出错误判断；其二，由于法院在创设社会规则方面的低实效性以及社会因素的复杂性，法院即便作出了正确判断，也可能带来相反的后果。〔2〕 因此在这种情形下，司法最低限度主义的建议是：法官应引入外在于宪法的实体性原则作为论证结果的根据，并且避免过多地涉足宪法权利问题。须注意，这些原则必须同时具备两个特点，首先是足够的说服力，其次是能够允许宪法权利问题继续保持开放。

（一）“不用即废止”原则

“不用即废止”原则源于亚历山大·比克尔（Alexander Bickel）提出的“废除”的概念，即当人们已经相信政府不会再实施那些陈旧的、

---

〔1〕 ［美］凯斯·R.桑斯坦：《就事论事：美国最高法院的司法最低限度主义》，泮伟江、周武译，北京大学出版社2007年版，第99页。

〔2〕 ［美］凯斯·R.桑斯坦：《就事论事：美国最高法院的司法最低限度主义》，泮伟江、周武译，北京大学出版社2007年版，第130页。

无法实施的规则,从而对此产生依赖时,那么政府就不得援引这些规则来禁止人们的行为。[1] 只不过"不用即废止"原则对上面提到的"无法实施"进行了限定。桑斯坦认为,"无法实施"的规则指的是那些缺乏支持且在实践经常被违反,只是极少地、有选择地得以应用的法律。[2]

通过回顾桑斯坦的有关研究,我们可以了解到"不用即废止"原则是如何在个案中得到运用的。在关于格里斯沃德诉康涅狄格州案的讨论中,桑斯坦认为,与其承认一个抽象且模糊的"隐私权",法院不如通过"不用即废止"原则来论证其决定,即公民有权不遵循没有真正实施的、因此得不到公共认同的法律。其理由在于,当初颁布该禁令的真正目的以当下的目光来说已无正当性,而现如今已经"没有任何类似的起诉能得到公众的支持"。在关于另一个争议性的案件——鲍维斯诉哈德维克一案的讨论中,桑斯坦提出该案例中的禁止性规定"几乎从未对那些两厢情愿的成人执行过",因为"普遍的社会信念不允许这类的指控",他进一步指出,这一禁止性规定只是"警察或其他人出于恶意骚扰他人的一件武器"。从上述讨论中,不难看出运用"不用即废止"原则的规律:在适用该原则之前,需要考察涉案的争议性规范是否得到公共信念的支持、过去为该规范辩护的理由是否依然成立、该规范是否在实践中得以执行。在得到一连串的否定回答后,法院就可以选择适用该原则来撤销这一规范的合法性。除此之外的情形,法院都应当去寻找其他的替代方案。

要想使人接受"不用即废止"原则,司法最低限度主义就必须论证该原则的正当化根据。对此,桑斯坦指出,这一正当化根据与审议式民主有关,它建立在一个基本的关切之上——如果对当前面临的特定事项,没有进行集中的立法商议,而且在执行过程中法治原则很

---

〔1〕 [美]凯斯·R.桑斯坦:《法律推理与政治冲突》,金朝武等译,法律出版社2004年版,第189页。

〔2〕 [美]凯斯·R.桑斯坦:《就事论事:美国最高法院的司法最低限度主义》,泮伟江、周武译,北京大学出版社2007年版,第138页。

可能被违背,那么一项古老的法律很可能缺乏当下的民主基础。[1]基于这一判断,引入"不用即废止"原则并不是在违反民主法治,反而是在促进民主,因为一个"过时"的法律被撤销就意味着立法机关需要颁布一个"适时"的法律。那么,是否可以认为"不用即废止"原则已经无懈可击了呢?并非如此,这其中包含了两方面的原因:首先是法院可能无法准确地判断出某一争议性规范是否符合适用该原则的条件,因此判决的错误成本不一定会减少;其次是没有数据可以表明该原则具有多大范围的群众基础,因此法院不一定敢引入该原则。但即便如此,不可否认的是,相比于深度主义的进路——先论证是否存在一个抽象的隐私权,再决定是否撤销某法律,引入"不用即废止"原则来断案,法院可以促成一个未完全理论化合意,并将对公众多数的限制保持在最低限度。此外,从公共认同的角度出发,后者也更具优势,因为人们更容易接受"不用即废止"原则而不是一个由哲学家式的法官论证出来的抽象的"隐私权"。

(二)"模糊即无效"原则

"模糊即无效"原则要求国家在规范个人行为之前就制定明确的法律规则。[2] 这一原则体现了法治的价值,在刑事审判、言论自由和正当程序方面发挥着重要的作用。桑斯坦认为,"模糊即无效"原则是法律对公民自由权的最重要保障之一,[3]而且与"不用即废止"原则一并根植于同样的关切之中,即基于某一合法且充分的基本原理而创设的法律,才能在实际中得到支持。[4]

这一原则的确立可以追溯到 1972 年帕帕克里斯托诉杰克逊维

---

[1] [美]凯斯·R.桑斯坦:《就事论事:美国最高法院的司法最低限度主义》,泮伟江、周武译,北京大学出版社 2007 年版,第 138 页。

[2] [美]凯斯·R.桑斯坦:《法律推理与政治冲突》,金朝武等译,法律出版社 2004 年版,第 122 页。

[3] [美]凯斯·R.桑斯坦:《法律推理与政治冲突》,金朝武等译,法律出版社 2004 年版,第 123 页。

[4] [美]凯斯·R.桑斯坦:《就事论事:美国最高法院的司法最低限度主义》,泮伟江、周武译,北京大学出版社 2007 年版,第 139 页。

尔市[1]的判例。在当时的杰克逊维尔市,“流浪”是一种犯罪行为,而且当地的法律对“流浪”行为的定义极其宽泛和模糊,它甚至包括普通的酒鬼、夜行者,精神不正常者,有劳动能力但以妻子或未成年子女的收入为生的人等。根据这一法律,许多人被逮捕。该案对5个有争议的案件进行了合并审理,其中一个案件的当事人是两位白人女子和两位黑人男子,他们被逮捕的原因仅仅是乘在同一辆车上并打算前往夜总会聚餐。美国联邦最高法院撤销了原判决,理由是当地的法律违背了正当程序条款:因为它不能提供就何种行为为非法行为的对公民的充分告示,反而鼓励了任意且不稳定的逮捕与定罪。法院强调,按照法治的定义,所有人有权被告知国家所命令或禁止的行为,而流浪法并没有进行充分的告示,因此该法律的无效归因于它的模糊性。另外,判决书中还有一段有趣的表述,它这样写道,杰克逊维尔的条例是从早期的英国法得出的,并且对于流浪的定义采用着古老的语言……英格兰封建庄园的瓦解导致了劳动力短缺,进而产生了《劳工法》,旨在通过禁止提高工资和禁止工人离开家乡来稳定劳动力,流浪法正是来源于此,但它逐步变成了不良的刑事法律……伊丽莎白女王时代的不良的法律理论不再符合事实,产生这些法律的条件可能已经消失。很显然,这段论述说明法院还激活了“不用即废止”原则。只不过,由于“不用即废止”原则在美国存在一些争议,法院最终选择了对公众影响更小的“模糊即无效”原则作为对结果的论证。

从该案之后,“模糊即无效”原则成了死刑学说发展的基础。[2]在同年的弗曼诉乔治亚州案[3]中,美国联邦最高法院的多数派以5∶4的小胜撤销了一起谋杀罪和两起强奸罪的死刑决定,理由是在

---

〔1〕 Papachristou v. City of Jacksonville,405 U. S. 156(1972).

〔2〕 [美]凯斯·R.桑斯坦:《就事论事:美国最高法院的司法最低限度主义》,泮伟江、周武译,北京大学出版社2007年版,第139页。

〔3〕 Furman v. Georgia,408 U. S. 238(1972).

这几个案件中适用死刑违反了美国宪法第八修正案与第十四修正案。根据这两个条款,适用死刑必须要消除任意性和歧视性的影响,而当时的法律制度却允许带有歧视性的惩罚被肆意地实施着。当然,法院并没有坚持所有的死刑都是违宪的,而仅仅是认为所有的死刑必须根据清晰的标准进行评定,并且还需要被公正平等地执行。从结果上看,最高法院的这一裁决迫使各州和美国国会重新考虑涉及死刑的法律规定,以确保任何人不会被反复无常或歧视性的方式处以死刑。因此,桑斯坦总结道,当法院以过于模糊为理由宣布某条法律无效时,也就意味着一项更为明确地体现立法判断的法律有可能是有效的。[1] 换言之,"模糊即无效"以一种司法最低限度主义的方式将一个棘手的问题悬而不决,这种消极的做法看上去对问题的解决毫无帮助,但实际上,这种"消极"迫使立法机关对这一问题保持关注,并最终导致引发该问题的有关制度通过民主手段得到了改进。

(三)平等保护原则

平等保护原则根植于美国宪法中的平等保护条款,这一原则谴责在没有充分的正当理由的情况下,将一个特种类型的人群贬低至二等公民地位的法律。毫无疑问,该原则是目前提到的三个原则中争议最小的一个,它已经完全融入了美国的司法传统以及社会的普遍实践当中,具有极高的公众认同度。因此,在特定案件中,法院如果恰当地适用平等保护原则,就仅需在一个非常浅的程度上论证自己的结论。这样做既可以获得公众的认可,也不会对审议民主产生限制。

在罗默诉埃文斯案[2]中,美国联邦最高法院认定了涉案的科罗拉多州宪法第二修正案的部分规定违反了平等保护条款。法院用一

---

〔1〕 [美]凯斯·R.桑斯坦:《就事论事:美国最高法院的司法最低限度主义》,泮伟江、周武译,北京大学出版社 2007 年版,第 139 页。

〔2〕 Romer v. Evans,517 U. S. 620(1996).

种被桑斯坦称为“次最低限度主义”的方式作出了回应。[1] 它主张，涉案条款违反了合理性基础审查标准，因为它不是基于一个合法的公共目的，而是基于一种对特定人群的“敌意”。得出这一判断的理由包含两个论点：一是该条款“只以一个单一的特征来区分人群，但同时却拒绝向这些人群提供全部的保护”，在最严格的意义上讨论，一项法律宣布一个群体比其他所有人更难寻求政府的帮助显然是违反平等保护原则的；[2]二是该条款过于宽泛，缺乏足够的正当性，因此它只能被理解为强加一项特别不利负担给一类不受政府欢迎的人。

罗默诉埃文斯案引入了平等保护原则，但是在某种意义上失败了，因为它走上了次最低限度主义的路径。与最低限度主义的区别在于，次最低限度主义想要达成最低限度主义的结果，但没有负责任地做好必要的论证。桑斯坦指出了罗默诉埃文斯案失败的具体原因，首先是法院未能确定政府的非法目的，也没有解释这种目的为何是非法的，其次是它回避了对一个重要的先例的讨论。[3] 该先例是指鲍尔斯诉哈德维克案。两个案例的争议焦点相似，但法院作出的判决结果却截然不同。针对这两点遗憾，桑斯坦给出了一个最低限度主义的方案。它可以被概括为两个论点：第一个论点是鲍尔斯诉哈德维克案是围绕着正当程序条款展开讨论的，而本案涉及的是平等保护条款。[4] 这种回应虽然没有正面回答鲍尔斯诉哈德维克案

---

〔1〕［美］凯斯·R.桑斯坦：《就事论事：美国最高法院的司法最低限度主义》，泮伟江、周武译，北京大学出版社2007年版，第178页。

〔2〕［美］凯斯·R.桑斯坦：《就事论事：美国最高法院的司法最低限度主义》，泮伟江、周武译，北京大学出版社2007年版，第174页。

〔3〕之所以回避对先例的讨论会使得本案的论证过程不够充分，是因为美国作为普通法系国家，需要依靠先例对现例的约束来限制法官的任意裁量，并维系司法的可预测性。参见［美］凯斯·R.桑斯坦：《就事论事：美国最高法院的司法最低限度主义》，泮伟江、周武译，北京大学出版社2007年版，第189页。

〔4〕［美］凯斯·R.桑斯坦：《就事论事：美国最高法院的司法最低限度主义》，泮伟江、周武译，北京大学出版社2007年版，第195页。

是否违反平等保护条款。但作为一项理由，它说明了罗默诉埃文斯案与鲍尔斯诉哈德维克案之间存在根本性的区别，即它们分别基于不同的宪法基础。第二个论点是当政府歧视特定的群体时，平等保护条款要求这一歧视必须与一项合法的公共目的相关联以便具有合理性，而不是出于恐惧和偏见或是单纯希望公众反对该特定群体。[1] 只要相关的政府目的是合理的，那么某些形式的歧视是可以容忍的，比如政府给予妇女、儿童、老人或者残疾人特殊的便利，这在某种意义上歧视了其他人，但是它却没有违反平等保护条款，这说明存在歧视并非构成违反平等保护条款的充分条件。因此，罗默诉埃文斯案的解题关键不是去回答该法案是否存在歧视以及可能造成哪些不平等，而是识别出这种歧视的背后是否具有合理的公共目的。换言之，罗默诉埃文斯案的法官应当对裁判结果进行合理性的测试。

四、司法最低限度主义的政治局限

为了应对现实世界的复杂情形，司法最低限度主义引入了许多被宽度主义和深度主义所忽视的评价维度，包括裁判结果对政治协商的影响、法院的制度性角色、法官的有限理性、裁判成本与错误成本等。在综合各方面的考虑之后，司法最低限度主义给出的结论是，法院应将允许并促进审议民主视为己任，其司法裁判应尽可能地减少对政治协商的限制，以期给予后者审议与决定的空间。因此，法官需要在个案的审理中做好三件事：一是只着眼于解决当前的纠纷；二是寻找释明结果合理性的理由；三是尽量达成可以达成的共识。前两件事是为了追求一个对民主审议限制最小化的结果，而第三件事是对前面的补正，其目的在于避免法官过分追求司法效率，进而撒手不管那些可以在法院阶段解决的问题。这三件事的完成最终表现为一个效力范围狭窄的未完全理论化协议，即一个"窄"且"浅"的裁

[1] [美]凯斯·R.桑斯坦：《就事论事：美国最高法院的司法最低限度主义》，泮伟江、周武译，北京大学出版社 2007 年版，第 195 页。

判。于是有趣的现象出现了，如果仅从裁判结果上看，司法最低限度主义是在不折不扣地“偷懒”，因为无论是宽度主义偏好的规则制定，还是深度主义擅长的深刻论证，都需要法官做更多更复杂的事情。但如果从结果背后的原理上看，它又成了最为复杂的，因为它将研究裁判理论的视角拓展到了整个政府系统的宏观层面上，同时又兼顾了法官个体的微观层面。由于加入了更广阔、多元的视角，司法最低限度主义不再像过去的裁判理论那样拘泥于如何解释抽象的宪法条文，[1]它更希望回答是诸如合理的裁判结果是什么，如何对民主系统产生有利影响等问题，而这些问题也正是法院最需要关注的。

赞同之余，也有必要进行反思。不难注意到，司法最低限度主义预设了至少两个前提：第一，只要民主系统的审议功能是正常的，那么所有复杂的宪法权利问题都应该留待民主系统加以解决；第二，“窄”且“浅”的判决一定能够促进审议式民主。上述两个前提是正确的吗？如果不是，会产生什么问题呢？这些问题能够单纯依靠司法最低限度主义解决吗？

（一）“袖手旁观”的法院

司法最低限度主义相信，只要民主系统的审议功能是健康的，法院就应当让复杂的宪法权利问题保持开放，并将这些问题留待民主系统解决。因为民主系统掌握的信息和资源远比法院丰富，它在将来的某个时间点一定能够比当下的法院作出更好的决定，而且正因为是通过民主的方式解决问题，它先天的具有民主基础。但是，这一观点似乎在暗示：为了获得更好的解决方案，法院有必要让正义来得更迟一些。如果某项权利一旦错过时机便无法挽救，那么对于这些

---

[1] 宽度主义和深度主义都是在各自支持的宪法解释理论的激发下诞生的。宽度主义认为文本主义或者原旨主义是获得宪法正确含义的路径，该两种解释理论都认为运用特定的方法可以找到宪法固定的含义，基于这一判断，法官有能力将某个抽象条文解释为一套宽泛的规则；而深度主义认为解释宪法必须融入道德哲学，有学者称这种解释方法为“哲学进路”，在哲学进路的影响，司法裁判的理论程度不可避免地被道德哲学的讨论深化。关乎宪法解释方法的探讨，参见[美]索蒂里奥斯·巴伯、詹姆斯·弗莱明：《宪法解释的基本问题》，徐爽、宦胜奎译，北京大学出版社 2016 年版。

当事人来说，迟到的正义显然是称不上正义了。

因此，前述提到的第一个前提是错误的，并非所有复杂的宪法权利都应当被谨慎地留待民主系统解决。笔者认为，一个较为妥当的做法是对宪法权利加以区分，有一类权利对时间并不敏感，它们在将来得以确立也还来得及。这样的权利可以依靠个案累计的方式，一步步地填补空缺。例如，选择性取向的权利，即便是在没有得到法律确立的时候，它也依然可以存在。而另一类是不受保护就无法存在的权利，它们更适合一种"先确立再纠错"的模式，即先由法院来制定一套较为宽泛的规则，再依靠立法部门以及将来的法院对此纠错。最低限度主义在涉及第一类权利的案件中可以较好地发挥作用，法院的"袖手旁观"并不会对个人权利造成不可挽回的伤害。而涉及第二类权利的纠纷，它们或许更需要一个类似于宽度主义的判决。

（二）最低限度主义与"促进民主"

司法最低限度主义在程序方面，依靠减少对政治协商的限制来达成促进审议民主这一目标。但在这二者之间还需要一层过渡，因为前者的作用主要体现在提供更多的政治协商空间，而非直接对审议民主产生影响。这就意味着司法最低限度主义需要回答：它能不能提供更多的政治协商空间？更多的政治协商空间能在多大程度上促进审议民主？

对于第一个问题，桑斯坦必然会给出肯定回答，这点已在上文中多次谈到，故不再赘述。需注意的是那些反对者的观点，马修·施泰伦（Matthew Steilen）便是其中之一，他认为"浅"的判决"并不会促进审议民主，因为审议往往需要抽象"。[1] 尼尔·德文斯（Neal Devins）也持有类似的观点，他指出"司法机关应该接受一些关于宪法含义的解释理论，从而在宪法价值观中发挥领导作用"，"他们（法院）愿意探讨原则是有益的，即使他们认定的原则是错误的"。而尼尔·卡特亚尔（Neal Katyal）则更进一步表示深刻的司法建议能够向

[1] Matthew Steilen, *Minimalism and Deliberative Democracy: A Closer Look at the Virtues of Shallowness*, 33 Seattle University Law Review 391(2010).

民主系统发送潜在的宪法问题和解决问题的信号。[1] 对于上述反对意见,最好被理解为以下观点:通过引入深刻的理论,法院面向所有人发出了一场参加宪法问题辩论的请柬,无论最终胜负如何,法院的做法都在事实上促进了民主审议。纵观正反双方的论点,他们的分歧并没有涉及“窄”的维度,而是出现在“浅”与“深”的抉择之中。桑斯坦从结果出发,认为深刻的理论对于解决纠纷是不必要的,问题的解决需要回归客观事实;而反对者们则从诱因出发,认为深刻的理论更容易激起大范围的辩论,而辩论会促进民主审议的进行。不过,笔者认为这场分歧的根源是由于双方着眼在不同的情况,具体言之:如果审议民主系统没有捕捉到问题存在的信号,那么“浅”的判决将无助于引发审议的后续开展,这是反对者的立场;但如果围绕问题的辩论早已存在,那么“浅”的价值是突出的,它避免了人们将解决问题的方向转向抽象理论,这是桑斯坦的立场。概言之,双方观点的成立都依赖于各自的背景。基于这一判断,笔者认为桑斯坦确实低估了“深”的价值,如果在外界没有相关问题之讨论环境的情况下,不加选择地适用“浅”的原则,那么司法最低限度主义的优点反而有可能削减政治协商的空间。

在讨论第二个问题前,首先需要回顾一下:为何增加政治协商空间能够促进审议民主?桑斯坦对此有两方面的回应:一是避免法院的裁判越俎代庖,进而妨碍到民主系统的有效运作[2],毕竟推翻法院(尤其是联邦最高法院)的判决绝非易事;二是“窄”且“浅”的判决允许复杂的宪法纠纷在面对新事实和新观点时保持很大程度的开放性[3]。这一回答掷地有声,以致桑斯坦似乎忽略了与此相关的定量分析。需注意的是,定量分析的结果非常重要,如果政治协商空间对

---

〔1〕 Christopher J. Peters, *Assessing the New Judicial Minimalism*, 100 Columbia Law Review 1454(2000).

〔2〕 [美]凯斯·R. 桑斯坦:《就事论事:美国最高法院的司法最低限度主义》,泮伟江、周武译,北京大学出版社 2007 年版,第 41 页。

〔3〕 Cass R. Sunstein, *Beyond Judicial Minimalism*, 43 Tulsa Law Review 825(2008).

审议民主提供的影响力很小,远不如其他因素的话,那么司法最低限度主义的理论优势将会大打折扣。尼尔·德文斯专门研究过这一问题,通过实证研究,他给出的基本观点是政治言论的质量以及相关的反弹可能性更多地与语境相联系,而不是法院是否发布了旨在解决问题或扼杀言论的宽度主义裁决。[1] 他没有否认罗伊案的判决削弱了话语权,但是他强调罗伊案的批评者过分夸大了该案对民主的有害影响。而凯西案在促进政治协商与缓和反对意见的能力上也不是绝对的,它因政府内部的两极分化程度而异。在 2010 年之前,有一半的州处于分裂的政党控制下,州议员更愿意跨党派妥协,也更有可能听取公众意见,因此凯西案在州层面确实推进了司法最低限度主义的目标。但在联邦层面,凯西案的效果始终不明显。到了 2010 年以后,州的情况也大为不同了。大多数州都处在单一政党的控制下。美国两大党派民主党与共和党把宪法问题异化为了意识形态问题,以期拉拢持有相同立场的中间党派人士,而司法最低限度主义没有能力去阻止这一过程。因此,尼尔·德文斯推断司法最低限度主义的未来是黯淡的,它不适合美国当下高度极化的政治环境。[2] 尼尔·德文斯的作品反映了司法最低限度主义的优点在剧烈的美国两党之争面前溃不成军,但他的结论也明显超出了自己的论证范围。诚然,当今美国高度极化的政治环境会对民主审议产生深远影响,但有些问题并不会被意识形态所诱导,至少并非所有宪法问题都会被当作州议员竞选时的政治道具。

综合上述两方面问题,不难发现现实世界的复杂性已经超出了司法最低限度主义的理论预设。

---

[1] Neal Devins, *Rethinking Judicial Minimalism: Abortion Politics, Party Polarization, and the Consequences of Returning the Constitution to Elected Government*, 69 Vanderbilt Law Review 935(2016).

[2] Neal Devins, *Rethinking Judicial Minimalism: Abortion Politics, Party Polarization, and the Consequences of Returning the Constitution to Elected Government*, 69 Vanderbilt Law Review 935(2016).

五、司法最低限度主义的出路

通常情况下,讨论这类话题的视角是向前看,但笔者想提供一个恰好相反的意见:为了寻找司法最低限度主义的出路,不妨将其回溯到最初的设想。

(一)超越“窄且浅”的裁判形式

在桑斯坦的设想中,法院的裁判应当服务于他所称为审议民主的政治体制。为了找寻一个最适合审议民主的裁判进路,他观察了美国联邦最高法院经办的大量案例并最终得出了一个结论,即“窄且浅”的裁判形式可以更好地允许并促进审议民主。在这种背景下,司法最低限度主义诞生了。这个名字代表了它的裁判形式和裁判风格,但仅从字面上看与审议民主并没有什么关联。因此,笔者认为司法最低限度主义不是桑斯坦的目标,它只是一种达成目标的手段。假设其他的裁判形式在特定情况下能够比“窄且浅”的裁判更有利于审议民主,那么它其实也符合桑斯坦最初的理论设想。

布朗案和罗伊案或许是最能够说明这一点的例子。如果沃伦法院不作出一个“深且宽”的判决,那么美国人可能还要度过一段漫长的时光才能等到民主系统主动废除古老陋习的那一天。布朗案的判决允许了美国黑人争取平等的权利,因此它是从根本上促进了审议民主,而一个“窄且浅”的判决显然无法达到类似的效果。至于罗伊案,它对于审议民主的促进是在另一个层面上展开的。这个宽度主义的判决乍看上去似乎阻碍了审议民主,因为它制定的宽泛规则限制了民主系统的后续规定。但事实并非如此,要知道审议民主存在效率上的滞后性,而该案涉及的宪法权利偏偏是一项对于时间非常敏感的权利。因此罗伊案的宽泛绝非一种束缚,它更像是架在审议民主优缺点之间的桥梁,只有依靠宽泛的判决帮忙解决了效率上的问题后,审议民主的优势才能够慢慢地发挥出来。这两个案例启发了笔者:司法最低限度主义的出路其实是一条归路,是向着一个完整意义上的以促进审议民主为目标的裁判理论的回归。

因此，笔者认为司法最低限度主义克服现存问题的办法就是必须超越"窄且浅"的裁判形式，将其他种类的裁判形式也纳入可选方案当中，并且解决这样一个问题，即在具体的个案中应该选择哪一种裁判形式。之所以将问题的范围限定为个案，是因为面对现实世界的复杂性，我们不可能找到一种可以普遍适用的规范性答案。而且就算已经将范围缩小到了个案，这依然是一个无法轻易回答的问题。目前唯一可以确定的是，在个案中应该如何作出选择，取决于哪种裁判形式能够最大限度地促进审议民主。这将是一项包含有量化分析的工作，它要求司法最低限度主义更加全面、细致地考量具体个案中与审议民主有关的各种要素，分析它们之间影响力的对抗关系，然后得出最符合个案的实际情况的判断。

(二)司法裁判进路的合流

除了要找到最适用于个案的裁判形式，司法最低限度主义还有许多工作要做。其中最重要的工作就是，不管在具体的个案中采取了哪一种裁判形式，都要以促进审议民主为目标。只有存在这样一个共同的目标，司法最低限度主义才能够保持理论的连贯性。

那么如何在个案中落实促进审议民主的目标呢？笔者认为主要有两种方式：一是法院可以通过对论证细节的严格把关来减少争议和获取共识。具体而言，在复杂的宪法案件中，法院可以增加合理性方面的论证，包括引用已发生实际案例和具有信服力的调查数据，让复杂的道德争议回归到具体的事实层面，就事论事。二是法院也应当避免去论证一个具有争议性的结论，或者根据有争议的观点来论证判决结果，例如罗伊案中，法院从反对"生命始于受孕"的观点出发，得出了如下结论——"未出生的人在法律上从来没有被认为是一个完整的人"。[1] 对于一个司法最低限度主义者来说，这种结论是

---

[1] 罗伊案的法院意见，载https://caselaw.findlaw.com/us-supreme-court/410/113.html。

绝对不应该出现在判决书上的。因为它太容易被断章取义,不但无法缓和矛盾,反而会激怒特定的群体。

另外,法院可以向社会展现自己的谦逊,并引导公众把更多的心思放在民主审议的阶段。

一个以促进审议民主为目标的法院会意识到,自己作出的判例仅仅是为了较为完整且及时地保护特定的宪法权利。换言之,判例中的结论只是暂时性的,在它身上存在的疏漏以及错误,还需要由民主系统来进行修正。因此,法院可以在判决书中传递这种信号,比如在法院意见的末尾写道:“人们围绕这个问题展开的辩论,或许会在将来的某一天转化为一套更为完善的法律规定。我们非常期待这一天的早日到来。”这样的文字有两方面好处:第一,它展现了法院的谦逊,这可以为法院赢得更多的尊重;第二,它引导人们继续在宪法问题上展开理性的辩论,并且把辩论的主战场挪到了审议民主的程序中,以便审议民主利用集体的智慧来解决那些最为复杂的宪法争议。

第二章　裁判的听众主义进路：源于听众理论的启示

近年来，有一些观点强调裁判可接受性与坚持法律效果、社会效果相统一的观点，[1]获得了越来越多法律实务界人士及社会公众的支持和拥护。然而学界对此却颇有疑虑，一些学者甚至担心，它可能会对法律的确定性、严肃性以及权威性构成挑战。[2] 两种截然不同的观点，让人不禁产生疑问：当人们在争论裁判可接受性是否成立时，其背后又隐含着何种逻辑？这样的逻辑存在什么问题？

当然，也有学者对裁判可接受性命题进行反思，然而，终因未能找到适当的校验标准，致使其论断不免失之偏颇。[3] 鉴于此，笔者将引入一个新的衡

---

〔1〕 孔祥俊：《论法律效果与社会效果的统一———一项司法基本政策的法理分析》，载《法律适用》2005 年第 1 期；江必新：《在法律之内寻求社会效果》，载《中国法学》2009 年第 3 期。

〔2〕 参见时永才、王刚：《论司法裁判的可接受性——兼议值得当事人信赖的民事审判权运行方式》，载《法律适用》2011 年第 1 期等。

〔3〕 参见陈景辉：《裁判可接受性概念之反省》，载《法学研究》2009 年第 4 期。在该文中，作者将“公众意见能够取代法律标准”视为“裁判可接受性的核心”。

量指标——听众，试图以一种更为简明直接的方式来理解和审视裁判可接受性。并且，借由对该指标的分析，还希望达成对提出裁判可接受性命题的背景、意义的更加全面的认知，进而为司法改革的未来道路提供一定的指引。

一、裁判领域中的听众理论及其省思

作为一个命题的裁判可接受性，不论它证立与否，首先必须清楚的是此命题的具体指向。概括地讲，所谓裁判可接受性，可理解为司法机关（法院）所作出的司法裁决（包括事实认定与判决结果）能够获得社会公众的普遍认可和接受。〔1〕不难看出，在此界定中，最富争议的有两点：一是如何限定社会公众的范围；二是社会公众认可和接受程度如何判定。囿于篇幅及所定议题，在此仅关注第一个问题。

事实上，关注并重视社会公众对司法裁判的重要作用并非源于当下司法裁判理论界的独创，只不过，以往学者（尤其是专注于研究司法裁判理论的学者）在论述此问题时，往往使用"听众"一词替代"社会公众"的说法。

（一）听众理论

早在20世纪六七十年代，听众在裁判领域的重要性便引起了学者的注意。卡恩·瑞巴克（Karyn C. Rybacki）和罗纳德·瑞巴克（Donald J. Rybacki）便主张法律论证应是以听众为中心的沟通，无论任何用法要达到其影响力，说话者所准备和展示的，都必须将接受者置于中心。〔2〕奥斯汀·佛里（Austin J. Freeley）也认为：在论证过程中，除了论证的可靠性之外，更要检验听众是否接受。有些论据虽然是可靠的，但却不能被听众接受。因此，我们不仅要考虑论据的可靠

---

〔1〕学者如易延友、陈景辉等也采取类似的界定。参见易延友：《证据法学的理论基础——以裁判事实的可接受性为中心》，载《法学研究》2004年第1期；陈景辉：《裁判可接受性概念之反省》，载《法学研究》2009年第4期。

〔2〕Karyn C. Rybacki & Donald J. Rybacki, *Advocacy and Opposition: An Introduction to Argumentation*, Prentice-Hall, 1991, p. 118.

性,更要衡量论据对于听众的可接受性。这些听众包括法庭中的法官、总统选举中的选民以及决策过程中的各种利益集团。[1]

在法律论证领域中,萨伊姆·佩雷尔曼(C. Chaim Perelman)和奥利斯·阿尔尼奥(Aulis Aarnio)的听众理论是相对系统和较为完善的。佩雷尔曼认为论证的目的在于引起和增强听众内心对于说话者所提出意见的认同,因此论证理论必须首先重视"听众"的概念,即说话者在论证过程中所企图影响之人的集合。[2] 根据论证对象的不同,听众可大致分为普遍听众、单一听众以及自我听众三类。普遍听众指全人类,或者至少是那些具备相应能力和理性的人们;单一听众指在特定场合中说话者指向的对话者一方;自我听众指说话者自我说服的对象,即说话者自身。单一听众和自我听众都是相对于普遍听众的特殊听众。[3] 佩雷尔曼尤其珍视"普遍听众"的概念,普遍听众是理性人们的集合体,使用该概念是为了实现价值判断的客观性。他认为若要价值判断得以合理化的证立,除非每一个理性的人都能够接受,即获得普遍听众的广泛接受。不难看出,佩雷尔曼将普遍听众和理性论证相联系,即只有针对普遍听众的论证,才会使人信服而不仅仅是被劝服,也才能获得法律上的效力而不仅仅是事实上的实效。论证的价值取决于听众的价值,要使论证具备规范性的特质,就要确保听众的质量。换句话说,只有获得普遍听众的接受才能实现理性论证。

针对听众理论,如果说佩雷尔曼仅是从宏观层面进行论述,从而起到问题导向作用的话,那么阿尔尼奥无疑是以一种更为精细化的

---

[1] Austin J. Freeley, *Argumentation and Debate: Critical Thinking for Reason Decision Making*, Wadsworth Publishing, 1993, p. 136.

[2] Chaim Perelman & Lucie Olbrechts-Tyteca, *The New Rhetoric: A Treatise on Argumentation*, Trans. by John Wilkinson & Purcell Weaver, University of Notre Dame Press, 1969, p. 19.

[3] Chaim Perelman & Lucie Olbrechts-Tyteca, *The New Rhetoric: A Treatise on Argumentation*, Trans. by John Wilkinson & Purcell Weaver, University of Notre Dame Press, 1969, p. 30.

思路来证成,并发挥其化解问题的功能。在阿尔尼奥看来,满足理性证立的条件有两个:一是证立过程须以理性的方式进行,二是该过程的结果被法律共同体接受。法律解释即使经过理性的证立过程也并不意味着就是正确的,关键还在于其结论是否能被接受。[1] 阿尔尼奥以维特根斯坦的"生活形式"概念为基础,并且借鉴佩雷尔曼的听众概念,将听众定义为这样一群人:他们接受合理性的一般条件,同时也接受以解释性立场为基础的价值系统。[2] 生活形式由共同体成员相互交往的行为构成,包括其共有的团体价值信仰与行为规范,只有具有相同生活形式的人才有相同的价值和规范。阿尔尼奥认为,法律解释的证立一般只在一种生活形式中进行,也就是说,除非解释者与听众的生活形式相同,否则听众不能被理性地说服。其例外是,当不同生活形式之间产生叠加,并且具有充分的相似性时,各成员也可能形成某些共识,在此共识基础上的论辩可以相互理解和接受。如此一来,解释证立的可接受性就与共享特定价值的特定共同体相关联。在法律解释的过程中,可接受性来自法律共同体的广泛接受。

(二)对听众理论的评价与省思

以上是法律论证领域中两种较为典型的听众理论,其目标在于为司法裁判的可接受性提供一个衡量检验的标准,也可以说是为实现裁判可接受性提供一种途径和方法。听众理论的思考进路强调司法裁判必须考虑听众的情景和感受,特别是普遍听众(社会公众)的可接受性。就这一点而言,与追求法律效果和社会效果相统一的司法理念相映成趣,似乎为我们提供了一个理论支撑。假如这样一种关联是真实可信的,那么,接下来我们就需要对这两种理论进行仔细

---

[1] Aulis Aarnio, *The Rational as Reasonable: A Treatise on Legal Justification*, D. Reidel Publishing Company, 1987, p. 230.

[2] Aulis Aarnio, *The Rational as Reasonable: A Treatise on Legal Justification*, D. Reidel Publishing Company, 1987, p. 222.

地剖析，检验它能否堪此重任。

佩雷尔曼建立“普遍听众”的概念，目的在于构建规范性的法律论证理论。他把理性论证的评判标准交给听众，认为只有获得普遍听众的广泛接受，该论证才是合乎理性的，这是他的新修辞学论证理论的核心。然而，“普遍听众”却一直是一个备受争议的概念。[1] 归纳起来，理论界对“普遍听众”的质疑大致包括以下几个方面：首先，“普遍听众”的定义本身是含糊不清甚至自相矛盾的。佩雷尔曼既想追求论证结果的普遍有效，又希望保证论辩主体的理性能力，因而陷入了普遍性和精英化之间的复杂纠葛之中。其次，“普遍听众”是心智建构的理想模型，但它的产生却总会依赖于特定的历史情境，这种理想化与情境化的冲突需要一系列的条件方能解决。[2] 最后，“普遍听众”被抽象化为一个统一的整体，严重忽视了听众类别的多样化和复杂性，忽略了实践中的价值多元性和利益诉求的互斥性。总的来说，“普遍听众”及其新修辞学论证理论带有浓厚的乌托邦色彩。伊芙琳·T. 菲特丽丝（Eveline T. Feteris）就认为，佩雷尔曼的理论不适于作为分析和评价法律论证的实践工具，他没有提供任何实践性的指南，用于以一种主体之间符合出发点和论证方案的正确方式解释具体的论证案例。[3] 朱利叶斯·斯通（Julius Stone）也认为，新修辞学仅能提供一个新的术语或概念框架，以此来认识和解释法律，而不能为司法过程中的行动者提供一个新的方法，以解决他们所面临的难题。[4]

---

[1] 有关“普遍听众”的争论请参见 Charlotte Jorgensen, *Interpreting Perelman's Universal Audience: Gross Versus Crosswhite*, 23 Argumentation 11 (2009); James L. Golden, *The Universal Audience Revisited*, in James L. Golden & Joseph J. Pilotta eds., Practical Reasoning in Human Affairs, D. Reidel Publishing Company, 1986, p. 287–302。

[2] [德]罗伯特·阿列克西：《法律论证理论——作为法律证立理论的理性论辩理论》，舒国滢译，中国法制出版社 2002 年版，第 203~204 页。

[3] [荷]伊芙琳·T. 菲特丽丝：《法律论证原理——司法裁决之证立理论概览》，张其山等译，商务印书馆 2005 年版，第 39 页。

[4] Julius Stone, *Legal System and Lawyers' Reasonings*, Standford University, 1968, p. 336.

与佩雷尔曼论述听众理论一样，阿尔尼奥的论述同样存在难以令人满意之处。尽管在论证中，他注意到了佩雷尔曼的“失败”关键地方，即佩雷尔曼的“普遍听众”概念过于含糊不清，[1]继而在构建他的听众理论时，转向更为具体和明确的听众类型——法律共同体。然而，令人困惑的是，这种简单的化约方式（仅以法律共同体的接纳来判断裁判可接受性目标的实现与否）是否就解决了佩雷尔曼遗留下的问题？毕竟，诚如上文所述，司法场域中的听众对象是开放的，并无特定的指向，希望以某一群体来推测其他听众的认知实难让人信服。不仅如此，这种以“精英听众（法律共同体）”来替代“一般听众（非法律共同体）”的做法，究竟是有利于消弭司法职业化与大众化的隔阂，还是会进一步加剧此两者间的紧张关系？若这些疑虑可以成立的话，那么，阿尔尼奥试图解决裁判可接受性问题的努力便陷入了一种令人“玄思”的情境中。

至此，我们可以发现，当人们注意到司法裁判应关注听众这一“受体”时，其在规范意义上已蕴含对裁判可接受性命题的进一步思考。不过，借助前述听众理论的分析可看出，即便这样一种有令人称道之处的进路（突出表现在它指引司法裁判的目标），它自身也存在难以化解的矛盾。这或许会让很多人感到失望和沮丧，并对司法的合理裁判未来前景充满深切的忧虑。然而，如从另一面向进行考量，佩雷尔曼等人的听众理论则又可以给人一定启示：第一，虽然听众理论直面裁判可接受性问题，但它难以融贯的论证明白无误地剪断了人们对“裁判可接受性”理想的浪漫情结；第二，也是更为重要的是，“裁判可接受性”或许本身就不是一个规范性的概念，进言之，它本就经不起（或者不值得）我们用规范分析的进路去拆解和剖析，以证明其真与伪、虚与实。而这事实上也就意味着，我们必须重新对该命题进行研究，揭示其真正的内涵，并提出相应的解决之策。

---

〔1〕 Aulis Aarnio, *The Rational as Reasonable: A Treatise on Legal Justification*, D. Reidel Publishing Company, 1987, p. 222.

二、裁判可接受性的中国语境解读及实践困境

若上述论断可以实现的话，这里的关键是，我国当下司法实践极力追逐的裁判可接受性究竟应作何解？显然，诉诸直面回答该问题其困难似有“蜀道难，难于上青天”之意味，究其原因是提出这一命题往往有着特定情境及因素的支撑。

（一）为什么要强调裁判可接受性

本来，强调裁判的可接受性是一个毋庸置疑的问题。因为，无论何种裁判理论和实践付出都是为了使裁判结果能够被当事人和普通民众接受和认可，使判决得以有效执行，从而化解纠纷和矛盾，由此彰显司法的品格和价值。但如果在某个特定阶段，司法系统自身不断地强调重视裁判的可接受性，此背后到底隐含着什么？

近年来，随着网络媒体的迅猛发展，许多案件进入公众视野，案件本身及其判决受到了大家的高度关注，并且成为公众议论和评判的焦点。这些案件往往被称作“公案”“民意案件”“争议案件”“难办案件”“轰动性案件”等。[1] 尽管学者们的定义千差万别，然而它们都显示出一个共同的特征，那就是这些案件的判决受到社会民众的强烈质疑和普遍不满。这些判决本身的是非曲直以及网络媒体在其中扮演了何种角色，并非本书要关注的命题。本书关注的是，随着这个过程的不断延续和反复，民众对司法裁判的怀疑和不满随之加剧。而当司法与民众之间的这种罅隙与隔阂在社会中呈现弥散状态时，民众便会对司法运作乃至司法公正滋生质疑与否弃。民众的这种认知与态度导致的结果无疑使司法审判应有之“信任权威”地位蒙

---

〔1〕 相关研究可参见孙笑侠、熊静波：《判决与民意——兼比较考察中美法官如何对待民意》，载《政法论坛》2005 年第 5 期；顾培东：《公众判意的法理解析——对许霆案的延伸思考》，载《中国法学》2008 年第 4 期；苏力：《法条主义、民意与难办案件》，载《中外法学》2009 年第 1 期；何海波：《公众意见与司法判决——对过去十余年若干轰动性案件的考察》，载何海波：《实质法治：寻求行政判决的合法性》，法律出版社 2009 年版；孙笑侠：《公案及其背景——透视转型期司法中的民意》，载《浙江社会科学》2010 年第 3 期；孙笑侠：《公案的民意、主题与信息对称》，载《中国法学》2010 年第 3 期。

上阴影,更甚者使司法审判陷入一种所谓“信任危机”的境遇。在此意义上,司法部门采取的一系列改革措施实质上是为了获取民众的信任,重建司法权威,而这其中的着力点之一,则是在司法审判中践行“裁判可接受性”的目标。

若我们将视野进一步放开,随之而来的是,司法的“信任危机”因何产生?这一点至少可以从以下两个方面获得初步理解:一方面,由于身处急剧变革的社会转型期,司法在应对社会变迁时力有未逮。由于阶层分化、结构重组、风险升高、信仰缺失、价值多元等导致了一系列新的社会问题和矛盾纠纷,而法律的发展落后于社会变化,这使司法机关窘于应付,司法的承诺明显超出了它所能够给予的,从而降低了社会民众对司法的期待。另一方面,一些司法活动的不良表现,使司法机关在社会民众面前威信降低。比如个别法院积案数量居高不下,存在冤假错案、司法腐败等问题,这使司法的权威性和公信力受到侵蚀和破坏。面对此情形,如何有效地化解并摆脱这些难题成为司法部门不得不加以认真对待的重要议题。

(二)裁判可接受性的实践困境

毫无疑问,《人民法院第五个五年改革纲要(2019—2023)》(以下简称《纲要》)的出台是新一轮司法改革的一个标志性事件。从该《纲要》以及政法机关领导的各种工作报告和会议讲话中,不难提炼出这样一个概括式的改革目标:服务大局,为民司法。《纲要》将“充分发挥积极性主动性创造性,从更高层次、更高站位上找准切入点、着力点,通过依法履行职能、锐意改革创新,推动人民法院各项工作深度融入党和国家工作大局,构建人民法院服务和保障大局制度体系”作为十项改革目标之一,这是此前所有司法改革纲要中未曾有过的(为便于论述,以下简称主动司法模式)。显然,这种努力意在避免和纠正司法专业化、职业化所带来的脱离群众的弊端,而更加凸显司法为人民服务、为社会服务的价值追求,拉近司法与民众及社会之间的距离。

正是基于上述背景，司法部门提出了司法裁判必须考虑社会效果，必须重视裁判的可接受性，其直接目的是回应“服务大局、为民司法”的承诺，实质则是挽救信任危机，重建司法权威。由此，一系列的改革举措相继实施：第一，提倡司法活动的积极性主动性，转变消极被动的司法作风，“积极回应农业供给侧结构性改革、农村土地制度改革中的司法需求，服务脱贫攻坚和乡村振兴战略实施”。第二，深化多元化纠纷解决特别是调解机制，实现司法调解、人民调解、行政调解、商事调解、行业调解等多种形式并用的“大调解”格局。尽管重视调解一直是我国的司法传统，然而，从“大调解”的实际运行情况看，它导致的结果是：从“能调则调、当判则判，调判结合、案结事了”到“调解优先，调判结合”的转变，明确强调法院调解优先于审判。强调“大调解”的目的在于多元化处理纠纷，维护社会稳定，服务大局。第三，健全司法公开工作价值，畅通民意表达。实现法院与民众的沟通联络，反馈案件效果，强调民意调查，汇集社会舆情，掌握社会需求等，促进司法与民众及社会的联系和互动。

应该说，新一轮司法改革的初衷和构想具有相当程度的合理性。比如，“为民司法”的提出更新了传统的司法理念，并且具有重要的实践价值；主动司法模式的推行转变了以往的司法作风，有利于积极应对社会转型的实际问题。更重要的是，它深刻地反映了司法机关为民服务的极大热忱、推动改革的迫切意愿以及迎难而上的坚强决心。不过，当我们以一种冷峻的眼光来审视目前这场声势浩大的改革运动，可以发现，许多改革举措引发的一些问题以及由此产生的正当性危机却又不得不引起人们的警惕和反思。

首先，最高人民法院明确提倡主动司法模式主要源于对经济发达地区法院在应对特定领域如脱贫、环境污染等领域时的突出成绩的肯定。这一过程中，法院在挽救企业危机、保障经济稳定方面的确起到了重要作用。然而，该模式迅速扩展到各个领域是否可行，有待考量。各地法院纷纷响应号召，实施“走出去”战略，下乡镇，进社区,驻企业。总的原则是法院要主动出击,热情服务。然而,冷静下来可以发现,此做法背后面临的困境是法院严重的人力不足和资金匮乏。其次,调解优先的口号一经提出,各地法院竞相开展“调解率大比拼”活动,培训“调解能手”,争创“零判决”。甚至许多法院内部规定调解率不能低于一定比例,并且成为奖惩考核的衡量标准。最后,司法改革对民意的重视确属难能可贵之举,这也是挽救信任危机,重塑社会形象的直接途径。然而,在没有形成有效的筛选和应对机制之前,大量民意如潮水般涌入,致使法院手足无措,难以应付。更有甚者,当案情受到民众的普遍关注时,法院常常面对巨大的舆论压力。

如果说,前述的这些问题只是看得到、感受得到的问题的话,那么,在这些问题的背后往往潜伏着更大的危机。第一,主动司法模式将法院推向社会冲突和矛盾的漩涡中心。在某种程度上,法院的主动出击激化了社会矛盾,当涉及社会中的结构性矛盾时尤其如此。主动司法模式赋予法院社会改革和治理的角色,然而法院并不具备完成使命的资格和能力,反而容易陷入自身的合法性困局。第二,当潜在性矛盾被激起之后,法院并没有有效地化解。“大调解”并不能减少纠纷,反而是压制了纠纷。许多调解结案只是获得暂时的妥协,日益增长的调解“反悔率”就是明证。这样就会形成累积效应,从而增加了更大规模社会冲突的危险。“大调解”也没有节约司法成本,而是造成了社会资源的严重浪费。许多案件本可以“一锤定音”,但为了追求调解率,会采取反复的庭前协商,致使案件久拖不决。由此,法院积案日增,工作负荷加重,当事人和律师(代理人)耗时费神,叫苦不迭。第三,鉴于以往司法与民众的疏远,法院急于拉近与民众的距离,甚至不免有“讨好”之嫌。因而,司法在面对社会舆论压力时更加容易丧失独立判断的身份和能力。这样,很快就会形成“会哭的孩子有糖吃”的恶性循环,司法容易被舆论绑架。

三、裁判可接受性的出路:通向一种听众指向的司法改革道路

诚然,裁判可接受性的本意旨在借求司法裁判技术化过程使判

决赢得公众的认同，进而进一步强化司法权威。基于听众理论立场，裁判可接受性并非一个规范性的概念，其本相乃是揭示了司法的信任危机问题。尽管司法部门（尤其是最高人民法院）采取了诸多措施，希冀突破此危机的困扰，不过，令人遗憾的是，这些努力在很大程度上反而可能解构已有制度所进行的建构功能。于是，接踵而至的问题是，对于司法而言，裁判可接受性究竟应何去何从？在我们看来，要挽救这一危机，首先应在司法道路的整体上作出抉择。换言之，只有理清了“到底要寻觅什么样的司法道路”这个问题，裁判可接受性方能获得较为完满的解答。围绕此问题，本部分将从以下几个方面展开论证。首先，应回到听众的视角，进一步拓展听众研究的领域范围。其次，从听众研究的新成果中汲取有益的启示，在此基础上，尝试提出一种迈向听众指向的司法改革道路。

（一）听众研究的新进展

根据丽莎·艾德（Lisa Ede）的初步研究，“听众”在众多学科领域中备受关注，其中涉及语言学、心理学、修辞学、教育学、新闻传播学、政治学以及法学等。[1] 就法学而言，学者们关于听众的专门研究并不多见且主要集中于裁判方法领域，前述佩雷尔曼和阿尔尼奥可看作其中的典型代表。我国现有的研究也大多集中于该领域，如法律解释、法律推理与论证、法律修辞、法律语言学等。[2] 这些研究精致细微、具体实用，强化了司法判决的说服性效果，在一定程度上提高了裁判的可接受性。但是，这些研究仍存有不足，最为严重的是在总体上将听众视为被动的接受者。试想，如果听众仅仅是被动接

---

〔1〕 Lisa Ede, *Audience: An Introduction to Research*, 35 College Composition and Communication 140-154(1984).

〔2〕 典型研究如侯学勇：《听众与论证》，载《河南省政法管理干部学院学报》2004年第4期；焦宝乾：《从独白到对话——迈向法律论证理论》，载《兰州学刊》2006年第4期；孙光宁：《从社会听众的视角看简约判决文书的力量》，载《政法论丛》2006年第5期；彭中礼：《司法判决说服性的修辞学审视——围绕听众的初步分析》，载《法制与社会发展》2011年第1期；孙光宁：《判决书写作中的消极修辞与积极修辞》，载《法制与社会发展》2011年第3期。

受者的话,裁判技术和方法将会是多么地无足轻重,裁判可接受性的问题又会是多么地不值一提。然而,事实却并非如此。现代司法语境中的听众绝不是逆来顺受的木偶,相反,他们是主观能动的参与主体,他们的行动将直接或间接地影响司法过程乃至塑造司法制度本身。那么,对于听众的研究就有必要延伸至关注他们的能动性作用上来。

在这一方面,近期的一些理论研究值得关注。劳伦斯·鲍姆(Lawrence Baum)对司法行为的研究就是以法官与听众的关系为基础。[1] 在鲍姆的分析框架中,法官的听众包括法院同事、政府机构、普通大众、社会组织、职业群体以及新闻媒体等。研究表明,听众在很大程度上决定了司法行为和结果,不同类型的听众将会对法官行为和司法判决产生不同的影响。虽然鲍姆的研究主要是以心理学作为理论资源和分析工具,通过对法官的内部心理活动的描述来解释司法行为及其结果,然而其研究实际上也阐明了法官与听众的一种外在交互关系。此外,努诺·加鲁帕(Nuno Garoupa)和汤姆·金斯伯格(Tom Ginsburg)有关"司法听众与法官荣誉"的一项研究也颇具新意。他们认为,法官的司法动机与在听众中的荣誉(或声誉)密切相关,既包括内部听众(如同事、上级法院等)也包括外部听众(如律师、媒体以及社会公众等),既包括个人荣誉也包括集体荣誉。[2] 通过对普通法系和大陆法系的比较研究发现,在不同的法律体制下法官所重视的听众类别很不相同,究其原因在于不同体制具有不同的激励机制和刺激作用。举例来说,比如民选制的法官与官方任命的法官所重视的听众就各有侧重,个人负责制的法官与集体负责制的法官所看重的听众也各不相同。上述这些研究尚处于探索和尝试阶段,仍然有许多方面需要完善,但它们却展现了勃勃的生机和活力。

---

〔1〕 Lawrence Baum, *Judges and Their Audiences: A Perspective on Judicial Behavior*, Princeton University Press, 2006, p. 21.

〔2〕 Nuno Garoupa & Tom Ginsburg, *Judicial Audiences and Reputation: Perspectives from Comparative Law*, 47 Colum. J. Transnat'l L. 451-490(2009).

因为，它们的重要性在于为听众研究开辟更加广阔的天地。听众不应该仅仅是裁判技术和方法的考量因素（尽管它非常重要），还应该或者必须被纳入司法的制度性建构中来。

（二）司法改革的新道路

长久以来，我国的司法制度同样忽视了听众的存在和作用，司法机关往往将其看作消极被动的接受者，成为“被司法”的对象。基于上文的论述，笔者认为，不妨尝试采取一条以听众为指向的司法改革道路。该道路的基本要义就是将听众纳入司法制度的建构与设计中来，重视和发挥听众所具有的能动性和创造力，从而区别于长期以来以法院（法官）为中心的思考立场，而代之以“听众为中心”或者“听众面向”的逻辑起点。当然，听众指向的司法改革道路并不是某项单一的制度形式，而是一整套司法机制及其运行状态的总和。以下将从理念、制度以及技术三个层面予以简单示例，并尽量与现行的司法改革措施进行比较以显示其区别。

第一，理念层面的回应性特质。这主要来自诺内特和塞尔兹尼克的“回应型法”理论的启示。在回应型法的模型中，法律制度具备自我修正的能力和精神，法律机构可以成为社会调整和变革的能动工具，将社会压力理解为认识的来源和自我矫正的机会。[1] 听众指向的司法道路意在以民众需求为导向，积极应对时代挑战。所以，主动司法模式将是其主要的品质特征。现行的司法改革积极推行的一系列积极主动的机制、措施显然具有重要意义，然而当前这种“主动”却也存在相应的问题，因此需要重点讨论。从实践上看，我国的司法从来都是主动的，同时它又从来都不是主动的。说它是主动的，是因为我们的法院长期以来承担了大量的非司法任务；说它不是主动的，是因为它很少在解决社会的深层矛盾和推进体制性变革上有突出的贡献。实际上，真正的主动司法模式也许是法院善于发现社会

〔1〕［美］诺内特、塞尔兹尼克：《转变中的法律与社会：迈向回应型法》，张志铭译，中国政法大学出版社2004年版，第86页。

中的结构性冲突并且不失时机地加以解决,以实现和维护人民的权利。在转型时期的中国,这些结构性冲突非常普遍并且成倍地增长,比如劳资纠纷、消费者维权、环保案件、社保福利以及教育权问题等,这些往往都指向了深刻的社会矛盾。司法可以将私人纠纷与社会的结构性冲突相联系,通过纠纷处理化解社会深层矛盾,从而带动社会的结构转变和体制改革。就这一点而言,集团诉讼便不失为一种行之有效的解决方式。

第二,制度层面的当事人主义。所谓当事人主义就是强调当事人的主体性地位和作用,司法制度的设计应为当事人发挥主观能动性提供足够的空间。比如对抗式诉讼模式就以当事人为中心,由其主导整个诉讼活动的进程,积极发挥参与性作用。当事人主义的价值除了赋予当事人的主体性资格以外,更重要的是赋予其自由选择的权利。因此,除诉讼以外,和解、调解、仲裁等多种纠纷解决形式都应有其存在的空间供当事人自由选择。"大调解"就是实现不同主体和不同领域的调解形式的对接与联合,在一定程度上也增加了当事人选择的机会。然而,在推行过程中,它难免会走向极端,甚至有调解泛滥的倾向。这样实际上妨碍了当事人选择的权利,与设立调解制度的初衷背道而驰。这里顺便提及一个需要纠正的认识误区:很多人认为我们在构建和谐社会,因此只能调解不能判决。这大概是误解了提倡和谐社会的本意,和谐社会并不排斥纠纷的产生,也不排斥司法判决,但一定排斥对当事人权利的肆意妨害。

第三,技术层面的合理化取向。这一点跟法律的固有缺陷密切相关,不可否认,法律本身也会存在缺陷,尤其是处于急剧变革的社会转型期。所谓合理化取向是与"唯法裁判"相对的,在合法性不足以成为法律裁判具备正当性的理由时,合理性往往是我们寻求的正当化基础。麦考密克曾对合理性的裁判相较于唯法裁判的优势进行过详细论述:首先,合理性裁判具有灵活性,它面向所有的社会行为规范,以及关于正义和善的价值原则,甚至还有与价值无关的常识;

其次，合理性裁判具有适应性，因其所针对的是具体的个案，是特定的历史情境的产物，而更能适应现实问题；最后，合理性的裁判更具可执行性，它顾及了具体社会情境下的听众的可接受标准，在现实中更容易为执行对象认可和配合。〔1〕

以往的裁判形式都是以法官为中心、逻辑化和程序性构造的。而合理化的论证，则重在情境化和现实性。合理化的裁判最为突出的一点就是，对听众可接受性的重视，是一种以裁判过程中的听众为中心的说理方式。

总的来说，听众指向的司法道路是一项综合性的系统工程，需要从理念、制度、技术和方法等各个层面齐头并进、协调发展。但其要旨在于始终将听众置于司法制度设计和改革的核心地位，司法改革应该充分重视和调动人民的主观能动性。这样一条道路在于将人民及其根本利益作为司法改革的起点和归宿，真正践行“司法为民”的承诺。

就当前中国而言，裁判可接受性问题并不仅仅是裁判方法和技巧的问题，而是在整体上反映了司法的信任危机。司法改革虽抱有良好的愿望，然而在实施过程中却出现了一些异化甚至扭曲，致使司法面临多重困境，从而加重了危机的程度。究其原因，这些危机部分来自司法自身，而更多地实则来自社会的结构性矛盾。听众研究的价值不仅在于优化裁判方法，还要将其引入司法改革的制度空间。与此同时，为司法改革提供民主化的契机与希望，并且成为与国家政治改革相联结的纽带。

任何一项改革，除了要抓住问题的症结所在，还要避免走向极端化。否则，由此导致的后果可能更加严重。这同样适用于听众指向的司法道路，它包括了一系列的构成机制，这些机制的运作都有走向反面的可能。因此，与其将它看作一套制度体系不如把它当作一种

---

〔1〕 Neil MacCormik, *Reasonableness and Objectivity*, in Fernando Atria & D. Neil MacCormik eds., Law and Legal Interpretation, Ashgate Publishing Company, 2003, p. 538.

思想路线,其核心在于发掘和依托人民的力量。此外,所有指向结构性变迁的改革努力,其艰难程度是不言而喻的,结果也很难预计,希望往往只能寄托于行动的过程之中。这不仅需要改革的坚定信心和积极行动,甚至还需要智慧、胆略和勇气。

第三章　寻找法条主义与民意的中间路线

一、问题的界定

穿越历史时空的波诡云谲，19 世纪德国的法学方法论是由概念法学（Begriffsjurisprudenz）所主导的。其基本主张是，立法者所制定的法律是国家整体意义上法秩序的核心，且完备无缺。一切法律争议皆可“依概念而计算”（Das Rechnen mit Bdgriffen），通过逻辑演绎操作获得解答。司法裁判的任务是法官借由具体个案，运用“逻辑涵摄”“概念支配”（leregne du concenpt）等方式将法律传述出来。〔1〕 于法官而言，就是“将其自身以及其思想、感受，委付予贫乏、呆板的实在法，成为法律机器中一件无意志的、无感

〔1〕 有关概念法学的基本主张，赫克（Heck）及埃利希等人曾经有过经典的归纳。See Philipp Heck, *The Jurisprudence of Interests*, in The Jurisprudence of Interests, trans. and ed. by M. Magdalena Schoch, Harvard University, 1948. ［奥］欧根 · 埃利希：《法社会学原理》，舒国滢译，中国大百科全书出版社 2009 年版，第 20 页；吴从周：《从概念法学到利益法学——以耶林对海克之影响为线索开展》，台湾大学 2003 年博士学位论文，第 168 ~ 170 页。

情的零件”。〔1〕一如韦伯所比喻的，法官就像一台自动售货机一般，“投进去的是诉状和诉讼费，吐出来的就是判决和从法典上抄下来的理由”。〔2〕在此影响下，在司法裁判界域，“依法（实定法）裁断”（法官不应导入自己价值因素）便成为其奉行的圭臬。

传统概念法学对法官活动的角色认定，在19世纪末便遭到了一些法学学派如自由法运动（本书统称为自由法学）根本性的挑战。一个有力的诘难是，生活中的个案纠纷通常是具象的、多维的，而为之提供裁判根据的法律规范却又是普遍的、抽象的，当法律规范不能为现实纠纷提供裁判依据时，法官又当如何？循此思路，自由法学认为，为求得一个客观的妥适的个案判决或者说个案正义，法官所从事的绝非只是一种机械性的逻辑推演任务，而不可避免地会渗透进法官个体的价值判断。〔3〕对此观点，国外的一些批判者诘问道：在实现个案正义过程中，强调法官的意志因素是否会助推法官超越法律规范的约束，最终破坏立法与司法分立的秩序？〔4〕基于同样的理由，我国国内的许多学者在论评自由法学主张之际亦常颇有微词。〔5〕然而，这种担心是否有真切，抑或我们对自由法学的论断本身就存在误解？

有别于一般的批评，在笔者看来，自由法学最为特殊的贡献不仅在于它揭示了司法权运作的本质即承认了法官裁判中存在的主观意志，而且还在于“法官依法裁断”的法治基本要求是如何在法律约束前提下得以贯彻，从而在“法律约束”与“个案正义”之间求取一个符

---

〔1〕 Regina Ogorek, Richterkving oder Subsumtionsaudomat?：Zur Justiztheorie im 19 Jahrhundert, 1986, S. 221.

〔2〕 [美]刘易斯·A. 科瑟：《社会学思想名家》，石人译，中国社会科学出版社1990年版，第253页。

〔3〕 这一主张在布劳、伊赛、坎托罗维奇、埃利希、克拉玛德雷的有关著作中都有体现。相关著作在下文中详述。

〔4〕 此以凯尔森为代表的纯粹法学对其的批判尤为突出，下文将会对此进行详述。

〔5〕 关于自由法学的批判，国内相关的方法论书籍都会述及，且持相近观点。参见杨仁寿、梁慧星等学者有关著作。杨仁寿：《法学方法论》，中国政法大学出版社1999年版；梁慧星：《民法解释学》，中国政法大学出版社1995年版。

合其任务本质的平衡。欲了解这些,则首先有必要整体性地把握自由法学的理论蕴含、理论诉求。

二、"法律解释"还是"漏洞填补"(Lückenausfüllung)[1]

任何学说、论断的提出,其背后总有一个潜在的理论预设。比较传统概念法学及自由法学,两者之所以对法官在司法裁判中究竟是否存有价值判断、自由意志上持截然相反的主张,是因为导源于两者在法体系是否完备的命题上产生了根本的分歧。早在1885年,布劳便在一篇论文中谈道,"纵使再精密的立法,亦无法为现实生活中所有的个案纷争提供答案"。[2] 的确,法律在为人们提供行动便利的同时,也为保障社会秩序的安定提供了可能,因此,日常生活对法律秩序便存在两个理想:一为完全明确性的理想,二为完全适当性的理想。[3] 但立法者在许多时候却无力满足这两个理想。一方面,固然在于它关照能力的不足,无法预见现实复杂生活及变迁的社会所有发生的事实;另一方面,亦是立法语言自身的有限性,无法将立法者的思想清晰完整地表达出来。此两方面形成合力带来的结果,"每个法律从一开始便存在空缺、模糊及矛盾"。[4] 因此,当法律规范无法为具体个案提供根据时,法官的裁判便不可能如传统概念法学所设想的,仅仅只是从事机械性的操作,而必然渗透法官的意志判断因素。就此意义上,法秩序与其说是由实在法建构的,不如说是由法律与法官共同缔造的。[5]

---

[1] 应注意的是,自由法学所谓之"法律漏洞"采取的是广义概念,既涵盖了法律空缺的情形,亦包括了法律模糊、冲突及悖反的情形。此与当下学界对法律漏洞专指法律空缺之含义不同,因此,如无特别说明,本文采广义概念。

[2] Oskar Bülow, Gesetz und Richteramt, abgedruckt in: W. Krawietz (Hrsg.), Theorie und Technik der Begriffsjurisprudenz, 1976, S. 124.

[3] Philipp Heck, *The Jurisprudence of Interests*, trans. and ed. by M. Magdalena Schoch, Harvard University, 1948, p. 25.

[4] 从立法者制定法律存在漏洞角度,可将法律漏洞区别为立法者的"有意的漏洞"与"无意的漏洞"(又称为"违反计划的不完满")。

[5] Oskar Bülow, Gesetz und Richteramt, abgedruckt in: W. Krawietz (Hrsg.), Theorie und Technik der Begriffsjurisprudenz, 1976, S. 135.

无疑，布劳的“法律中必然存在漏洞”的论断奠定了自由法学的基点。在自由法学看来，传统概念法学所竭力维护的“法律体系完备无缺”主张只不过是一厢情愿，其试图构筑的“法律是头脑（意志），法官是嘴巴”的法治王国实际上是对司法裁判本质的误解，是一个理想的乌托邦而已。在具体的个案中，当出现法律漏洞情形，传统概念法学要么拒绝裁判，将漏洞的难题予以忽略，从而将它们归入一个无法的空间（笔者称为弱概念法学）；要么是借由各种技术性的法律解释方法迂回的求得解决（笔者称为强概念法学）。[1] 这两种做法的结果，前者虽符合了法律完全明确性的理想，但导致了个案的不正义或不符合完全适当性的理想，因为那些值得保护的权益无法获得保护。后者尽管纠纷解决达到了个案正义，但事实上并没有如传统概念法学所强调的只是忠实“传述”法律的目标，相反，它间接证明了“法律无漏洞”想法的不切实际以及法官裁判必然包含着法官意志的因素。诚如斯塔普所言，传统概念法学如此之做法，才是“法官藉由法律解释摆脱法律约束”的真正原因。[2] “在依法审判的外表下，概念法学所崇尚的法律解释理论其实根本是一种（法官的）恣意支配”，“概念法学的这种通过解释理论而对法律‘时而过分重视，时而过分轻视’的态度，难免使法官活动陷入无法自拔的自以为是境遇”。[3] 是故，一套真正忠于法律的法学与法律适用，唯有站在自由法学的认知基础上方能成为可能。[4] 至此，我们可看出，自由法学

[1] 弱概念法学是以 D. Nettelbladt 为代表的早期的概念法学。而多数概念法学者则持弱概念法学，此如萨维尼、普赫塔（Puchata）、温特沙伊德（Windscheid）等。参见吴从周：《从概念法学到利益法学——以耶林对海克之影响为线索开展》，台湾大学 2003 年博士学位论文，第 18~22 页。

[2] Ernst Stampe, Gesetz und Richtermacht, DJZ, 1905, S. 1018. 转引自吴从周：《从概念法学到利益法学——以耶林对海克之影响为线索开展》，台湾大学 2003 年博士学位论文，第 16 页。

[3] 黄舒芃：《正确之法或框架秩序？——一个对“法官受法约束”意义的方法论反省》，载中央研究院法律学研究所，http://www.iias.sinica.edu.tw/upload/book/book07/book07ch09.swf，2010 年 7 月 25 日访问。

[4] 此为坎托罗维奇所言，参见[德]阿图尔·考夫曼、温弗里德·哈斯默尔主编：《当代法哲学和法律理论导论》，郑永流译，法律出版社 2004 年版，第 168 页。

的理论诉求非但不在于脱离法律控制,反而是在承认法官审判中意志判断必要性的同时,呼吁法官对法律的真正尊重。

那么,随之而来的问题是,法官的主观意志,或者说创造性究竟如何体现出来?在自由法学看来,为破解因无法可依导致个案争议搁悬这一难题,这就需要法官不但要有权而且要有义务在个案裁判中进行所谓“漏洞填补”[1](所谓“法的发现”)。既然司法任务被定位在解决个案争议,法官当然必须着眼于个案的特殊性,做出一个符合个案需求、正义的裁判。因此,当作为大前提之法律存在漏洞,诉诸法官活动的“漏洞填补”自是不言而喻的。[2] 反过来,若将一切个案裁判活动只是视为法官简单的逻辑涵摄,那么司法将难免会忽略必须关照个案特质的属性。更甚者,它可能在逻辑涵摄的外衣下,包藏(不被概念法学所容许的)恣意。另外,就弱概念法学的理论主张而言,通过运用各种法律解释方法特别是由萨维尼创立的文义、目的、历史及体系方法来发现法律规范,其目的无非要填补或改变已有的法律内容以契合个案妥当性的需求。而如此之进路,从另一层面观之,实际上本身就是从事“漏洞填补”工作。

至于法官“漏洞填补”之方式,自由法学所言不多,亦无作统一的论述。梳理该理论之发展史,其以“利益说”与“活法”理论最为典型。[3] 简言之,前者系将个案争议还原为争执双方的利益之争,通

---

[1] 概念法学通过各种法律解释方法,迂回的发现法律规范,就此角度而言,实际上也是一种“漏洞填补”。

[2] Eugen Ehrlich, *Montesquieu and Sociological Jurisprudence*, 29 Harv. L. Rev. 585 (1916).

[3] 应注意的是,本书将利益法学视为自由法学的一个分支。理由是,在源头上,以耶林、赫克为代表所构建的利益法学是为批判概念法学而生的,他们学术批判的基本观点以及基本主张与自由法学极为近似,只不过利益法学将自由法学所主张的价值评判对象凝结为“利益”。有关此方面的论证参见吴从周:《从概念法学到利益法学——以耶林对海克之影响为线索开展》,台湾大学 2003 年博士学位论文,第 216~222 页。另外,埃利希所谓“活法”并非指的是法条中确定的法,而是支配生活本身的法。这种法的认识来源首先是现代的法律文件,其次是对生活、商业、习惯和惯例以及所有联合体的切身观察。参见[奥]欧根·埃利希:《法社会学原理》,舒国滢译,中国大百科全书出版社 2009 年版,第 545 页。

过法官的价值评判权衡两者轻重,并返回法规范体系内部予以识别。后者则依凭法官的直觉经验、"法感"认知,在法体系外或者"社会本身"中发现。比较之下,前者在方法的选择上更为精致,也更具操作性、确定性。然而,赫克认为,法内外体系分型只具有相对意义,一旦生活需求、利益在法规范体系内部未能找到,甚至与法体系所要保护的利益相冲突时,则势必要回到法官的个体价值作一衡平。[1] 就此而论,在"漏洞填补"的"源泉"层面,"利益说"与"活法"理论两者并无本质的差异。只不过它们以不同的方式予以归结。尽管如此,由于法官据以"填补"法源的变动性,且缺乏相应的客观标准予以评判,致使人们对司法判决的预期性产生怀疑,故而历来为诸多学者所诟病。不过,应注意的是,正如上文所述,自由法学的诉求重点与其说是在为法官找寻一个实在法之外的适用依据,不如说是在如实地呈现法官赋予意志色彩与创造性的审判过程,从"法官活动的本质何在"出发,明晰"法官活动应如何受法律约束"的全程图。在此意义上,学者反复追问的"自由法"到底是指什么,是否有客观标准等种种争议,恐怕都已无关紧要,因为自由法学本就不是以"自由法"名义提出的。

三、法适用中的漏洞填补:司法论证的二分构造

自由法学将司法裁判视为从事"漏洞填补"之作业,突破了传统概念法学仅从逻辑涵摄的角度来理解法官活动的固有成见,对人们了解司法运作的本质无疑起到了变革性的意义。但如此之分析进路不免冲击当时主流的法治理念,即立法与司法两权互为分立的认知模式。由于自由法学承认正当化司法裁判过程中法官的意志要素,这也就暗含着,立法及司法两权的区分不能透过法规范意志的"创造"与"传达"二分予以清晰界定。因此便引来一个问题:自由法

---

〔1〕 Philipp Heck, *The Jurisprudence of Interests*, trans. and ed. by M. Magdalena Schoch, Harvard University, 1948, p. 32.

学所主张的法官进行“漏洞填补”活动之任务，是否会颠覆传统法学方法论对于作为法制定活动的立法与作为法适用活动的司法两者之间的区分？如果不会，自由法学又通过什么样的方式来消解这一难题？对此一问题的澄清，不仅有利于进一步指出批评者的误解所在，亦是自由法学能否完满展现其论述的关键。

显然，上述问题的解决，自由法学并不藉求社会学的传统力量如惯习，或者道德上的说服，这并非其所愿，不仅如此，它还可能陷入问题的“解决者”反被“俘获”的危机。基于此情境，寻求法律论证的制度化控制便显现出来。既然法官对法律存在漏洞是在个案裁判中发现，并通过个案进行填补的，为使司法裁判的正当性受到完全的检验，最佳的方式莫过于让法官所为之法律论证以公开的方式呈现出来。[1] 换言之，在司法裁判中，要证明司法裁判是在法律规约下运作的，则必然要求法官清晰地说明据以漏洞填补之“法源”对个案的支配力，而为达此目标，就需要法官在作出决断时必须公开，展示法律漏洞是如何经由层层推论，在观照个案特性的前提下得以填补的过程，从而来检验法官的决定。于此情形下，“法官在裁判中的论证，不但成为司法责任的依归，也成为考验司法是否受法律约束的文本依据”[2]。并且，更为引人注意的是，对于自由法学来说，法律对于法官活动的拘束似乎也仅限于此。这是由于，一方面，具体个案的复杂性与多样性决定了法官在作出个案决定时不可避免地会存在主观意志与价值评判；另一方面，法官的判定又必须要求忠于法律。要同时满足这两个要求，唯一的办法便是将“法律约束”的含义予以重新阐释，或者说必须对法的结构功能作转化。

与传统概念法学形成鲜明对比，自由法学眼中的“法律”已不再是提供一套事无巨细的行动规则，亦非法官在裁判过程中所应追求

---

〔1〕 Ernst Stampe, Rechtsfindung durch Konsruktion, abgedruckt in: W. Krawietz (Hrsg.), Theorie und Technik der Begriffsjurisprudenz, 1976, S. 153.

〔2〕 James E. Herget and Stephen Wallace, *The German Free Law Movement as the Source of American Legal Realism*, 73 Va. L. Rev. 403 (1987).

的最高目标。相反,它在司法活动中所要发挥的是“最低限度”的防范功能。[1] 由此展开,这即意味着,无论法官在裁判过程中渗透进何种的价值判断,甚或是恣意,最终都必须在对外论证上证明其个案决定可以在法律上站得住脚,且并未逾越法律划定的边界。在此意义上,法律不再是防控一切法官意志或者杜绝所有法官恣意的一剂良药,其更多的是一种用以证明司法裁判并未脱离法律约束的工具。对此,坎托罗维奇说道,自由法运动虽然否认所有判决结果都能经由法律的逻辑涵摄推导而出,但也恰是这样的否认,更加彰显出自由法运动对于司法裁判受法律约束的守持,表达出对法律的尊崇。[2] 埃利希也表达了与此类似的看法,法官活动,特别是在漏洞填补中固然是一种创造性的任务,且致力于个案正义的实现,但法官在判决中所表达出的论证内容却必须是能被证明的,且与法律意旨相一致。[3] 以此观之,自由法学虽一再强调法官漏洞填补的必要性,但显然它并未忽略法官活动“法适用”的本旨所在。

通过论域的转换,自由法学重新界定了“法律约束”含义,将“法律约束”的着力点置于法官判决公开的推论过程上,并强调只有在此情形下,法律作为裁判理性证立的意义与功能才凸显出来。用学者伊赛的话说,处于此时的法律实际上所起的是“事后追加”[4]的推导功能。具体地说,纵然法官在审判中会受到种种不可测的非理性动机的影响,亦无须指出推导出裁判的真正论据,但法官在判决中论证其内容时,无论如何都必须表现出理性推论的姿态,至少表现出其

---

〔1〕 富勒在《法律的道德性》一书中就法的内在道德层面谈到,法的内在道德的八个方面既可作为法的最高要求,同时亦为法之最低准据。参见[美]富勒:《法律的道德性》,郑戈译,商务印书馆2005年版。

〔2〕 Hermann Kantorowicz, Die Contra-legerm-Fabel, Deutche Richterzeitung, 1910, S. 353. 转引自吴从周:《从概念法学到利益法学——以耶林对海克之影响为线索开展》,台湾大学2003年博士学位论文,第172页。

〔3〕 Eugen Ehrlich, *Montesquieu and Sociological Jurisprudence*, 29 Harv. L. Rev. 587 (1916).

〔4〕 Hermann Isay, Rechtsnorm and Enstcheidung, Berlin, 1929, S. 177.

内容是在法律的基础上作出的。是非感总是在判决之前，表面的逻辑的证立只是随后发生，在证立中存在一个将去如何证明的正确的思维。〔1〕至此，我们可看出，自由法学显然已不再关心法官裁判背后的动机为何，从而在表象上让人形成一种“自由法学已放弃对法官的控制”的印象。但自由法学反诘道，当我们要求法官在判决论证内容中必须“表现出受法律约束的样子”的时候，其实不就已经构成控制法官活动了吗？〔2〕恰恰因为是以这样的方式来理解“法官受法律约束”命题，自由法学所谓法律作为司法判决的论证依据，事实上只是一种“拟态”。应注意的是，这种“拟态”是在承认法官主观意志无从掌控的前提下，且是法治国传统的最低要求，所以它是法律控制法官裁判权力必须的，也是唯一的途径。就此意义而言，“法官受法律规约”命题充其量只要求法律在判决论述中，证明其判决能够被想象成是基于一定的法律基础（经由漏洞填补）被推导出来的结果。正是在这个意义上，才能真正理解自由法学所谓“法官服从法律”“法官决定受法律约束”的真谛。

由上述可知，自由法学所放弃的，与其说是法律对法官的约束，不如说是法律对法官主观动机的约束。进一步说，自由法学是将法律约束的对象，完全集中在外在作为上，至于法官内在心里究竟如何在所不问。由此可见，在自由法学的论述中，已然将法律论证过程区隔为法官内在的“主观动机”与外在的“客观论证”〔3〕，即在承认法官主观意志判断要素的同时，将法律对司法裁判的控制限制于其所划定的底线：法官无论如何，都必须能在判决中证明裁判论证可以在法律基础上被推导出，故而，法律的功用便仅限于提供法官证明其

---

〔1〕［德］阿图尔·考夫曼、温弗里德·哈斯默尔主编：《当代法哲学和法律理论导论》，郑永流译，法律出版社 2004 年版，第 169 页。

〔2〕Hermann Isay, *Rechtsnorm and Enstdheidang*, Berlin, 1929, S. 177ff.

〔3〕有关“主观动机”与“客观论证”二分的重要性也表现在德国法律传统许多相关讨论中，当代讨论可参见阿列克西的著作。参见［德］罗伯特·阿列克西：《法律论证理论——作为法律证立理论的理性论辩理论》，舒国滢译，中国法制出版社 2002 年版。

决定“受约束”的证据。诚如福克斯与坎托罗维奇指出的，法官在个案审判过程中，固然要动用意志判断，来为眼前个案寻找一个最能契合个案正义的解答，但与此同时，该解答仍必须与依据所使用的法律规范体系相一致。[1] 这样的观点充分说明：法律约束与否的检验，势必要回溯到法官在判决中所表现出的论证，而无须一味地追究法官心中动机或想法。

通过“动机”与“论证”的区分，自由法学将检验与控制司法活动重心完全放在各个判决中法官所表现的论证内容上。从这个层面来看，司法权不是“自由”的，更不至于因为包含法官的意志判断要素，便无所顾忌地逾越法治国传统下“受法律约束”的原则，破坏立法与司法两权之间的分际。

四、批判与维护：纯粹法学与自由法学的一场争辩

为揭示司法过程的真实过程，自由法学彻底扬弃了传统概念法学将司法简单地等同于机械性涵摄的看法，但为防止法官恣意的发生，又强调了法律对司法裁判的约束意义。为此，自由法学区分了法官审判活动内在的“主观动机”与外在表现的“客观论证”，认为法官在从事漏洞填补任务的前提下，只要能公开地证明其在法律上站得住脚即可。至于法官内心究竟有何种想法，进行如何之漏洞填补，对“法官受法律约束”的命题而言，则已无关紧要。同时，也由于此，才能真正地把握自由法学所指“法官受法律约束得到真正落实”的意义之所在，也才能正确认识到：一般所认为并批评的“法官（超越法律之）自由”，事实上并未领悟自由法学的真实用意，当然也曲解了其理论诉求。从这个角度看来，凯尔森的纯粹法学对于自由法学所提出的批评，恐怕也正是忽略了自由法学这个论述特殊性的结果。

如同自由法学一般，凯尔森的纯粹法学自始至终否定概念法学

---

〔1〕 Ernst Fuchs, Gesunder Menschverstand, Neu-Wiener Begriffsnetz und Franzosisiche “Neue Schule”, Die Justiz: Ⅳ 2(1928/1929), S. 135.

对司法活动本质的理解，并认为司法的任务不过是根据当前发生的个案事实，承担起对法律规范具体化的过程，法官的权力行使就是一种意志行为。[1] 尽管纯粹法学与自由法学都强调了法官在裁判过程中不可避免的意志判断要素，共同扬弃了过去认定"法官受法律约束意味着司法裁判不允许带有任何法官主观意志"的固有成见。不过，对于在承认法官意志要素的前提下，如何具体实施"法官受法律约束"的要求，纯粹法学与自由法学采取了大相径庭的论证进路。

凯尔森认为，自由法学所主张的，法官在法律存有漏洞的前提下从事的是"漏洞填补"活动，这种看法从根本上扭曲了作为整体秩序的法律对法官活动的意义。诚然，法官所担当的就是基于眼前的个案事实根据法律作出裁判，从法适用角度而言，这其实就是法律实施的具体化过程，但这种具体化的任务并非如自由法学所主张的那样，是法律出现"漏洞"的结果，而是来自法阶层体系由上而下的授权，是一种单纯从抽象到具体的过程。[2] 在凯尔森看来，这种看法忽略了：第一，事实上，当法律并未针对眼前个案提供特定答案之时，可能意味着它放任或容许眼前个案所涉及的行为，诚所谓"法不禁止即自由"。第二，即便在法律并未提供明确规定的情况下，法官适用法律在逻辑上仍是可能的，因为法官此时固然无法适用某一个特定的个别法律规范，但却仍然可以权衡立法者所铺陈的法秩序之意旨来进行裁判，从而得出适宜的决定。从另一层面来看，这恰是一个将抽象规范适用到个案争议的具体化过程，其间，虽必然包含法官的意志判断，但绝非如自由法学所言，是法官进行漏洞填补的情形。据此，凯尔森批评道，自由法学预设的漏洞观点，不但误解了法阶层结构的本质，更可能导致法官借漏洞填补之名，行脱离法律约束之实，势必造成法官权限的无限扩张，引发或强化法官逾越职权的危

---

〔1〕［奥］汉斯·凯尔森：《纯粹法理论》，张书友译，中国法制出版社 2008 年版，第 101 页。
〔2〕［奥］汉斯·凯尔森：《法与国家的一般理论》，沈宗灵译，中国大百科全书出版社 1996 年版，第 165 页。

机。最终，司法与立法之间的界限也将岌岌可危，所谓“法官受法律约束”也必将无从谈起。[1]

由上述的一番批评来看，纯粹法学仍不免落入对自由法学隐藏内涵误解的旋涡当中。如前述，自由法学的目的是揭示法官活动本质——法官主观意志，以及如何落实法官受法律约束，为此，将法官活动区隔为“主观动机”与“客观论证”，并主张法律约束的对象并非法官的主观意志，而是法官的外在作为，即司法裁判中的论证内容。当纯粹法学批评自由法学的漏洞理论，将使法官的权力恣意凭借法官个人的主观认定而过分扩张之时，其实背后忽略的恰恰是这一方面的考量，而想当然地认为自由法学在放任法官主观意志的同时，已放任法官在判决中的论证。从本源上探究，纯粹法学之所以反对自由法学的主张，乃是因为它从根本上反对法律漏洞的存在，以及赋予法官进行漏洞填补的权限。对此，自由法学反驳道，恰是纯粹法学的这一做法才可能助推法律对法官活动约束的丧失。首先，虽然纯粹法学与自由法学两者都将司法审判视为一种意志行动，强调即便在个案中出现缺乏具体法律规范的指引和裁判根据的情况，法官仍可诉诸法的位阶秩序特别是上位法对下位法的约束原则获得化解。然而，不承认法律漏洞这一事实，纯粹法学便无法清晰地阐释：法官活动既然作为一种意志活动，其活动界限——特别是法律授予的界限——究竟何在？其次，由于纯粹法学否认法官漏洞填补的任务，而将其视为不过是法律实施的具体化过程，那么问题是，应运用什么方式以及以何标准来判别法律对法官的最低限度的控制？最后，或许更为重要的是，正因为纯粹法学反对漏洞及漏洞填补理论主张，所以其在论述法的位阶秩序观点及“基础规范”理论时所存的疑虑（作为立法者的法官在对法律进行解释会大幅度地扩张法官的主观意

---

[1] 参见[奥]汉斯·凯尔森：《纯粹法理论》，张书友译，中国法制出版社 2008 年版，第 99~106 页。Bart Van Klink, *Facts and Norms*: *The Unfinished Debate between Eugen Ehrlich and Hans Kelsen*, Electronic copy available at: http://ssrn.com/abstract=980957.

志,将可能导致法官的判决超越法律权限[1])事实上是无法得到释解的。不仅如此,从另一层面来看,"法官受法律约束"原则之规范意义在一定程度上反而已被纯粹法学大为削弱了,而此与纯粹法学所追求的法律约束意义——上位法对下位法的规范指引的观点恰又是背道而驰的。

概言之,纯粹法学在此环节上遭遇的内在困境,若以自由法学的立场观之,恰是因为其混淆了法官"主观动机"和"客观论证"这两个层次的区分使然。纯粹法学似乎认为,司法裁判一旦包含法官的意志要素,那么法律实施具体化的过程便无法预期,其结果也无从被检验;然而,这种观点未注意到,在落实法官受法律约束要求的过程当中,法官的主观意志如何或者用何种方式影响了裁判结果,其实都不应成为被追究的对象。只要在裁判中,法官能证明其判决结果拥有法律上的根据,那么,此时的司法裁判便能经受法律约束的检验。在这样的基础上,即便法官基于其主观恣意,仍不至于影响法律对法官的约束力。就此看来,纯粹法学对自由法学的批评,一方面,在间接证明了二者在强调法官意志要素的同时,其实都着眼于法律的约束;另一方面,该批评从反面证明并凸显出法官漏洞填补权限承认对于法律约束要求的建设性意义。

五、通向法官的美德,抑或美德法理学

作为对传统概念法学法官裁判活动形式主义导向的纠正,自由法学主张,法官在裁判之际不应拘泥于形式正义和逻辑推论,还应在关照案件事实的基础上,借助个体的价值判断,从而推导出契合个案正义之判决。为解决"法律约束"与"个案正义"之间的紧张关系,自由法学将法官裁判活动区隔为"主观动机"与"客观论证",并将法律约束置于"客观论证"层面,通过公开论理使暗含在判决中的法官

---

〔1〕 [奥]汉斯·凯尔森:《法与国家的一般理论》,沈宗灵译,中国大百科全书出版社1996年版,第164~165页。

“主观动机”以客观化的方式得以检验。在自由法学看来,也正因为法官在论证过程中,被要求必须能清楚展现如何进行法律漏洞填补的,法官就不得不在考量个案的特殊性的同时,慎思个案事实与法律体系之间的融贯性,以便能在判决论理上,明确指出其法律依据何在,从而做到个案适用的“合法”,又可兼顾个案情境之“合理”。至此,不难发现,自由法学对于司法活动本质与界限的深刻观察,以及对司法与立法两权分际问题的看法,特别是对当时由概念法学主导下的学术研究及司法实践而言,无疑具有变革性意义,对当下司法裁判相关的讨论,尤其在安置法律与法官之间的复杂关系上亦不乏启发性。譬如,目前我国司法实务界与学界在司法裁判究竟应偏向法律效果,还是倚重社会效果问题上争执不休。〔1〕从广义上,如果我们将法律效果理解为法官在论证中必须遵循法条规范,反映的是法律约束基本要求,而将社会效果理解为法官必须更加关注具体个案事实,体现个案正义具体语境的话,那么司法裁判如何在法律效果与社会效果之间取得一个妥适的平衡,自由法学的上述主张以及思维进路对我们而言无疑具有建设性的导引功能。

尽管如此,自由法学的理论当中存在的弊端仍不容小觑,比如,在自由法学理论进路中,诉诸公开论证的认同似乎是架构起个案裁判“合法”与“合理”鸿沟之不二法门,亦是控制法官审判恣意的唯一方式。但何为论证公开,其判断基准为何,在论证过程中,法官需要遵循什么样的规则、程序等,却又未能给出较为清晰的理论构图。让人欣慰的是,概观法律论证理论发展,阿列克西在吸纳哈贝马斯的真理共识论及埃尔朗根的实践商谈理论等有关成果的基础上所构建的普遍理性实践论辩理论可以说是对上述问题最完满的诠释。其试图构筑出一个理想的论辩结构,使法律论证一方面避免传统法教义

---

〔1〕 参见孔祥俊:《论法律效果与社会效果的统一——一项司法基本政策的法理分析》,载《法律适用》2005 年第 1 期;江必新:《在法律之内寻求社会效果》,载《中国法学》2009 年第 3 期。

学因强调“合法性论证”而遭致机械性法律操作之弊处，另一方面亦免于因倚重“合理性要求”而滋生法官恣意之不足，并借由一系列论辩规则的设置，比如有效性规则、可普遍化规则、坦诚性规则等，希冀在“合法”与“合理”（或实际上就是“法律约束”与“个案正义”之间关系）的共生与融通中获取新的路径。然而，过于理想化的“理性论辩”条件设置以及以“手段证明结果合理”〔1〕的论证方式，在现实的法律论证中，其适用空间究竟多大仍未可知。更何况，即便论辩可以获得共识，论辩结果的合法性与妥当性却未必由遵守论辩程序而获得保障。正如考夫曼所言，虽然在规范的领域中，真实性（正确性）并不只是经由论辩程序产生，但却非常可能在论辩程序中产生。〔2〕以此反观自由法学，其一直苦苦寻觅，并对公开论证充满无限期待的主张，我们不免要作一折扣进行考量了。

在另一层面上，也是自由法学在论证中不自觉预设的但却为其所忽视的，正如埃利希所言，“法律如何被理解、适用于个案这个任务与权力掌握始终掌握在法官的手中”〔3〕。在整个论证过程中，法官自始至终处于“支配者”的角色，也由此决定了其说理仍不免于“独白式”的宣称。这不仅体现在对案件事实的认定、规则的适用，更表征在法官的自由裁量空间中。无论论辩性的程序设计所带来的压力有多大，法官作为论辩程序问题决定权之主持者，仍然只松散地受到判决之程序正当性压力的约束。〔4〕于此情形下，在许多时候，法官裁断依凭的并非法律、理性与程序，而是良知。就此而言，与其说法官论证之“技术理性”获得了普遍认可，毋宁说是蕴含在其背后的职

---

〔1〕 Richard H. Gaskins, *Burdens of Proof in Modern Discourse*, Yale University Press, 1992, p. 79. 转引自陈林林：《裁判的进路与方法——司法论证理论导论》，中国政法大学出版社 2007 年版，第 242 页。

〔2〕 [德]考夫曼：《法律哲学》，刘辛义等译，法律出版社 2000 年版，第 392 页。

〔3〕 [奥]欧根·埃利希：《法社会学原理》，舒国滢译，中国大百科全书出版社 2009 年版，第 5 页。

〔4〕 [美]米尔伊安·R. 达玛什卡：《司法和国家权力的多种面孔——比较视野中的法律程序》，郑戈译，中国政法大学出版社 2004 年版，第 151 页。

业伦理本身无可非议。以美德法理学的视角观之,此职业伦理即体现为法官的美德。当然,是不是苛求每个法官都像德沃金眼中赫拉克里斯那样的美德?显然不是,事实上,也不可能。于是,问题在于,法官在裁判中究竟应具备何种美德?在法官行动及内心的信念指向上,法官的美德是否应有区别?在现实的司法实践中,又可以通过何种方式可以获得?等等。在此方面,新近之美德法理学的一些理论主张或许能给我们一些有益的启示。[1]

---

〔1〕 Lawrence. B. Solum, *Virtue Jurisprudence: A Virtue-centred Theory of Judging*, 34 Metaphilosophy Vol. 34, p. 178-213(2003).

第四章　司法裁判的反应型偏差及其纠偏

侵权法具有高度的自治属性。[1] 其之所以具有高度的自治属性,是因为对侵权行为所造成的损害的弥补可以在侵权人与被侵权人之间通过议价(bargaining)来实现,且这种议价具有主观能动性,但现实中侵权责任分配的议价成本是如此的高昂,以至于私人议价过程极难实现,而从侵权法的作用上看,其本质则莫过于通过对责任的运用,将高交易成本造成的外部成本内部化(internalization)。[2]

在司法实践中,被侵权人的实际损失填补程度与

---

〔1〕 简资修在批判兰德斯与波斯纳以管制的投入产出模型分析侵权法的根本依据就是侵权法的自治属性,认为兰德斯与波斯纳的故意侵权模型的核心要素仅依赖于技术性关系,属于庇古式的管理控制模型,因此仅适用于公法管制而不适用于私法自治(自治行为的介入会使得技术性关系的误差项不平稳),参见简资修:《法律定性与经济分析——评兰德斯与波斯纳的〈侵权法的经济结构〉》,载《法治与社会发展》2007 年第 4 期。

〔2〕 简资修对兰德斯与波斯纳的侵权法理论批判的另一重要依据在于认为二人将交易成本这一概念偷渡到对故意侵权模型的分析之中,这造成了低交易成本下侵权人采取强制交易行为从而导致社会总损失的计算错误。但独立于科斯成果的卡拉布雷西的激

法官的裁量及侵权法所追求的应然价值之间有一定的偏差。[1] 剔除对虚假诉讼与恶意诉讼的考量，民事诉讼程序中的二审和再审程序的存在就是对这种偏差的最有力证明。而对类似司法偏差的研究或是通过计量（经典线性回归）的方法以证明其本身的存在性，或是以上诉率为核心变量来间接研究民事诉讼制度与司法改革，对司法偏差的本体却缺乏足够的关注；再者，对于司法偏差的终极救济程序——再审的研究也未能和二审程序有效衔接。[2] 虽说缩小司法偏差并不能代表更接近司法公正，但却是进一步认知司法公正的理性途径之一。[3] 我们所言的司法偏差不同于认知型司法偏差，它更多地反映的是侵权人和被侵权人系统的反应和行为，因此我们所讨论的司法偏差是相对性的，是从发起诉讼一方来展开的，如一审原告行为诉求支持率、二审上诉人非行为诉求支持率等。我们假设无论诉讼处于何种程序的何种阶段，只要发起诉讼一方认为没有得到公

励效应视角为罗伯特和托马斯提供了预防成本和预期伤害成本相加的分析思路，而这并不否认高交易成本情形下需要法律（制度）的介入。参见简资修：《法律定性与经济分析——评兰德斯与波斯纳的〈侵权法的经济结构〉》，载《法治与社会发展》2007年第4期；Guido Calabresi, *Some Thoughts on Risk Distribution and the Law of Torts*, 70 The Yale Law Journal 499-506(1961)；[美]罗伯特·考特、托马斯·尤伦：《法和经济学》（第6版），史晋川、董雪兵等译，格致出版社2015年版，第188~190页。

[1] 传统的侵权理论中，侵权行为需同时具备：(1)被侵权人受到损害；(2)侵权人的故意或过失行为与被侵权人的损害之间具有因果关系；(3)侵权人基于其故意或过失行为构成对被侵权人的未尽义务。诚然，以行为的基本要素为核心运作的司法过程最具可操作性，理论上的经济技术性分析正如简资修所言适用于公法管制，这也是因为自治属性的侵权之债的运动具有更大的随机性，个案特征尤为显著，即权利人的请求与判决之间的偏差、被告（被上诉人）基于答辩的期望与判决之间的偏差是以行为在宏观上的不可度量性导致的。再者，也有学者认为这种司法偏差是因为对初始信息的非理性认知造成的，即法官群体对外界压力和风险系统性回应所诱发的裁判锚定效应，且通过大量裁判数据予以实证分析，参见杨彪：《司法认知偏差与量化裁判中的锚定效应》，载《中国法学》2017年第6期。

[2] 参见艾佳慧：《制度环境、诉讼策略与民事上诉率变迁——理论模型与初步检验》，载《法制与社会发展》2017年第5期；吴锦标、赵国滨：《关于一审服判息诉情况的调研报告》，载《山东法官培训学院学报》2017年第3期。

[3] 参见郑智航：《中国量化法治实践中的指数设计》，载《法学家》2014年第6期。郑智航认为混同了客观事实和法律事实的改判率、发回重审率以及服判息诉率与司法公正率并不存在必然关联。

允有效的判决，就会为继续寻求司法救济的行为，且其最终所表现的救济方式为参与再审。另外，我们并未以一般性调查和规范性评价为研究重点，而是围绕一系列民事侵权案件的一审司法偏差、二审司法偏差等核心要素，力求在现有理论的基础上，从实证的角度对定量司法进一步深入研究，以达到从经验修正理论、从理论反思经验的目的，尝试从更为相对精准的视域认知司法公正和司法偏差，以此助推"让人民群众在每一个案件中感受到公平正义"的司法改革目标的实现。

一、认知型司法偏差："法官认识"还是"认识法官"

凡经历一个完整的司法过程，必然伴生不同程度的司法偏差。虽然司法偏差或明或隐地存在，但这一现象也是近几年来才被学者们概念化。已有的研究成果主要集中在对认知型司法偏差的挖掘和讨论的面向上，尤其是人工智能与大数据处理在法学领域掀起一股时代热潮之后，针对司法偏差的研究成果在短短几年内出现了一次爆发式的增长。

认知型司法偏差分别从"法官认识"与"认识法官"这两个进路对司法过程中有意或无意产生的偏差进行了系统性探讨，当然，这种探讨也是在基于"对直觉结论的约束只能在认知的范围内被强调，同时不应忽视体制与伦理层面的配套建设"〔1〕这种理念倾向中进行的。司法偏差的提出源于学者们对于"司法直觉"这一概念的先期感知，而"司法直觉"则是主张逻辑决定的法律形式主义与主张直觉决定的法律现实主义这二者之争的产物。在哈特(Hart)看来，霍菲尔德(Hohfeld)时期的大部分与行为相关的领域最初都是由拥有开放性结构(open texture)的规则来进行"管辖"的，而非某些具有变化性的标准。这也就是说至少存在两个由法律控制的领域：由规则拘束

〔1〕 李安：《司法过程的直觉及其偏差控制》，载《中国社会科学》2013 年第 5 期。

的领域和非由规则拘束的领域。[1] 因此，哈特总结道，法律的空缺结构意味着，存在某些行为领域，如何规范这些领域须由法院或官员根据不同情况去发展，并在竞争中寻得均衡。尽管如此，法律的生命在很大程度上依然在于意义确定的规则，作为官员与私领域之个人的指引，这些规则不像可变的标准，其适用并不随着不同的个案而重作判断。但在处于边缘地带的规则，以及由判决先例理论所开放出来的领域中，法院则发挥着创造规则的功能。[2]

如果承认事物具有开放性结构，就应认可规则在边缘地带所具有的开放性，但不应像现实主义所主张的那样——规则之开放结构的范围是不受主张的。无论“直觉”这一现象在法官身上具有多强的表现力和张力，其依“经验—直觉”机制对司法信息的处理结果最终都须经过“理性—分析”机制的逻辑推理检验。[3] 但问题也随之而来，即法官几乎不可能在同一案件中同时或先后地对司法信息进行基于双重机制的加工，[4] 如果需要对一个处于边缘地带的事物作出判断，则要么无法找全三段论推理中的小前提，要么使从经验到直觉的推理结果独立于理性的逻辑推演之外。以上两种情况均是法官在具有“边缘性”的个案中进行司法决策时产生不同程度偏差的原因所在。因此，司法偏差并不是一种理论层面上的“理想”性诠释，而是客观存在的，且直观地存在于以法官为主体或对象的认知过程中。

---

[1] 陈景辉：《“开放性结构的诸层次”：反省哈特的法律推理理论》，载《中外法学》2011年第4期。借由哈特的表述，陈景辉对此两种由法律控制的领域作了如下表述，分别为：某些清晰可辨的行动、事件和事态在实践上如此重要，以至于只有极少相伴随的情况要求我们以全然不同的方式对待之。这种普遍对待的方式就显现为规则，那些特殊情形因为数量极少，所以我们也可以很容易地将它们当作规则的例外来看待；领域却包含着更为复杂的不确定性，我们即使能够找到权威性的例子，并且也能相对清楚地呈现出其所具备的典型要素，但是此种举动依然无助于那些标准的确定性。

[2] H. L. A. Hart, *The Concept of Law*, Clarendon Press, 1994, p. 135.

[3] 李安：《司法过程的直觉及其偏差控制》，载《中国社会科学》2013年第5期。

[4] See Morewedge C. K. and Kahneman. D, *Associative Processes in Intuitive Judgment*, 14 Trends in Cognitive Sciences 195-198(2010).

（一）法官认识

“法官认识”是研究者们以一种内在视角对认知型司法偏差进行讨论的主要进路之一，且多依托于对认知心理学的开拓性研究成果。其中，在双重加工理论的研究评述中，研究结果发现被试者在逻辑推理的过程中有着显著的信念偏差效应，即被试者已有的知识和经验会不自觉地影响个体进行逻辑推理的过程，且这种影响与推理（加工）时间之间呈显著的负相关关系。〔1〕 此外，也有人经过研究认为认知负荷、加工时间、记忆容量等因素会影响“理性—分析”机制的道德判断过程，但不会影响“经验—直觉”机制的道德判断过程。〔2〕 具体到司法过程，有人认为法官在进行案件与案件之间的归纳推理时突破了应由理性为主导的意识监控，即当法官初次接受审理某一新的案件时会将该案件归之于典型案例所代表的某一类法律类别，由此造成的结果是这类归纳推理并不具有严格的逻辑关联关系，所以法条似乎是因为经验而突然出现在法官的大脑之中。〔3〕 另外，根据可得性启发直觉，容易被感知到或回忆起的事件相比于首次接触的事件而言更易被判定为具备合理性的事件，〔4〕这与我们所期待的理性推理有着本质上的区别。

在极具实证意味的研究成果中，有学者通过多元统计分析测量了量刑情节与宣告刑二者之间的关系。研究发现：（1）认罪态度这一酌定情节居然比自首、立功等法定情节对法官的量刑影响力大；（2）道德因素这一酌定情节也比犯罪完成状况的影响力大。以上实证结果“显然与法律规定不符，但却实实在在地发生了”。这一结论

---

〔1〕 肖前国、罗乐、余林：《推理与决策的双加工理论研究简评》，载《心理科学进展》2009年第2期。

〔2〕 See Adam B. Moore, Brian A. Clark, Michael J. Kane, *Who Shalt Not Kill? Individual Differences in Working Memory Capacity, Executive Control, and Moral Judgment*, 19 Psychological Science 549-557(2008).

〔3〕 李安：《司法过程的直觉及其偏差控制》，载《中国社会科学》2013年第5期。

〔4〕 Tversky A. and Kahneman D., *Availability: A Heuristic for Judging Frequency and Probability*, 5 Cognitive Psychology 207-232(1973).

表明在刑事审判中，法官对于司法信息的加工极易受被告人态度、表情等形象信息的影响，从而使法官的判断更易联想到直觉，而非逻辑。[1]

(二)认识法官

相比于“法官认识”，“认识法官”则为研究者对认知型司法偏差所持的一种外在视角。外在视角与内在视角不同，持内在视角的研究者对认知型司法偏差的探讨主要依托于认知心理学中的直觉，以及对法官的认知直觉与逻辑之间的独立性和交互性的比较。与之相反，外在视角的研究者在测量司法偏差时考虑了更多的外部因素，如法官职业群体的学历、收入、工作负荷、晋升机制、先前经验、外界评价、权威参考意见等。外部参考因素的引入意味着社会对法官固有角色的某种裂变需求。有学者通过对我国某省十多年来四种典型的精神损害赔偿案件(共计 1232 份样本)的实证研究，发现在司法领域存在根深蒂固的锚定效应。比如，外界评价所带来的法官职业群体之职业风险实质上是一种影响法官进行司法决策的无形锚点；日益加重的工作压力更以不同的方式制约着法官的认知心理；权威参考意见对法官的认知和判断均有根本性的影响。上述外部参考因素不同程度地使现行裁判机制陷入了困境，旨在维持裁判稳定性的实体法律和诉讼程序几乎失去控制。[2]

此外，还有一种外在视角的视距则更为宽阔，将影响认知型司法偏差之因素的线索追寻拓宽至整个司法运行的体系。如，白建军通过证据与事实的关系、事实与法律的关系、控辩关系和控审关系这四种基本关系验证了司法潜见的存在，以实证的方式刻画了司法潜见在个案中的运动规律，从而得出“司法潜见位于形式理性与实质理性

---

〔1〕 李安：《量刑实证研究的方法论检视——从实证观念到实证技术》，载《中外法学》2009 年第 6 期。

〔2〕 杨彪：《司法认知偏差与量化裁判中的锚定效应》，载《中国法学》2017 年第 6 期。

二元分析框架的盲区”的结论。[1] 从其对司法潜见的表述来看，司法潜见是造成认知型司法偏差的核心因素之一。当然，也有学者将对司法偏差的描述语境扩大至法律问题与事实问题的对比中。陈林林等通过以彭宇案等相关案例为架构的二阶实验分析，在事实问题与法律问题之间进行比较的前提下，得出造成认知型司法偏差的两个原因：(1)现有的评价机制和伦理制度仅强调法官的制度角色，而忽略了法官作为一个普通人的一般性角色，从而导致制度角色的有限性与法律对“理性人”的一般期望之间产生了职业期望上的冲突；(2)法官全程听讼极易产生后见偏见，而后见偏见会使法官在对事实问题的判断上产生一定的偏误。[2]

(三)认知型司法偏差的局限

翻检既有文献，已有的研究成果主要从“认识法官”和“法官认识”这两个进路讨论了何为认知型司法偏差，以及认知型司法偏差产生的原因及其应对策略(当然，在应对策略这一层面上的研究稍显薄弱)这一系列问题。不难发现，此类研究的关键对象均为司法过程中的核心参与者与节奏把控者——法官群体，但问题就在于既然将司法偏差定义在一个完整的司法过程中，基于多种原因所产生的不同程度的偏差是否都是以法官群体为导向的？或许司法偏差并不是仅由法官这一职业群体造成的。一般来看，“诉”是引发诉讼的第一行为，“应诉”(亦包括消极的应诉)是回应“诉”的第二行为，当第一行为与第二行为均完成时，由法院主导的、诉讼法规范的“讼”才开始发挥其自身的功用。这也就是说，或许在“讼”还未开始之前，引发司法偏差的诱因就已经在“诉”与“应诉”的过程中生根发芽了。若循此而论，欲探究司法偏差这一现象，或许应该增扩相应的研究对象。即需要将引发诉讼的一方以及应诉一方囊括于关于司法偏差的讨论框

[1] 白建军：《司法潜见对定罪过程的影响》，载《中国社会科学》2013年第1期。
[2] 陈林林、何雪锋：《司法过程中的经验推定与认知偏差》，载《浙江社会科学》2015年第8期。

架中去，最终形成一个较为完整的“原告（上诉人）—法官—被告（被上诉人）”之三角分析架构。三角分析架构的优势在于其为司法过程中所产生的司法信息之储存、流动提供了动态分析的空间，且这种动态分析在针对多方侵权案件的分析中具有更为明显的优势。自然地，研究对象的增扩也启发了我们对研究方法进行一定更新的尝试。

此外，“认识法官”和“法官认识”这两个进路在同一维度、不同方向上决定了认知型司法偏差的主观属性。对于司法偏差而言，无论是认知型的还是反应型的，均是司法偏差自身在不同视角下所表现出的不同形态。界别上述两种司法偏差所依据的核心要素亦有不同：认知型司法偏差依赖于法官判断时所处的环境以及法官自身的特征，总体上呈现出一种法律现实主义的观察视角；反应型司法偏差则以司法信息的运动、司法信息之成本的分配为描述基点，不同信息运动状态和成本分配行为的客观差异激发了当事人（一方或双方）的“再救济”意愿。因此，从这一对比来看，认知型司法偏差与反应型司法偏差均为对司法偏差进行互为表里的描述组合。

在研究方法上，正是由于学者对于法官职业群体的过度关注，才使引起诉讼一方和应诉一方这一研究对象被忽略。也正是如此，研究方法也受到了一定的限制。相比于相对静态地对司法偏差进行描述，我们更倾向于对司法偏差进行动态化的考察。首先，借助法经济学的分析范式归纳出民事侵权案件中司法偏差的易发区，即理性人标准的运用、侵权行为与损害结果之间因果关系的判定以及多方侵权的责任分配，与此同时适当引入博弈论以突出司法信息的运动状态。其次，收集一定数量的样本案例，以多元统计的方法对样本信息展开更为深入的挖掘，并结合司法偏差易发区的初步理论分析对所得模型进行合理的说明和解释。[1] 最后，在模型解释的基础上，对如何进行司法纠偏这一现实议题进行回答。

---

〔1〕 在实证研究部分，我们在处理虚拟变量时引入了斜率虚拟变量，即同时加入了截距虚拟变量和斜率虚拟变量，更有利于挖掘文本数据中所隐含的信息。

二、反应型司法偏差的经典场域

(一)理性人标准偏差

在普通法开始运用理性人标准之后,较为有趣的就是英国婚姻诉讼法案(1937 年通过)的提案者 A. P. 赫伯特爵士(Sir A. P. Herbert)对理性人的抨击。[1] 即便"理性人假设"受到"理性动机论"和"道德决定论"的片面批评,但在侵权责任的认定中还是无法绕开对理性人标准的充分讨论。

把亚当·斯密的"理性人假设"引入到对侵权法(尤其是对过失责任的认定)的分析可谓是一大进步。[2] 正如经济人在决策的预期方式上仍有理性预期和适应性预期之争,评判行为人注意水平的理性人标准也说辞不一。下面列举一个简单的经济分析:在法院获得某个潜在侵权人自身注意能力的信息成本为零的前提下,该行为人的注意水平为 y_i,法律规定在过失责任中 y^* 为理性人注意标准。如果潜在侵权人的 $y_i<y^*$,则他在注意水平的投入上的边际成本较高,对注意水平的投入的边际收益较低,这相对于 $y_i \geqslant y^*$ 的人来说是缺乏效率的。在过失责任中,$y_i>y^*$ 的人对进一步提高自身的注意水平没有任何积极性,这将导致事故发生后该潜在侵权人既没有动机去降低其与被侵权人之间纠纷解决的议价成本,也没有动机提高注意水平以规避事故从而减少被侵权人的损失;反之,$y_i<y^*$ 的人有足够的积极性去提升自身的注意水平以接近或达到 y^*。但是在严格责任中,额外的注意水平增量(y^*-y_i)所减少的预计损失低于其所消

---

〔1〕"英国法不辞辛苦虚构了一个神话般的理性人……他从不骂人,不赌不怒,信守中庸,他就像一座巍然屹立在我们正义法庭之上的纪念碑,徒劳地向他的同胞们呼吁,以他为榜样来安顿自己的人生……"参见[美]罗伯特·考特、托马斯·尤伦:《法和经济学》(第 6 版),史晋川、董雪兵等译,格致出版社 2015 年版,第 187 页。

〔2〕理性人标准于 1837 年在 Vaughan v. Menlove 一案中被首次确立。See Vaughan v. Menlove 3 Bing. (N. C.)467,132 Eng. Rep. 490(1837). 被告律师辩称被告已投入了最优注意水平,但法院认为应适用一般人标准。

耗的成本,因此对于潜在侵权人提高注意水平而言无有效的激励效应,这与对过失责任所做的分析结论有所偏离。[1]

需要注意的是上述分析的前提忽略了一类成本的计算:法院获得某个潜在侵权人自身注意能力的信息成本,且在司法实践中这种成本已经被理性人标准的运用所移转。[2] 因为司法资源的有限性和对司法效率的要求决定了此种成本在实践中无法被普遍地展开计算和在双方当事人之间分配做有效性或合理性评估,只能通过法官自由裁量来加以确定,正如拉伦茨所言:“每一个人必须保证其具有其所属职业或团体一般所有之知识能力,同时,在法律交易上,每一个人必会信赖对方有其所属职业或团体一般所具有之知识能力。”[3] 这一点体现在判决上,即为双方当事人对诉讼费用的负担。依我国《诉讼费用交纳办法》第 6 条之规定,诉讼费用具体包括案件受理费,申请费,证人、鉴定人、翻译人员、理算人员在指定日期发生的交通费、住宿费、生活费和误工补贴。法官在司法过程中需要从自身的生活经验、价值取向和学识等方面对侵权人的注意水平与被侵权人的防侵害水平进行全面的判断,在对过失责任的认定上尤为如此。在评判过程中所依据的客观事实、法律事实等信息的获取过程中的花费都转移到了诉讼当事人的身上,至于双方当事人对诉讼费

---

[1] 潜在侵权人 A 在严格责任下的净收入可表示为 $I_{净}=I_A-p(O_iy_i)D-A(y_i)$,其中 p 为侵权行为发生的概率,$p(O_iy_i)D$ 为潜在侵权人的预期损失(赔偿),y_i 为潜在侵权人 A 的注意水平,O_i 为 A 的额外的注意水平增量,此时,A 可通过控制 y_i 使其最大化 $I_{净}$,即将 y_i 最小化,则符合理性人标准的注意水平与一个很低的注意水平的乘积亦为一个极小值。当 A 自己权衡 $I_A-A(y_i)\geqslant I_A-p(O_iy_i)D-A(y_i)$ 时,他所关注的是理性人标准下的注意水平 y^*,而当 A 权衡 $A(y^*)-A(y_i^*)\geqslant p(O_iy_i^*)D$ 时,则更关注基于自身情况的最优注意水平。

[2] 此信息成本包括诉讼成本,诉讼成本的增加或原本较高的诉讼成本对潜在侵权人的影响为提高注意水平,对受害人的影响为降低防侵害水平,对双方当事人完全相反的影响在一定程度上导致难以计算其影响力,这或许是前人忽略法院信息成本的一个原因。

[3] [德]拉伦茨:《德国法上损害赔偿之归责原则》,载王泽鉴:《民法学说与判例研究》(第 5 册),中国政法大学出版社 2003 年版,第 286 页。

用的承担情况对司法偏差的影响,将在实证分析部分予以详述。

诚然,理性人标准偏差的核心部分就是被移转了的法院获得某个潜在侵权人自身注意能力的信息成本。当潜在侵权人的注意水平与理性人标准差距微弱时,法官的裁量依据是不允许背离理性人标准的;当其注意水平与理性人标准差距悬殊以至于能被轻易辨别时,背离理性人标准的信息成本是低廉的。[1] 尽管这种对理性人标准可否背离的讨论的经济依据是使注意水平的分布更加趋同于高斯分布(Gaussian distribution),从而减少单一适用所需的分配成本和管理成本,但无论其注意水平与理性人标准的差距或大或小,法律事实与客观事实的认定终将是自由裁量的前提,即信息成本客观明显存在,且不以注意水平与理性人标准的差距或大或小所转移。[2] 若反向思考这一问题,即实际情况如果法院获取注意水平的信息成本为零,则理性人标准对过失责任人有有效的激励效应,对严格责任人在其增加额外注意水平增量时也有激励效应,如过错推定责任原则下,"……不能证明自己没有过错的……"根据《民法典》第1248条的规定,"动物园的动物造成他人损害的,动物园应当承担侵权责任;但是,能够证明尽到管理职责的,不承担侵权责任",面对饲养动物损害责任下的如此归责原则,动物园会在事后证明无过错成本与额外注意水平增量成本之间做一个权衡:其一,增加额外注意水平的成本是相对固定的,但事后证明无过错则面临败诉的风险;其二,提高额外注意水平增量可以降低侵权事故发生的概率,即额外注意水平增量成本可以一定比例地抵消掉事后证明无过错成本。因此,只有在法院获取注意水平的信息成本为零的假设下,理性人标准在上述两种情况下对潜在侵权人才有激励效应。

---

〔1〕［美］波斯纳、兰德斯:《侵权法的经济结构》,王强、杨媛译,北京大学出版社2005年版,第135~138页。

〔2〕当其概率分布的均值为0时,理论上理性人标准单一适用的分配成本和管理成本最小化,但事实远不及此。

(二)因果关系偏差

在以因果关系认定为前提的责任分配问题上(损害赔偿范围内的因果关系),最为经典的莫过于类似石棉诉讼的归责。尽管一般顺序是以因果关系洞察共同侵权中哪一方造成了原告的哪一部分伤害,然后在比较有责性的基础上进行责任分配,但若在诉讼中将原告的比较有责性加以考虑,则被告各方的比较有责性又趋于相对独特,因此问题变得复杂,除非能在相对确定的成本(甚至基于对石棉肺、肺癌、间皮肿瘤的医学发展)下获取更多的科学证据以确定各当事人的风险贡献度来确定有责性。[1] 与之类似,在实践中考察涉及人身权侵害的环境民事判决书可以发现,法官对原告提出的科学证据往往不予采纳而驳回起诉,其中的大部分缘由就是科学与医学发展的局限性,在疫学型环境侵权中,原告只能通过流行病学证据对因果关系做出一定程度的相关性证明,且无法排除争议,只能由法院对该证据司法证明力的大小予以认定。[2] 另外,从哲学角度考虑因果关系将产生一个问题:在没有呼吸保护系统和原告长期吸烟的前提下,长期在石棉环境下工作的原告罹患肺癌的充分条件包括但不限于:(1)长期吸烟;(2)长期吸入石棉纤维。虽然长期吸烟这一因素降低了原告的防侵害投入,但不能以此排除长期吸入石棉纤维对其身体的伤害;如果原告最终罹患石棉肺且长期吸烟,则长期吸入石棉纤维至少是其罹患石棉肺的充分且必要条件,而长期吸烟相对于前者在法律事实上应认定为一个原因(烟草中焦油对肺泡的损害至少降低了肺对石棉纤维的抵御能力,或者二者起共同作用,但单一的焦油绝不会诱发石棉肺),因为长期吸入的石棉纤维有单独导致石棉肺的医学机理。这种条件检验法下的原因,实为充分非必要条件集合

---

〔1〕 See Michael D. Green, *Second Thoughts about Apportionment in Asbestos Litigation*, 37 Southwestern University Law Review 521(2008).

〔2〕 参见陈伟:《疫学因果关系及其证明》,载《法学研究》2015 年第 4 期。

中的必要非充分部分，未能区分近因和远因。[1] 既然条件检验法（也称为等值理论）从理论上不能区分近因和远因，则法官的自由裁量权至少应在近因和远因的区分区间内游离，如"……本案中，弗轮的航行造成'浙岱渔 15568'船网具损失，与'浙岱渔 15568'船丢失的网具存在因果关系，显然存在过错，应对该损害结果承担相应的责任……"[2] 法院并未对涉案渔船网具丢失的诸类原因做比较，而是直接在法律事实的范围内以弗轮与渔船属具相撞以及《1972 年国际海上避碰规则》为依据认定了因果关系的存在。

此外，在因果关系的分析中有些学者跳出了哲学分析范畴，通过引入效用函数或条件概率开辟了新的道路。[3] 但是即便如此，在侵权法运用的过程中亦不难发现存在偏差或留白。从效用函数的角度来看，如甲喜欢听外放的摇滚乐，则用效用函数 $U_{甲}=U_{甲}(R,\cdots)$ 表示甲的效用水平，R 表示甲听摇滚乐的时长，"…"表示其他影响甲效用水平的变量，如音量的大小、居住环境等；假设甲的邻人乙患有狂躁症，其效用水平取决于乙的健康水平和财富状况，可表示为 $U_{乙}=U_{乙}(H,W)$，则乙的健康水平是甲听外放摇滚乐行为的减函数 $H=H(R)$。变换上述甲乙各自的效用函数，可以得到 $U_{乙}=U_{乙}[H(R),W]$，再对乙的健康水平赋予虚拟值：H=1 表示乙的狂躁症恶化，H=0 表示乙的狂躁症未恶化，p 表示乙病情恶化的概率，则乙的效用的预期可表示为：$p(R)U_{乙}(0,W)+[1-p(R)U_{乙}(1,W)]$，可见甲控制的变量 R 对乙的效用产生了较为直接的影响。但一般而言，当同样的变量在不同主体的效用函数中出现时，其效用函数之间会不同程度

---

[1] 在长岛铁路案中，纽约地方法院判定被告不对原告的伤害负责，其理由是乘务员的行为在引发原告受伤的一系列因果关系中是一个远因。See 248 N. Y. 399, 162 N. E. 99 (1928).

[2] 参见浙江省高级人民法院(2017)浙民终 615 号民事判决书。

[3] 参见[美]罗伯特·考特、托马斯·尤伦：《法和经济学》(第 6 版)，史晋川、董雪兵等译，格致出版社 2015 年版，第 184 页；Steven Shavell, *An Analysis of Causation and the Scope of Liability in the Law of Torts*, 9 Journal of Legal Studies 463 (1980). Guido Calabresi, *Concerning Cause and the Law of Torts: An Essay for Harry Kalven*, 43 University of Chicago Law Review 69-100(1975).

地互为因变量，这也会在一定程度上阻碍各个主体之间的谈判从而产生外部性。就本例来看，甲和乙基于各自的效用水平都非常关注变量R，无非一个喜好一个厌恶罢了。如果将效用函数扩展至三人关系甚至多人关系：$U_{丙} = U_{丙}\{H[R(\ldots)], W(\ldots)\}$，则可以看到某个变量在多人关系或多因一果情形中将最终影响丙的效用水平，且该变量贯穿于整个多人关系的始终，但此变量的传导过程是线性的，仍然无法有效识别近因和远因。

学界将因果关系大致分为相当因果关系说、等值理论、可预见性理论、法规目的说、义务射程说等学说，但至今无一定论。[1] 反观其他领域，亦是如此。对原因的经济分析始于卡拉布雷西（Calabresi）和夏维尔（Shavell），而波斯纳与兰德斯将此成果运用到侵权法因果关系的分析中时犯了一个错误，那就是混淆了相关关系和因果关系这两个概念，相关关系是预测的基础，而因果关系是决策的基础，而且从相关关系到因果关系的推断十分困难，尽管在流行病学领域已有较为成熟的希尔标准（Hill criteria），但缺少希尔标准的检验（fit）方法。[2] 此二人在运用上述理论分析 Weeks v. Mc Nulty 一案时受到了“事后诸葛亮”的批评。[3] 其对于批评的回应是，旅馆主人在宾馆通道内未设置紧急出口实际上并没有使 Weeks 在发生火灾这种特殊情况下幸免于难的概率增加。[4] 但是这样一来，因果关系在条件

---

〔1〕 叶金强：《相当因果关系理论的展开》，载《中国法学》2008 年第 1 期。

〔2〕 陈伟：《疫学因果关系及其证明》，载《法学研究》2015 年第 4 期。

〔3〕 See Richard W. Wright, *Actual Causation vs. Probabilistic Linkage: The Bane of Economic Analysis*, Journal of Legal Studies, Vol. 14, p. 453-454 (1985).

〔4〕 [美]波斯纳、兰德斯：《侵权法的经济结构》，王强、杨媛译，北京大学出版社 2005 年版，第 255 页。在社会损失最小化的条件下：$-\varphi_z(p|\nu - p|n\nu)D = B_Z$（其中，$\varphi$ 为宾馆主人违反法律规则未设置安全通道的概率，z 可理解为通过提高警惕 z 来降低 φ，$p|\nu$ 为违反法律规定时事故发生的条件概率，$p|n\nu$ 为违反法律规定事故不发生的条件概率，D 为损失额度，B 为宾馆主人），宾馆主人应为的注意水平 $B_Z = 0$，因此判定违反法律规定与 Weeks 死亡之间无因果关系，被告免责。此外，结合冯·克里斯的相当因果关系理论中原因的构成要件：（1）须是损害的必要条件；（2）须显著增加损害发生的客观可能性，对火灾事故原因的认定与波斯纳和兰德斯的观点无二，即 B 的行为不构成此次火灾发生的相当性原因。See H. L. A. Hart & Tony Honore, *Causation in the Law*, Clrendon Press, 1985, p. 478.

检验法和经济分析法的不同范式下便产生了冲突：按条件检验法来说，如果不是店主违反法规没有设置紧急出口，那么 Weeks 就不会葬身火海（事实上，Weeks 当时有其他路径逃生），这确实构成因果关系；依经济分析，即使店主违反了法规，Weeks 依然会葬身火海（如果对此种情形苛以侵权责任，则会引起侵权人活动水平和管理成本的无效减少，且这种损失无法通过分配所得来抵销），“因为店主的违法行为没有增加事前事故发生的概率”，这种论断并没有割断因果关系，而是挑明了 Weeks 的死亡与店主的违法行为相关。换言之，通过店主未设置紧急出口可以预测到 Weeks 在宾馆失火的情况下被烧死，但店主未设置紧急出口却不是 Weeks 在宾馆失火的情况下被烧死的真正原因。

（三）多方侵权中的责任分配偏差

学界对共同侵权成立是否以各侵权行为人之间存在意思联络为要件存在争议，主要有意思联络说、共同过错说、关联共同说和折中说等。[1] 而纵观日本学界对共同关系的类型化研究，并结合以因果关系之问题，虽然有各种见解，但不存在确定的体系。梁慧星根据对《最高人民法院关于审理人身损害赔偿案件适用法律若干问题的解释》第 3 条以及《侵权责任法》（已失效）第 8 条和第 11 条的理解，将此类共同侵权行为分为“共同实施”的共同侵权行为和“分别实施”的共同侵权行为。[2] 如果考虑到共同危险行为，那么上述这三种多方侵权的情形中名副其实的只有具有意思联络（主观共同关系或主观的关联共同性）的共同侵权行为实施者才是共同侵权人。法律之所以援用同一种责任承担方式（连带责任），是因为“分别实施”的共同侵权行为和“共同实施”的共同侵权行为在完全信息的条件下以共

---

〔1〕 王胜明主编：《中华人民共和国侵权责任法释义》，法律出版社 2010 年版，第 55～56 页。

〔2〕 梁慧星：《中国侵权责任法解说》，载《北方法学》2011 年第 1 期。《侵权责任法》（已失效）第 8 条和第 11 条分别对应《民法典》第 1168 条、第 1171 条。

同侵权处理才是有效的,而在司法实践中,尽管在法院承担了信息成本的前提下,完全信息依然只是一个殿堂级的假设。需要注意的是,此语境中的有效性不必然为“帕累托有效性”,也不必然为新古典经济学意义上的“效率”[1]概念。因为首先需要确定的是司法实践中的“法院选择”是“个体选择”还是“群体选择”,其次要对法学与经济学学科间所做的研究假设进一步考察。假如同意布坎南与图洛克的一致同意规则下的个体主义假设,则“个体选择”的孔多赛(Condorcet)条件为:$C(A)=\{a\in A\mid \forall x\in A, x\in Pa\}$,即行为主体在全部可选方案的集合 X 中,若在既定的偏好下,则此“个体选择”方案为任一给定的可选方案集 $A\subseteq X$ 内的极大元集合,汪丁丁认为此定义把“群体选择”的孔多赛条件限制在了个体情形中,这与布坎南和图洛克的个体主义假设的取向相一致:“如果一个社会集团的所有成员都渴望在他们的权力范围内已成定局的某种东西,那么他们就会采取行动……”[2]若如此,根据汪丁丁的推导(前述内容中偏好不完全同一的情形),在群体满足个体孔多赛条件和偏好不完全同一的情形下,用于两两比较的两个方案位于生产可能性边界,达到帕累托有效性。此一层对“有效性”分析的结论是如果宏观的司法政策和法官自身的自由裁量权不存在冲突,则“法院选择”是群体一致同意规则下的“个体选择”,这避免了独立个体之间的比较成本,甚至是特殊规则的产生。

关于对学科间的研究假设,对生产可能性边界的福利分配假设论证足矣,前人已有较为充分的建树,此处不再赘述。但需要强调的是,应避免对效用可能性边界的讨论,原因在于司法过程所产生的效用具有相对的两面性,当然,这是建立在承认非独立的公共利益的基础之上的。如是,在鲁滨逊与星期五的合作中,二人合力建设的房屋是双方政治交换的最终形态,房屋的建成带来了二者共同的效用,也有各自独立的对房屋的效用。如果将鲁滨逊与星期五的合作进一步

---

[1] 汪丁丁:《正义与效率的冲突:法经济学的核心议题》,载《学术月刊》2006 年第 4 期。

[2] [美]布坎南、图洛克:《同意的计算》,陈金光译,上海人民出版社 2017 年版,第 11~17 页。

拓展为群居模式，司法公正则为“不关心对方利益”（non-tuism）的产物。承认产权在社会成员之间被合理安排所产生的激励作用是无可厚非的，但在侵权纠纷中当事人只关心彼此间的利益运动，在公共效用的相对面，他们的立场至少是保持一致的，即采取行动追求权力范围内已成定局的某种东西。因此，只能说“法院选择”之个体选择是可选方案集 $A \subseteq X$ 内的极大元集合，如果再考虑到法院承担的信息成本，法官遵循法律援用同一责任承担方式即使不能触及生产可能性边界，但起码也不是现状中无效的责任分配策略，即拒绝忽略非独立公共利益前提下一元的不完全同一偏好假设。反之，论证以同一种责任分配方式处理“共同实施”的共同侵权行为和“分别实施”的共同侵权行为的合理性值得怀疑。

对多方侵权的讨论绕不开对教唆、帮助的讨论，但民事侵权中的教唆、帮助须造成被侵权人实害，这不同于刑法对教唆犯、帮助犯所造成的抽象危险的惩罚，因此实务中案例非常少，限于我们所采样本和本章所讨论的范围，对此不予讨论。相反地，体现共同危险行为的案例相对较多，且危险行为人（假设为风险厌恶者）基于对司法偏差的担忧，会不同程度地产生诉讼风险规避的心理预期。在此背景下，试图解决一个理论层面的问题：危险行为人在参与诉讼的过程中基于风险规避心理预期所应采取行动的最优（“最优”为有限理性假设下的最优）策略是什么？

对这一待解问题兰德斯（Lands）与波斯纳（Posner）已有自成体系的回答：在比较过失制度下，侵权行为人和受害人的最优策略是各自保持应有的注意水平。[1] 但是并没有回答该保持何种程度的注意水平，“应有的”与“具体程度的”是两个不同的副词，体现的是对同一问题不同程度的回答。另外，不难发现其分析方法的核心是对差异和概率提炼和运用，这与整个司法过程相对应：差异代表不同主

---

〔1〕［美］波斯纳、兰德斯：《侵权法的经济结构》，王强、杨媛译，北京大学出版社 2005 年版，第 89~93 页。

体间的性质差异，如侵权行为人与被害人之间举证能力、赔付能力的差异，不同侵权人对责任承担能力的差异等；概率（兰德斯、波斯纳二人是对客观事实发生的概率的运用，我们将概率运用到不确定的责任上）可以被解读为因诉讼带来的未知结果，有好有坏。[1] 但是兰德斯与波斯纳的这种分析方法在逻辑上其实会陷入某种无解循环，因为其在回答上述问题时对比较过失制度分析的一般结论是侵权行为人和受害人各自保持应有的注意水平，但是当被追问到应保持何种程度的注意水平时，在汉德公式[2]的基础上所假设的 y^{**} 最终又变成了 y，x 亦同。基于此，需要延续对差异和概率这两个核心要素的提炼和运用，但是在具体分析方法上最好能另辟蹊径。

在诉讼中侵权行为人的风险规避行为可大致被分为谈判—决策—行动这三个步骤，因此，对上述问题的回答也是从这三个步骤展开的。首先，通过图 4－1 这种埃奇沃斯盒状图（Edgeworth Box diagram）来展现一个动态的双方谈判模型。以上文中所列举的石棉诉讼为例，存在两个相互独立的侵权行为人，且此二人的举证能力、赔付能力不尽相同。如果某一方的举证能力较弱，则其就要对举证不能的不利后果承担更大的风险，因此有更强烈的愿望规避举证不能风险；如果某一方赔付能力较强，则在主观上相较于较弱的一方在事前没有动力采取更高的注意水平，事后也没有更强的愿望规避赔付风险。[3] 在图 4-1 中，AX_a 代表侵权行为人 A 的先天赔付能力和

〔1〕 例如，当 A 的注意水平为 x^*，B 的注意水平为 y^* 时，A 的预期损失为 $p(x^*, y^*)D+A(x^*)$；又如，当 A 的注意水平为 $x_0<x^*$，B 的注意水平为 $y_0<y^*$ 时，则 A 的预期损失为 $s^a p(x_0, y_0)D+A(x_0)$。其中，A 为受害人，B 为侵权行为人，x^*、y^* 分别代表 A 和 B 的最优注意水平，p 为侵权事件发生的概率，D 为因侵权事件带来的损失。

〔2〕 在美利坚合众国政府诉卡罗尔拖轮公司一案中，法官汉德（Learned Hand）提出了著名的汉德公式：$B<PL$；B：预防事故的成本；L：一旦发生所造成的实际损失；P：事故发生的概率；PL：（事先来看）事故的预先损失。

〔3〕 相较于注意水平，举证能力和赔付能力存在先天能力缺失的可能性，如果考虑到这种可能性，则可将其纳入埃奇沃斯盒状图中无差异曲线的初始状态，这并不影响后续的分析。

后天赔付能力之和，AY_a 代表 A 的先天举证能力和后天举证能力之和，DX_a、CY_a 分别代表了侵权行为人 B 的赔付能力和举证能力，AD（CB）和 AC（DB）分别代表石棉侵权一方的赔付能力和举证能力之和。曲线 $a(b)$ 为侵权行为人 A（B）对自身能力组合的满足（以在心理和行动上做好准备应对风险），且这种满足在曲线 $a(b)$ 上是无差异的，点 α 为其初始状态。当曲线 a 向着右上角方向移动时，A 的风险应对能力和信心变强，当曲线 b 向左下角方向移动时，B 的风险应对能力和信心亦变强，因此，图中阴影区域内的任一点所代表的能力组合均优于曲线 $a(b)$ 上的任一点，亦即，侵权一方基于对自身情况的考量在彼此之间存在谈判的空间。对此，可以做如下猜想：根据《民法典》第 1170 条的规定，如果石棉诉讼中侵权一方的某个行为主体的举证能力较强，则其有更强的动力主张因果关系抗辩以求减责或免责；赔偿能力强而举证能力较弱的行为主体则会在侵权一方系统内尝试以其自身的部分赔偿能力换取举证能力较强的行为主体的因果关系抗辩空间以图共同承担责任，这种私下的能力交换契约的订立会避免因赔偿能力不同导致的连带责任制度被架空，从而提高受害人损害填补过程的效率，减少司法偏差。与此猜想伴生的一个疑问也浮出水面：侵权一方系统内部的信息是低成本共享的吗？如果将 A、B 二人理解为一个双方博弈系统，则图 4-2 中的多次谈判就可以回应此疑问。

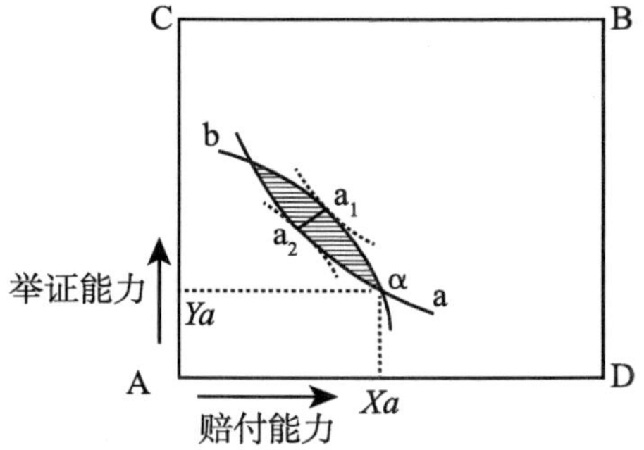

图 4-1　双方谈判模型

基于理性的抗辩行为，A 和 B 都会尽力隐瞒自身的能力，但是这种刻意隐瞒的信息会随着一次次谈判而最终被共享。在对 B 的能力未知的情况下，A 根据自身的能力水平对 B 抛出谈判条件——告知 B 自己愿意给出的能力组合条件，在图 4-2 中的表现即将初始的能力组合 *a* 调整为 *a′*，这样的条件处于 A 原本的无差异曲线的右上方（曲线 *a′* 上），因此这样的谈判条件对 A 有激励作用；B 也有动力给出其原本无差异曲线左下方（曲线 *b′* 上）的回应，这样，A 和 B 之间的谈判空间（阴影部分）被缩小，但仍有空间进行下一轮谈判。在下一轮谈判时 A 会有动力将自身的能力组合调整在无差异曲线 *a″* 上，B 亦如此，以此类推，谈判空间沿着契约轨迹（Contract Locus）被耗尽，侵权行为人规避风险的第一步完成。[1] 因此，对上述疑问的回答是在理性谈判的基础上，信息不共享并不会影响谈判的进行。这种对谈判系统的考察与经济学中对交易谈判的分析不同，因为它建立在整个侵权一方系统都要面临在诉讼中抗辩不利的危险基础之上，《民法典》第 1170 条“……不能确定具体加害人的，行为人承担连带责任”就是这样规定的。而对于上述猜想，可以肯定的是在共同危险行为诉讼中，当司法过程留给侵权一方足够的空间进行谈判，会尽可能避免连带责任制度运用被架空从而产生的司法偏差。

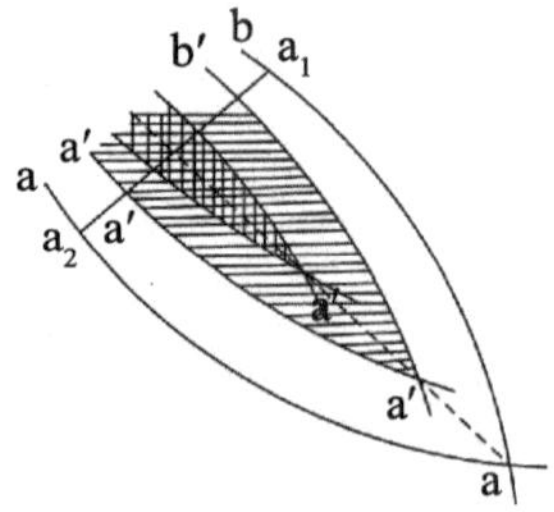

图 4-2　双方多次谈判的局部

---

〔1〕 需要强调的是无论是图 4-1 中的一次谈判还是图 4-2 中的多次谈判，理论上谈判双方的最优选择都是沿着 a_1、a_2 这条轨迹进行的，布坎南和图洛克将此轨迹称为契约轨迹，在此二人分析决策成本时也用到了埃奇沃斯盒状图的分析方法，参见［美］布坎南、图洛克：《同意的计算》，陈金光译，上海人民出版社 2017 年版，第 96~110 页。

决策是对谈判的实现计划，如果不考虑执行阶段，则在法院作出判决的一刻，连带责任承担者的责任份额其实是一种概率责任份额。[1] 在上文中对谈判分析的基础上引用古诺模型（Cournot Duopoly Model），并将侵权一方系统内部的双人分析范式扩展为三人范式，进一步对侵权一方系统内部的风险规避行为进行考察。[2] 如图 4-3 所示：

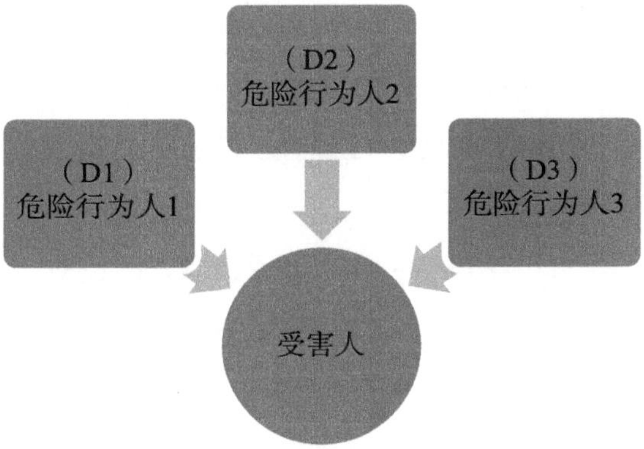

图 4-3　风险规避结构

---

〔1〕 概率责任份额源于 Fay 和 Xie 提出的概率产品，概率产品实质上是概率销售的产物。如什锦包装的糖果，或者是购买某种衣服，消费者在享受折扣的前提下只决定衣服的款式，颜色由商家随机发货。这种销售模式在一定程度上减弱了不同消费偏好对细分市场的影响力。如果从赔付的均值和方差的角度考察责任份额，则在侵权一方系统内部，侵权行为人在判决的那一刻实际上被强加了一个承担部分责任的机会。而在不能确定的具体加害人中，包括真正的加害人，也包括并没有对受害人造成真正危险的危险行为人，根据填平原则（至于受害人损失数额确定与否不在所论），法官需要以判决的形式通过概率责任份额挖掘出对诉讼风险规避意愿较弱的这一部分危险行为人。至于举证能力，随着谈判空间的消失和契约轨迹的缩短，各方的举证能力大致已为彼此知悉，从而成为谈判中的名码。See Fay S. & Xie J. H., *Probabilistic Goods: A Creative Way of Selling Products and Services*, Marketing Science, Vol. 27, p. 674-690 (2008).

〔2〕 古诺模型是纳什均衡应用的经典版本，其中对有限理性、主体能力存在差异和不完全信息的假设与诉讼主体间的博弈极为相似，而最大的不同在于侵权诉讼过程是多个系统（侵权一方系统、受害一方系统和法院系统）彼此之间具有对抗性的运动，而古诺模型适用系统内部不同主体间的对抗（竞争）。

此模型的假设为:(1)危险行为人是有限理性的,尽管沿着契约轨迹进行了多次谈判,但仍不享有完全信息;(2)法官对三个危险行为人赔付能力的考量程度的均值和方差相同;(3)有限理性的危险行为人会根据上一次谈判的边际优势进行决策方向的调整。根据上述假设和古诺模型,可以得到三个危险行为人的赔付能力函数:[1]

$$p_1(t)=\omega-k_1(t)-a_1k_2(t)-b_1k_3(t)$$
$$p_2(t)=\omega-k_2(t)-a_2k_1(t)-b_2k_3(t) \quad (4-1)$$
$$p_3(t)=\omega-k_3(t)-a_3k_2(t)-b_3k_1(t)$$

危险行为人摆脱诉累的收益可以用通用的指数效用虚函数来表示,即:

$$E_{U_i}=E(\pi_i)-Var(\pi_i)/2t_i,i=1,2,3 \quad (4-2)$$

根据式(4-2),可以得到每个危险行为人摆脱诉累的期望收益:

$$E_{U1}(t)=[\overline{\omega}-k_1(t)-a_1k_2(t)-b_1k_3(t)]k_1(t)-[k_1(t)^2\sigma_1^2]/2t_1$$
$$E_{U2}(t)=[\overline{\omega}-k_2(t)-a_2k_1(t)-b_2k_3(t)]k_2(t)-[k_2(t)^2\sigma_2^2]/2t_2 \quad (4-3)$$
$$E_{U3}(t)=[\overline{\omega}-k_3(t)-a_3k_2(t)-b_3k_1(t)]k_3(t)-[k_3(t)^2\sigma_3^2]/2t_3$$

精简式(4-3)后,整个多方系统内部的博弈模型可表示为:[2]

---

[1] 符号说明:$D_i(i=1,2,3)$为三个危险行为人;p_i(i=1,2,3)为危险行为人的真实赔付能力;k_i,i=1,2,3为危险行为人的真实赔付值与其可供赔付财产的比(简称赔付比),该比值越高说明受害人损失被及时填补的可能性越大,反之则越小;ω(i=1,2,3)为法官对三个危险行为人赔付能力的考量的程度;$\overline{\omega}$为法官对侵权一方系统内部的赔付能力考量均值;σ_i(i=1,2,3)为法官对三个不同危险行为人赔付能力考量的方差,根据假设,$\sigma_1=\sigma_2=\sigma_3$;$a_i$(i=1,2,3)、$b_i$(i=1,2,3)为赔付能力反过来对法官考量的影响程度,这类变量建立在概率责任份额上,分为两种情形:一是因真实加害而承担的侵权责任(a_i),二是因《民法典》第1170条后一种情形的规定而要承担的责任(b_i),即因非真实加害而要承担的责任;t_i(i=1,2,3)为危险行为人的风险规避水平;π_i(i=1,2,3)为危险行为人摆脱诉累的收益;$E_{Ui}(t)$(i=1,2,3)为危险行为人摆脱诉累的期望收益。

[2] 其中,$\partial E_{U1(t)}/\partial k_1(t)$、$\partial E_{U2(t)}/\partial k_2(t)$和$\partial E_{U3(t)}/\partial k_3(t)$分别为D1、D2、D3的边际收益(求偏微分即可),因推导过程过于烦琐便不再置喙;决策调整速率是以边际收益的系数的形式体现出来的,是危险行为人基于对综合影响因素的判断进而调整自身决策的灵活性体现,以获取更多的收益。

$$
\begin{aligned}
k_1(t+1) &= k_1(t) + s_1 k_1(t)\left[\partial E_{U1(t)} / \partial k_1(t)\right] \\
k_2(t+1) &= k_2(t) + s_2 k_2(t)\left[\partial E_{U2(t)} / \partial k_2(t)\right] \\
k_3(t+1) &= k_3(t) + s_3 k_3(t)\left[\partial E_{U3(t)} / \partial k_3(t)\right]
\end{aligned}
\tag{4-4}
$$

其中，s_i，i＝1，2，3 为危险行为人的决策调整速率。

由此可见，有限理性的危险行为人通过谈判—决策的反复过程明确自身的真实处境，还可以得知令其满意的摆脱诉累的期望收益的条件为：（1）尽可能多的重复谈判—决策的过程，以消化判决前未被共享的博弈各方的信息；（2）降低真实赔付值或放缓决策调整速率 s_i。根据式（4-4），可以得知在侵权一方系统内部的博弈中，各危险行为人的赔付比是由上一次谈判所形成的赔付比、决策调整速率和边际收益共同决定的，如果侵权一方系统想要尽可能地提高摆脱诉累的期望收益，就必须设法降低赔付比中的分子真实赔付值。当法官在遵循法律的前提下分配好概率责任的总量时，侵权一方系统内部就有降低真实赔付值的空间。如果在侵权一方系统内部无法达成各方满意的决策方案，则危险行为人在下一轮谈判—决策的过程中有动力放缓 s_i 来尽可能地保存上一轮谈判—决策过程中所保有的优势，即危险行为人无意再继续谈判，这不利于受害人的受偿，甚至会产生难以执行的问题。再者，这类风险并不会波及侵权一方系统，概率责任就像“不幸的”概率产品一样无人问津，因为顾客花同样的钱却总买到远低于花费的消费品。但是，在侵权一方系统内部放缓决策调整速率所产生的不利于受害人损失填补的问题在整个博弈系统内并不是无解的，因为无论是受害人妥协还是法官尽力在判决前撮合双方调解，都会产生侵权一方系统内部的整体边际收益随着一轮轮谈判—决策过程的更迭而降低的局面，当然，这也是图 4-1 和图 4-2 的共同结果，随着谈判空间的缩小和契约轨迹的缩短，侵权一方系统有能力也有一定的可能性基于风险规避心理预期采取最优策略。与传统的成本—收益分析相比，将具有群体性（group）、互动性（interaction）、策略性（strategic）和有限理性（bounded rationality）的人类行为作为研究对象的博弈论更能解释我国民事司法实践中弥散化存在的博弈关系及其均衡结果。[1]

回顾上文中所提到的猜想，可以尝试做一个小的总结：

(1)在侵权一方系统内部，信息不共享不会影响谈判的进行；

(2)当司法过程留给侵权一方足够的空间进行谈判，会尽可能避免连带责任制度运用被架空从而产生的司法偏差；

(3)私下的能力交换契约的订立在一定程度上会避免因赔偿能力不同而导致的连带责任制度被架空，但受害人的损害填补效率不一定因这种侵权一方系统内部的能力交换契约而提高；

(4)侵权一方系统内部一旦因其他因素未在该轮谈判—决策中达成一致，进而放缓决策调整速率必定会对受害人的损害填补造成不利影响；

(5)概率责任的运用虽然合法，但并不能使受害人的损害填补在时间上获得优势。

经过整理，可以得到的结论是：

(1)充分有效的谈判—决策有利于减少司法偏差。

(2)不鼓励私下订立能力交换契约，除了对受害人损害填补效率的不确定影响，还有影响依法裁判的潜在风险。

(3)依法作出的判决不能最终有效率地对受害人的损失带来填补，这将是受害一方继续寻求司法救济的动力之一。此外，是否可以做如此推广：在共同侵权中，没有哪种共同侵权人在侵权一方系统内部比共同危险行为人在责任承担上更具对抗性，因此，上述结论是否也适用一般情形的共同侵权？

(四)基于司法裁判的再分配偏差

在民事侵权案件中，对注意义务、因果关系、共同侵权等要素的司法判断更容易出现偏差，这既是对实证中裁判文书数据统计的结

[1] 艾佳慧：《制度环境、诉讼策略与民事上诉率变迁——理论模型与初步检验》，载《法制与社会发展》2017年第5期。

果,也是在理论部分详细展开考察的理由。[1] 回顾古诺模型的引用,可以发现法院系统在模型中所扮演的角色对共同危险行为人的风险规避过程可能产生的公平问题的发现并没有起到明显的作用,而更多的是体现在效率上,如私下订立能力交换契约对提高受害人损害填补的效率具有不确定性、决策调整速率很有可能被放缓、合法的判决并不能必然使受害人的损害填补在时间上没有损失甚至获得优势等。笔者不回答诸如"公平与效率之间的关系为何"这类浩瀚磅礴的问题,但需要强调的是,当判决不公时,大部分受到不公判决的当事人会提起上诉甚至再审,这一点自不待言,而深陷诉累、悬而不决、执行低效等这些效率因素也会在一定程度上对当事人是否服判产生影响。不可否认的是,在侵权诉讼过程的整个系统中,作为子系统的法院系统的角色功能不在于解决关乎公平或效率的问题,而是在于发现公平或效率问题,其原因如下:公平和效率应该是什么,怎么安排是立法者的任务,法官需要在认清客观事实的基础上进行释法说理,这是广义上的法律解释的必然要求,也是基于意见的规范命题的基本要求。而问题就在于难以发现关乎公平或效率的问题,不能体现出子系统法院在整个系统中应有的发现功能,但这也不是说法官很难发现,而是在审理过程中,效率问题容易被公平问题所掩盖,公平问题又容易被效率问题所掩盖,子系统间的价值多元性导致了利益的冲突。当面对正当性判断标准进行正当性追问时,我们不得不需要不断提供进一步的正当性证明或新的正当性标准,以论证前一正当性项,由此产生了元正当性的困惑。[2]

下面以社群财富(Community wealth)为框架展开一个关于公平

---

[1] 这里对"偏差"的定义与上文保持一致,即被侵权人的实际损失填补程度与法官的裁量结果及侵权法所追求的应然价值之间的差距。

[2] 范志勇:《问题意识视域下法学研究方法的革新》,载《西部法学评论》2019年第1期。

和效率在经济上的补偿检验(justification)。[1] 首先考虑在侵权中两个纯粹的得与失的情景(如图4-4):一是如果B通过某个行为在没有减少A的利益的条件下改善了自己的状况,且该行为与A有较为密切的关联,则至少不存在反对该行为的理由;二是如果B的某个行为改善了自己的状况但对A造成了损害,则B对A补偿后仍有剩余,则表明该行为在该情景下存在一个潜在的帕累托优化。如图4-4,点a为未发生侵权行为时的情景,可以理解为初始状态,点d所表示的为上述两种情景之外的第三种情景:B的某个行为虽然侵犯了A从而保全甚至提高了自身的总效用,但是A的总效用却因该行为而有所增加。如在商标侵权中,假设A的产品销量长期处于低迷状态,B未经A的允许模仿了A的商标(模仿的商标足以达到混淆视听的程度,产品质量不相上下)从而获利,但与之伴随的结果是A的产品借助B的营销手段销量大幅提升,因此也有不少获利,B使A的产品广为人知。在A未起诉B之前,这种市场的共同成长是由市场支配的,而A基于自身利益(或其他理由)对B提起侵权诉讼则是以受害人的立场寻求司法救济,从而通过司法程序实现再分配,因为《商标法》不允许对其他商标进行近似的模仿。由此可以对法官可能的判断展开一个正当性的追问:如果原告A胜诉,这样的判决是符合《商标法》对商标权利人的保护规则的,B根据法律规则在规范意义

[1] 德沃金在批评法经济学时提了一个问题:我们有义务最大化社群财富吗?(Do we have a duty to maximize wealth?)德沃金给出的答案是没有这样的义务,如果立法者制定出的法律规定最大化社群财富是每个人义不容辞的法定义务,那么这样的法律在实质上不失为一种强制转移规则,参见[美]德沃金:《法律帝国》,许杨勇译,上海三联书店2016年版,第227~228页。但是,以经济学方法分析诸如此类问题时一般是以社会福利为目标的(科斯的语境为社会产值最大化),"welfare"不同于"wealth",前者比后者的范围更为广泛,此处以"社群财富"为检验的框架,是为了试图回应德沃金在回答上述问题时所展开的两个步骤的论证。该补偿检验最初由卡尔多和希克斯在定义社会福利函数时构造,具体可参见 Kaldor Nicholas, *Welfare Propositions of Economics and Interpersonal Comparisons of Utility*, Economic Journal, Vol. 49, p. 549-552 (1939). Hicks John R., *The Foundations of Welfare Economics*, Economic Journal, Vol. 49, p. 696-712(1939).

上被判败诉是没有问题的，但 A 就应该理所当然地获取 B 的赔偿吗（A 接受法律规则对 B 所获得利益的再分配公平吗）？但是在本检验中，点 d 处于可优化区域，说明在第三种情景中，B 即便对 A 赔偿之后仍会有剩余，况且 A 的损失应否得到赔偿在公平的价值体系中未有定论。如果 A 未曾寻求司法救济，那么第三种情形在社群财富的最大化要求下是帕累托有效的；如果这种有效性被法院系统打破，那么 B 将有动力再次寻求司法救济，因为这在情理上是很难说通的。

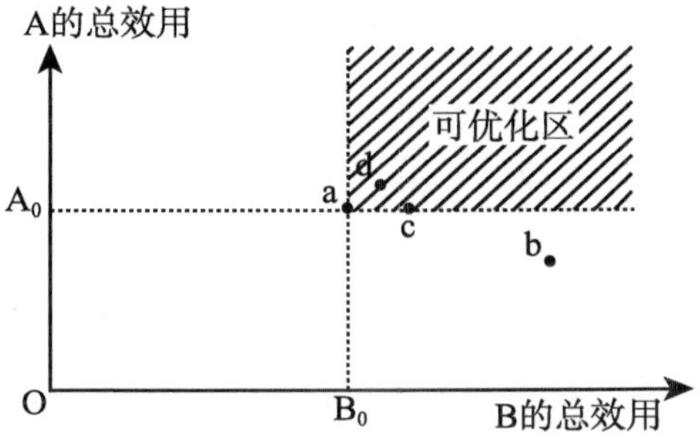

图 4-4　供判决参考的检验（卡尔多-希克斯）

增加社群财富不是使社群变得更好的原因，但社群财富的增加与社群的积极进化存在相关关系。[1] 这样的检验范式也不是在模拟市场，这因为侵权是伤害和责任的运动过程，不存在牵扯交易成本的问题；社群财富的最大化与社员的道德义务没有任何关联，它真正的作用在于其是与规范命题并行的方法论，比起规范命题，它更具发现性，也仅此而已。

三、反应型司法偏差的实证分析

（一）数据来源

本章第三部分的实证分析进路主要为：依托裁判文书网公布的判决书，对其进行分类、清洗后，再通过多元线性回归等方法来处理

---

〔1〕 参见［美］德沃金：《法律帝国》，许杨勇译，上海三联书店 2016 年版，第 227~228 页。

样本,并得出相关初步结论。至于多元线性回归分析方法的可行性,目前国内部分核心期刊或集刊已有优秀的成果被发表,而且学者以统计方法对司法数据的客观性和精密性处理的方式也逐渐被接受,因此不再做过多的论证。

数据类型为文本类判决书且所有文本数据均来自中国裁判文书网,案件类型为民事案件,检索条件依次为关键词:侵权行为、法院层级:高级法院、法院地域:Z省、审判程序:二审、文书类型:判决书、年份:包括已公开的所有年份(对有效样本进行整理之后,得到的判决书的判决期间为2007年9月9日至2020年3月5日),共检索到218份样本。[1] 因为在个别样本中无法找到个案中一审的诉求和判决情况,又没有途径找到与之相关的一审判决书,因此予以剔除,还有个别判决书在不同程度上缺失相关的变量信息,如审理期间、诉讼费用被动负担率、行为请求支持率等,为了充分利用有限的文本数据以及最大可能地避免插补缺失值带来的有偏性,需要对缺失值进行插补:对于虚拟变量的缺失,采用均值法进行插补,对于真实变量的缺失,采用贝叶斯法进行插补。[2] 通过对文本数据的清洗,得到最终有效样本共计132份。

在这里,首先需要强调说明两个分属于数据来源和变量设置的问题,一是锚定效应的问题,二是地域变量的问题。锚定效应对司法认知偏差具有相当的影响作用,即二审会受到一审判决结果的锚定力的影响,这种或正或负的影响也是产生司法偏差的主要原因之

---

[1] http://wenshu.court.gov.cn/list/list/?sorttype=1&number=0.26193177212188923&guid=4b0f8274-75e8-8100d970-baca2f1365f8&conditions=searchWord+Z省+++法院地域:Z省&conditions=searchWord+侵权行为+++关键词:侵权行为&conditions=searchWord+高级法院+++法院层级:高级法院&conditions=searchWord+二审+++审判程序:二审&conditions=searchWord+判决书+++文书类型:判决书,2020年10月5日访问。

[2] 在采用贝叶斯法对真实变量进行插补时,为了避免样本集中部分数据的丢失,采用了先对属性值进行重要性排序,优先预测重要属性的数据,再将其加入新的数据集,并用新的数据集预测重要性排序中排名第二的数据,直到处理完有缺失值的变量为止的方法。关于插补缺失值及后续的建模方法,参考一般的数据挖掘和应用计量经济学教程即可。

一,而我们核心研究的对象也正是司法偏差,只不过已有成果的重心落足于法院系统的认知过程。本章的观察对象在于侵权人和被侵权人系统的反应和行为,这也是仅选取二审判决书作为样本进行分析的原因所在。关于地域变量的设置问题,我们的选择是不予设置地域变量,原因有二:一是从民事案件的上诉率来看,有学者通过对全国、东部地区、中部地区和西部地区的11年民事上诉率的直观比较,以及对历年各省份人均GDP和民事上诉率的皮尔逊相关性检验(均未通过通用的统计学意义上的置信水平),证实了当事人系统所感知的司法偏差与以地域划分的经济差异不存在统计学意义上的相关性;[1]二是在地域差异性较强的环境侵权案件中,部分子模型(东部地区、中部地区、西部地区)中的部分变量不显著,且在均值意义上的地域差异未能严格地将极端值(极大或极小)的影响予以消除,而在均值意义上所体现的相关性不能等同于OLS法通过T检验的置信水平上的显著性,因此比较其地域差异的影响的意义并不大。[2]

(二)变量说明

表4-1对所有解释变量和被解释变量做了一个简要的陈列和说明,根据本章第二部分对相关理论的回顾和评析,将依次以变量1、变量6、变量7、变量8、变量9和变量10为一组控制变量,并将该组控制变量定性为信息成本组;变量3、变量4和变量5为一组,定性为案件复杂程度组;变量2为单独一组,用来挖掘关乎防害水平的信息;变量11、变量12为相应的被解释变量;变量9和变量10在后续的模型搭建中需要用到。此外,为了消除审判期间与其他变量之间巨大的量纲差异,因此已将天数转化为年数。再者,在处理虚拟变量时应当格外谨慎,除了避免陷入虚拟变量陷阱之外(出现完全多重共线

---

〔1〕参见艾佳慧:《制度环境、诉讼策略与民事上诉率变迁——理论模型与初步检验》,载《法制与社会发展》2017年第5期。

〔2〕参见陈海嵩:《环境侵权案件中司法公正的量化评价研究》,载《法制与社会发展》2018年第6期。

性),还应当区分截距虚拟变量和斜率虚拟变量在模型中的不同影响,充分挖掘虚拟变量对司法定性信息的量化价值。[1]

表 4-1 变量说明

序号	变量	均值	说明	序号	变量	均值	说明
1	二审审判期间	0.247	二审从案件受理到宣判结束的时间,单位为自然日	7	一审原告诉讼费用被动负担率	0.451	原告在一审中承担的诉讼费用/一审的诉讼费用之和
2	是否原告上诉	0.504	虚拟变量:是赋值为1,否赋值为0	8	二审上诉人诉讼费用被动负担率	0.824	上诉人在二审中承担的诉讼费用/二审的诉讼费用之和
3	是否仅以原审认定事实不清为由上诉	0.458	虚拟变量:是赋值为1,否赋值为0	9	一审原告非行为诉求支持率	0.274	一审所支持的原告对类似赔偿数额的可以量化的诉求金额/该案中原告诉求的所有金额标的
4	是否共同侵权	0.260	虚拟变量:是赋值为1,否赋值为0	10	一审原告行为诉求支持率	0.537	一审所支持的原告对类似停止侵害、排除防害等行为的个数/原告请求的所有行为的个数
5	是否涉外	0.069	虚拟变量:是赋值为1,否赋值为0	11	二审上诉人非行为诉求支持率	0.102	二审所支持的上诉人对类似赔偿数额的可以量化的诉求金额/该案中上诉人诉求的所有金额标的
6	二审双方当事人是否均为法人或组织	0.603	虚拟变量:是赋值为1,否赋值为0	12	二审上诉人行为诉求支持率	0.110	二审所支持的上诉人对类似停止侵害、排除防害等行为的个数/上诉人请求的所有行为的个数

〔1〕 截距虚拟变量反映回归方程截距项的变动,其暗含的原假设是因变量和自变量之间的关系不受定性虚拟变量的影响,在分析时直接引入即可;斜率虚拟变量指在某种情形下还会影响若干其他自变量的斜率系数,引入时需将其包含在方程中并采用乘积的形式。在以往的相关文献中,并未发现对虚拟变量做有效分类,可能会发生信息挖掘不完全的遗憾。

(三)反应型司法偏差的成因

反应型司法偏差的成因如表 4-2 所示。

表 4-2　多元回归结果

模型 变量	模型Ⅰ(行为诉求)			模型Ⅱ(非行为诉求)		
	模型Ⅰi 7 0.483 1.882	模型Ⅰii 11 0.389 2.116	模型Ⅰiii 11 0.351 2.516	模型Ⅱi 7 0.483 1.882	模型Ⅱii 11 0.547 1.932	模型Ⅱiii 11 0.531 2.045
二审审判期间 (变量 1)	0.016 (0.205)	0.013 (0.169)	0.041 (0.512)	0.049 (0.565)	−0.017 (−0.222)	0.064 (0.869)
是否原告上诉 (变量 2)	—	—	—	—	—	—
是否仅以原审认定事实不清为由上诉 (变量 3)	—	0.031 (0.377)	0.043 (0.530)	—	0.023 (0.290)	0.020 (0.272)
是否共同侵权 (变量 4)	—	—	—	—	—	—
是否涉外(变量 5)	—	−0.063 (−0.766)	−0.061 (−0.753)	—	0.077 (0.984)	0.088 (1.168)
二审双方当事人是否均为法人或组织 (变量 6)	0.136^{*} (1.706)	0.120^{*} (1.337)	0.119 (1.465)	0.086 (1.132)	0.112 (1.441)	0.106 (1.410)
一审原告诉讼费用被动负担率(变量 7)	0.068 (0.750)	0.038 (0.401)	0.415 (1.389)	0.096 (1.107)	0.050 (0.531)	0.157^{*} (1.724)
二审上诉人诉讼费用被动负担率(变量 8)	-0.471^{***} (−5.956)	-0.481^{***} (−5.944)	-0.502^{***} (−5.956)	-0.480^{***} (−6.369)	-0.443^{***} (−5.634)	-0.478^{***} (−6.113)
一审原告非行为诉求支持率(变量 9)	0.054 (0.609)	0.051 (0.531)	0.031 (0.340)	0.405^{***} (4.791)	0.396^{***} (4.419)	0.405^{***} (4.839)
一审原告行为诉求支持率(变量 10)	0.141^{**} (1.716)	0.130 (1.539)	0.143^{*} (1.696)	−0.069 (−0.875)	−0.060 (−0.755)	−0.078 (−0.989)

续表

变量 \ 模型	模型Ⅰ(行为诉求)			模型Ⅱ(非行为诉求)		
	模型Ⅰi 7 0.483 1.882	模型Ⅰii 11 0.389 2.116	模型Ⅰiii 11 0.351 2.516	模型Ⅱi 7 0.483 1.882	模型Ⅱii 11 0.547 1.932	模型Ⅱiii 11 0.531 2.045
变量4×变量9	—	0.008 (0.111)	—	—	0.087 (1.224)	—
变量4×变量10	—	0.099* (1.903)	—	—	0.047 (0.640)	—
变量2×变量9	—	—	0.150* (1.719)	—	—	0.219*** (2.703)
变量2×变量10	—	—	0.133 (1.520)	—	—	0.074 (0.902)

注:*** P值<0.01,** P值<0.05,* P值<0.1;括号内的数值为T统计量;如模型Ⅰi下方的数字是多重共线性诊断的结果,7为模型维数,0.483为7维时的特征根,1.882为7维时的条件指数,一般而言,多个维度特征根约为0证明存在多重共线性;条件指数大于10时提示也可能存在多重共线性,其他模型亦同;因为变量的取值大都在0和1之间,对其标准化后模型的趋势项和常数项均不明显。

表4-2报告了各个模型的回归结果(关于平稳性检验与各个模型展开式的表达详见附录)。笔者有如下发现:

1. 信息成本的不合理分担

无论是对上诉人的行为类诉求还是非行为类诉求的支持,二审上诉人诉讼费用被动负担率都在99%的水平上显著相关,有大约1/2比率的诉求支持率受到诉讼费用被动负担率的负向影响。不难理解,这是现实中裁判经验的体现:一般而言,诉讼费用由败诉一方承担。但模型所反映的结果是无论胜败,诉讼费用由各方当事人等份承担。将6个子模型中的二审上诉人诉讼费用被动负担率的系数指数化(取以自然常数e为底的指数)后发现其并不受各个控制变量组的影响,且全部收敛于0.60~0.62的范围内,因此也没有理论上可进行比较的意义。然而,如前文言:法院应当获得的某个潜在侵权人自身注意能力的信息成本已经被理性人标准的运用所移转,“谁主张,谁举证”也好,个别情况“举证责任倒置”也好,法官在司法过程中对侵权人的注意水平与被侵权人的防害水平进行基于其自身的生活经验、价值取向和学识进行较为全面的判断过程也是需要成本花费的。一方面,在注意水平与理性人标准差距较小时,基于法官自由裁量的这种判断的成本是相对较大的,且这种成本更多体现在时间上。格兰特和马克在研究参加诉讼主体之不同能力时指出,日益增多的案件量导致了法院旷日持久的审判工作和不断增长的审判成本,这些结果构成了法院系统的缺陷,使案件的胜诉率由当事人某一方的资源禀赋决定,而非案件本身的是非曲直。[1] 司法资源的有限性本就是一个现状,因此在诉讼费用的负担份额上可以给予法官合理的自由裁量空间。但在另一方面,即当注意水平与理性人标准差距悬殊以至于可以花费较低成本去判别时,应将诉讼费用的负担份额尽可能地限制在案件的客观事实与法律事实的范围内。

通常,当某个案件的诉讼标的额过大时,诉讼费用也水涨船高,如果某案的生效判决在程序、事实和法律层面上都没有问题,诉讼费用的负担份额却不尽合理,这很有可能引起当事人强烈的再审申请意愿。数据所反映的问题是,当二审上诉人诉讼费用负担率增加 1 个单位时,二审的行为请求支持率或非行为请求支持率将降低约 0.5 个单位(其趋势是符合裁判经验的),且这种比率具有极高的系统稳定性,而这种关于系统稳定性的判断依据就在于上述两种变量间的影响关系并未受到不同控制变量组加入的影响。在个案中关于诉讼费用的等份分配的情况是极为少见的,但是从整个模型看,这却是一个固不可拆的现象。究其原因,就是我们的法律规则体系很难构造出一套系统性的应然的注意水平(防害水平是基于注意水平而调整的),这一

〔1〕 See Galanter & Marc, *Why the "Haves" Come out Ahead: Speculations on the Limits of Legal Chang*, Law & Society Review, Vol. 9, p. 99-126(1974).

方面受到自由价值的限制，另外，有争讼就会产生信息，信息要流通或交换就必然产生信息成本。因此信息成本客观存在，而法院基于其系统缺陷转移信息成本将使私法范围内的注意水平无法趋同于高斯分布，既然无法趋同于高斯分布，就说明有个别或些许的对注意水平的司法判断游离于当事人的正常期望之外。

2. 诉讼参与主体的能力差异

在模型Ⅰi和模型Ⅰii中，二审双方当事人是否均为法人或组织这一变量均在90%的置信水平上显著相关。在已有的研究成果中，参加诉讼的主体能力或身份上的差异对其胜诉率有很大的影响，且这种影响具有显著性和系统内的稳定性。〔1〕 在这一基础上，造成主体性差异的原因除了法律服务的优势竞争及市场化、经济生产的优势地位和社会管理的优势公共资源，更多体现在诉讼主体对关联信息的获取和管理能力上。这种差异贯穿于案件审理的主要程序中，甚至包括执行阶段。设置变量6的意义在于考察同样能力和身份（相比较于非法人或非组织身份）的诉讼主体在上诉人与被上诉人之间关于诉求支持率上的差异，而结果显示在行为诉求一类的模型中大部分情况下是显著的，即当上诉双方均为法人或组织时，上诉人的行为诉求支持率上升值在12%至13%。虽然对应变量的影响比较微弱，但至少体现了这种差异性。在非行为诉求类模型中，二审双方当事人是否均为法人或组织对其没有显著的影响。

3. 辨法析理的缺失

本章第二部分对因果关系讨论的结论是：远因和近因的区分、相关关系和因果关系的区分是导致在因果关系层面出现司法偏差的核心因素。但是因果关系与发起诉讼一方的诉求、被动一方的抗辩、举证质证和责任分配都有密不可分的关系。因为个案的千差万别，有些原因在整个因果关系中呈线性传导的状态，以至于很难将其判定为远

---

〔1〕 See Galanter & Marc, *Why the "Haves" Come out Ahead: Speculations on the Limits of Legal Change* 9, Law & Society Review, Vol. 9, p. 99-126 (1974).

因或近因,所以很难将其量化,更不能对其做精细化的评价。退而求其次,在需要评价因果关系时,笔者将其纳入案件复杂程度组这一控制变量(是否仅以原审认定事实不清为由上诉)来间接反映因果关系。但是很遗憾,该变量在与其相关的四个子模型中都不显著。这一方面既是变量设置和回归模型的搭建上有不尽如人意之处,未能充分挖掘出与因果关系相关的信息,而另一方面,更为重要的则是判决书中谈及因果关系的关键词句少之又少,犹如凤毛麟角,这也是我们在阅读文本数据时的直观体验。抛开法官如何认定因果关系不说,即便是在判决书的说理部分谈及因果关系,也仅仅是给出一个简洁的结论,“……因此,某行为与某损害结果之间构成因果关系”。这也恰恰从侧面反映出法院在因果关系的认定上存在问题,“没说清楚”和“说不清楚”是一回事,但是和“不说清楚”是两个性质的问题。况且,在表 4-1 中,是否仅以原审认定事实不清为由上诉的均值是 0. 458,这表明在 45. 8%的上诉案件中,上诉人的上诉理由仅仅是原审认定事实不清。或许,侵权一方的抗辩理由正是侵权行为与损害结果之间并无因果关系,抑或侵权行为并不是导致损害结果的唯一原因。

在侵权案件中,关于因果关系的判定始终是一个难题,但也正是因为因果关系判定的困难,所以对于当事人来说以因果关系认定不清为由提出上诉或再审已是一个常态。这也恰恰说明法官对于判词进行充分的说理论证之重要性,只有满足了“辨法析理”这一充分且必要条件,胜败皆服才会具有理性之追求的时代可能性。[1]

4. 分谈判的功用

笔者假设共同侵权案件比非共同侵权案件要复杂得多。在模型 Ⅰii 中,通过引入斜率虚拟变量指出了一个暗含的设问,即每单位一审原告非行为诉求支持率或一审原告行为诉求支持率的上升,是否意味着上诉人非行为请求支持率或其行为请求支持率在共同侵权案件

---

〔1〕 孙笑侠:《论司法多元的逻辑关系——兼论司法功能有限主义》,载《清华法学》2016 年第 6 期。

中比在非共同侵权案件中要高。结果显示，在模型Ⅰii和模型Ⅱii中，仅有一项在90%的水平上与二审上诉人行为诉求支持率显著相关，其意义为：每上升1单位的一审原告行为诉求支持率，共同侵权案件要比非共同侵权案件的二审上诉人行为诉求支持率高近0.1个单位，即在模型Ⅰii中，非共同侵权案件在一审原告行为请求支持率上的边际效应为0.130，共同侵权的边际效应为0.229（共同侵权边际效应=0.130+0.099），指数化后分别为1.14和1.26。因此，在共同侵权案件中，二审上诉人行为请求支持率得到提高的机会是非共同侵权案件中的机会的1.1倍。

根据本章第二部分对多方侵权的讨论所得的结论，模型Ⅰii间接支持了第一条，即充分有效的谈判—决策过程有利于减少司法偏差。在共同侵权的案件中，侵权一方系统内部是有动力进行谈判的，当然这是建立在侵权一方系统在司法过程中有足够的时间和空间进行谈判的基础上。此外，说到二审上诉人，既有一审原告上诉的情形，又有一审被告上诉的情形（为了简化模型，笔者未予讨论有独立请求权第三人上诉的情形），因此需要作区分。在模型Ⅰii中共同侵权的前提下，共同侵权在一审原告行为请求支持率上的边际效应为0.230，这反映了一审原告作为上诉人在共同侵权案件中，对于其二审的诉求支持率比一审被告作为上诉人更具优势。

5. 身份与诉求的同质性

在模型Ⅰ中，一审原告非行为诉求支持率和上诉人行为诉求支持率的相关性都不显著，而模型Ⅱ中，都呈99%水平显著相关，且一审原告行为诉求支持率与上诉人非行为诉求支持率无显著相关性，这种交互关系既反映了同质的一审请求内容对与之对应的上诉请求内容具有显著的相关性（6个系数中有5个系数是显著的），又从法院系统的认知过程的角度验证了司法审判中普遍存在的锚定效应。[1] 此

〔1〕 应为法官对安全锚点（外生锚）的依赖。参见杨彪：《司法认知偏差与量化裁判中的锚定效应》，载《中国法学》2017年第6期。

外,在模型Ⅰiii 和模型Ⅱiii 中引入了是否原告上诉的斜率虚拟变量(在两个模型中"是否原告上诉×一审原告行为诉求支持率"这一变量的系数均不显著,此处不再讨论),同时指出其暗含的设问为:每单位一审原告非行为诉求支持率的上升,是否意味着上诉人非行为请求支持率或其行为请求支持率在原告上诉的案件中比在非原告上诉的案件中要高。通过表 4-2 观察到的结果是斜率虚拟变量具有统计意义上的显著性,这意味着对于不同的上诉人,其斜率系数有显著的不同。特别要提醒的是,一审被告上诉的边际效应是 0.031,原告上诉的边际效应是 0.181,指数化后可以发现在原告上诉的案件中,二审上诉人行为请求支持率得到提高的机会是被告上诉的 1.16 倍,同理,还可以得到一个相反的结果,即二审上诉人非行为请求支持率在被告上诉的前提下得到提高的机会是原告上诉的 1.20 倍。在模型Ⅰ和模型Ⅱ中,一审的行为诉求支持率显著影响上诉人行为诉求支持率,一审的非行为诉求支持率也显著影响上诉人非行为请求支持率。在非同质的请求内容上,可谓泾渭分明,且不受控制变量和斜率虚拟变量的影响,具有系统内的稳定性。这一点是通过模型的报告结果所观察到的新发现。

四、司法纠偏的可能路径

法官是司法纠偏的最大责任者,这是认知型司法偏差研究者所得出来的一个普遍性结论。这一推论应该得到肯定,但是这一推论是建立在研究者对"法官认识"以及"认识法官"的考察基础之上的,因此它是一个"真"的结论,但未必是"合理性"的推论。从论证逻辑上来讲,首先,认知型司法偏差与反应型司法偏差二者有质的区别(见图 4-5)。认知型司法偏差其实关注的是真的问题,其结论是根据基于认知实验的事实以及对事实的观察所得到的,"而从观察到结论的保证(Warrant)则是科学理论,而科学理论的支援(Backing)则是对事实性资料的归纳结果"[1],这是经验论证的要求。其次,尽可能地追求"真"的结论未必会自然地降低司法偏差。一方面,推导"真"的过程是一个反复的求真去伪的过程,这一过程使法官在权衡公平与效率的问题上遇到了困难;另一方面,一旦当事人一方引起上诉或申请再审,便不能忽视再次证成先前结论为"真"的诉讼成本。反观"合理性"的判断,则与司法偏差的相对性本质勾连得更为紧密,其原因便在于"合理性"的判断切实符合当事人基于先前的反应或行为所抱有的期望。因此,纠正反应型司法偏差的可能路径更多依靠的不是经验论证,而是从反应或行为到"合理性"推论的规律性判断,其保证便是客观数据所呈现的某些规律,这些规律反映了司法信息在司法过程中的运动状态。基于此,对于司法纠偏的可能路径之探讨是以下述几个司法偏差的主要诱因为基准的,其主体之指向包括但不限于法官职业群体。

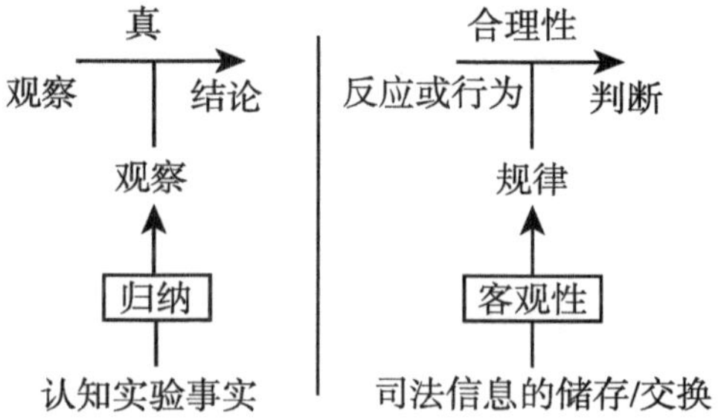

图 4-5　真与合理性

笔者在适当增扩研究对象之后,将引发诉讼一方与应诉一方也纳入了观察司法偏差的范围之内。在"原告(上诉人)—法官—被告(被上诉人)"这一三角分析架构之内,得出引发司法偏差的主要诱因在于:(1)信息成本的不合理分担;(2)判词中辨法析理的缺失;(3)对谈判之功用的忽视。针对上述三个主要诱因,可尝试性地给出以下纠偏路径。

---

[1] Joseph Heath, *Communicate Action and Rational Choice*, MIT Press, 2001, p. 229-230.

（一）成本分担：通过诉讼费用的分配实现

信息成本不可量，但是我们可以分辨出它在不同情形下的高低且直观地感受到它的存在。在侵权案的司法过程中，信息成本的大小依具体情况而定：当注意水平与理性人标准差距较小时，法官对所需信息判断的成本是相对较大的；当注意水平与理性人标准差距较大时，法官所付出的信息成本则相对较小。在极端情况下，当注意水平与理性人标准差距非常之大时，法官几乎无须花费信息成本即可做出判断，且这种判断符合当事人各方合理的预期。但是因为信息成本无法被精确测量，所以在通常情形下信息成本会通过对诉讼费用之承担额度的分配被当事人系统间接地消化掉。与信息成本的无法被测量相对应的是关于诉讼费用的收取和承担有具体的法律规定。根据《诉讼费用交纳办法》第 29 条之规定，“部分胜诉、部分败诉的，人民法院根据案件的具体情况决定当事人各自负担的诉讼费用数额。共同诉讼当事人败诉的，人民法院根据其对诉讼标的的利害关系，决定当事人各自负担的诉讼费用数额”，由此可见法官在部分胜诉、部分败诉以及共同诉讼中当事人败诉的情形下对于诉讼费用承担额度的分配是具有自由裁量空间的。然而，实证模型所报告的信息是：(1)无论案件的胜诉或败诉（也包括部分胜诉或部分败诉的情形），在模型意义上诉讼费用由各方当事人等份承担；(2)诉讼费用的承担对于最终二审的判决结果有根本性的影响，且这种影响力不以控制组的变化而变化。这两个关键信息体现了一个剧烈的冲突，即如果将二审程序视为对一审判决结果进行纠偏的法定程序之一，则法官在这一法定纠偏程序之中通过诉讼费用承担份额的分配再次向当事人系统转移了信息成本，因为“各打一棒”总比再通过获取、加工信息做理性决策要容易得多。另外，随着司法过程的不断推进，当事人参与诉讼的成本也越来越高，只要部分败诉，便会承担绝大部分的诉讼费用。从表面上看，似乎实证模型报告了两个相互矛盾的初步结论，但其实不然。之所以不是矛盾的,主要是因为法官对于司法信息的甄别成本并不可控。[1] 当案件事实较为清晰、适用相关法律依据并无困难时法官可以直接依据《诉讼费用交纳办法》第 29 条的规定来分配诉讼费用承担份额,但是在相反情形下,再次转移信息成本似乎成为一个默然的策略选择。

此外,对于因锚定效应诱发的认知型司法偏差,法官决策信息之供给机制的有效性条件之一为司法信息的供给必须是竞争性的,单一权威的信息来源不利于法官的自主决策。[2] 这一推论无论对于认知型司法偏差还是反应型司法偏差均不是必然成立的,其原因在于竞争性的司法信息供给机制其实是高成本的,这使最终呈现的社会效用和良性的市场竞争所产生的正外部性之间产生了本质上的区别。因此,信息供给机制可以是多元的,但不能是竞争性的。

当今的时代是一个高司法成本运作的时代,尤其是在当下中国司法资源如此有限的背景下,法官能在司法过程中合理有效地控制信息成本是如此珍贵。但是,大部分信息成本仍然需要法官花时间和精力去仔细甄别,因为这关乎个案正义。如果将这种现实冲突放大化,则会递归于"公平与效率"这一复杂的价值选择中去,但是,司法纠偏所直接面对的就是公平问题,而非效率。因此,法官应理性、慎重地对个案中诉讼费用承担额度的分配问题做出决策,而非再次转移信息成本。

(二)辨法析理:从修辞三段论到图尔敏

辨法析理即释法说理,是判词中最为不可或缺的一个环节。以笔者所采集的文本数据为例,在判决书中鲜见法官对于因果关系的论证。一方面,无论是在学理上还是在司法实践中,对于因果关系的认定确有难度,这是显而易见的,同时也是最容易出现争议或抗辩空间的部分。另一方面,既有的、主流的论证方法也在某种程度上限制了法官对于侵权案件中因果关系的阐述,以至于判词中提及因果关系的

〔1〕 杨彪:《司法认知偏差与量化裁判中的锚定效应》,载《中国法学》2017 年第 6 期。
〔2〕 杨彪:《司法认知偏差与量化裁判中的锚定效应》,载《中国法学》2017 年第 6 期。

词句少之又少。虽然因为客观原因未能从文本数据中提炼出关乎因果关系偏差的量化信息，但该部分的缺失却是阅读文本数据最直观的感受。对于这种现象，甚至可以做出如此的推断：在一个审理阶段结束后，基于对判决结果的合理预期，某方当事人会以原审事实不清为由提出上诉或再审。这也就是说，业已结束的司法过程存在偏差。当然，这一推断还会引发另外一个问题：即便在事实上某方当事人因其侵权行为造成了被侵权一方的损害结果进而受到公平判决，但因判词在因果关系上缺少说理，便有可能激励其向被侵权一方提出非正义的抗辩。

传统的修辞三段论（或省略三段论）在针对因果关系的论证上稍显无力。修辞三段论之演绎系统的三个基本要素为原始词项、公理和推论规则，后逐渐演绎为大前提、小前提和结论。三段论式推理的缺陷在于当大前提无法具备或小前提无法确定时便无法得出可靠的结论，而现实是对于复杂问题（如因果关系）而言，往往在既有证据集中并不能得出唯一的、排斥其他可能的大前提。比如在因果关系的认定中，是因果关系还是相关关系、是远因还是近因等疑问并不能通过已提交的或已收集的证据来进行推进式的推断。此时，可以暂时性地摆脱形式逻辑的束缚，转向以非形式逻辑论证方式对疑难问题展开尝试性地再论证。在图尔敏的一般模型中，除了明确主张（claims），为主张提供必要根据（grounds）之外，还可在主张与根据之间提供必要的保证（warrant）。当然，对于证成结论的不同程度，还可增加诸如“必然的”、“可能的”或“推定的”等限定词（qualifier），以提供接受反驳（rebuttal）的空间。最后，在上述的任一环节中，若受到可能性的质疑时还可进一步提供支援。图尔敏论证模式的引入实质上是辨法析理的一个开源版本，对于难以认定但又不得不做出必要的推断的待证问题，可以同时为其论证过程提供保证或支援。即便最终的结论未必是正确的，但至少是充分的，而充分的辨法析理便是司法纠偏内发性的开端。当然，上述论证六要素并非都是必需的，可以视情况予以增减。

（三）注重调解：来自谈判的启示

引导谈判的最大功用在于其可以激励共同侵权人在司法过程中达成有效的侵权责任的分配，此一激励过程的存在以及激励作用的证明已在本章第二部分和第三部分论述，此处便不再赘述。其一，基于利益需求的自主性，诉讼双方自然会对谈判抱以某种希望，这是因为利益统一共同体或利益对立共同体均需要通过谈判来交换信息。但不能否认的是，这种信息具有高昂的交换成本，即便是法官也会通过分配举证责任等方式来转移信息成本。其二，充分有效的谈判—决策过程有利于减少司法偏差这一推论已经在实证分析的章节中得到验证，其言外之意是双方当事人之间的谈判空间充分与否对于司法纠偏具有弥足重要的影响，而现实恰恰反映了这种空间在司法过程中的不充分性。这一紧张关系不断地推动双方当事人在预期上对于谈判空间的需求扩张，且这种主观预期的需求扩张在多方侵权案件中尤为明显，其动力的来源自然与利益需求的自主性密不可分。但是，如果仅仅是谈判，则会诱发一个致命性的缺陷：自主性的谈判可能会有道德风险甚至于危及个案正义。因此，需要权威性组织的介入，而调解恰恰具有这种外部介入性。法官作为调解过程中的中间组织者与实质参与者，不仅能直接面向矛盾、促成意见与信息的交换、拟出解决方案并尽可能地达成实质性协议，而且能在整个过程中监督谈判双方（多方）以降低道德风险发生的概率。此外，有一类侵权案件的信息交换成本极为高昂，比如侵权行为对当事人一方的情感造成了无法弥补的伤害，届时，因侵权行为造成的情感上的不快（offensiveness）〔1〕会加大信息交换的难度以及谈判的促成，而调解在这一问题的解决上是非常有力的——调解的中间组织者至少会引导双方（多方）当事人直面矛盾。但需要警惕的是一旦组织调解，就应避免法官对于当事人系统之谈判空间的不合理压缩，反之，调解将黯然失色。

---

〔1〕［美］波斯纳：《法律理论的前沿》，武欣、凌斌译，中国政法大学出版社2003年版，第72~74页。

以多方侵权为例,只要法官在司法过程中能够留给侵权一方足够的空间进行谈判,便会尽可能避免因连带责任制度被架空而产生的司法偏差。此外,在侵权一方系统内部,即便司法信息不共享,也不会影响谈判的正常进行。对于谈判所达成的侵权责任分配方案,是受系统内部私力约束的,这种私力约束最终会体现在共同侵权人的应诉反应以及应诉行为上,从而反向影响法官的最终决策。如果是当事人的反应和行为影响法官的最终决策,〔1〕那么至少对于侵权一方而言便不存在所谓的司法偏差,因为从某种程度上对于当事人来说,法官最终的决策越接近于其预期就越容易被接受(在他们看来更具合理性),无论当事人对责任分配的预期之协议达成于调解之前还是之后。

五、小结

本章从整个司法过程出发,以司法信息为分析基石,给出了与认知型司法偏差同时存在的反应型司法偏差的相关论述,并在本章末针对司法纠偏的进路进行了尝试性探讨。司法纠偏不是一个一蹴而就的过程,不仅要借力于司法体系的进一步完善、裁判文书释法说理的贯彻,更重要的是司法信息输入—输出—反馈机制的构建和完善。在这一点上,无论是第二部分对关于理性人标准、多方侵权等相关理论的回顾和批判上,还是与之密切相关的研究成果中,无不言明司法信息的运动对司法公正影响的重要性。寥寥万字,只能通过对现有理论的批判和进一步阐述,并结合法经济学、政治经济学和统计学等学科中的可取之处和对我国近年来公开的部分文本数据的分析对司法偏差进行现实主义的剖析:即民事侵权中的司法偏差是指在侵权一方系统、受害人一方系统和法院系统间的信息的输出、输入、反馈的过程中所产生的信息匹配不完全空间,这种空间激发了引起诉讼一方的再度诉讼意愿,只要在程序合法的前提下每个诉讼阶段结束留有这种信息

〔1〕 一般而言,这种影响基本上是符合共同侵权人预期的。

匹配不完全空间，任何一方都有足够的理由和正当性去引起下一阶段的诉讼。究其本质，实为三方博弈系统中的可“获利”空间。因此，我们肯定司法信息是绝对存在的，但司法偏差具有更浓烈的相对性意味。如若当事人任何一方服判、主动调解，即只要其中一个子系统妥协，这种可获利空间将流失殆尽，民事侵权领域中的反应型司法偏差也将无从谈起。

附　　录

1　被解释变量的平稳性检验

表 4-3　被解释变量平稳性检验

	T 统计量	P-value
一审原告非行为诉求支持率	-2.218	0.026
一审原告行为诉求支持率	-2.683	0.008
二审上诉人非行为诉求支持率	-8.564	0.000
二审上诉人行为诉求支持率	-8.236	0.000

2　各个模型展开式的表达

模型Ⅰi　二审上诉人行为诉求支持率=C+0.016×二审审判期间+0.136×**二审双方当事人是否均为法人或组织**+0.068×一审原告诉讼费用被动负担率-0.471×**二审上诉人诉讼费用被动负担率**+0.0514×一审原告非行为诉求支持率+0.141×**一审原告行为诉求支持率**。

模型Ⅰii　二审上诉人行为诉求支持率=C+0.013×二审审判期间+0.031×是否仅以原审认定事实不清为由上诉-0.063×是否涉外+0.120×**二审双方当事人是否均为法人或组织**+0.038×一审原告诉讼费用被动负担率-0.481×**二审上诉人诉讼费用被动负担率**+0.051×一审原告非行为诉求支持率+0.130×一审原告行为诉求支持率+0.008×

是否共同侵权×一审原告非行为诉求支持率+0.099×**是否共同侵权×一审原告行为诉求支持率**

模型Ⅰiii 二审上诉人行为诉求支持率=C+0.041×二审审判期间+0.043×是否仅以原审认定事实不清为由上诉-0.061×是否涉外+0.119×二审双方当事人是否均为法人或组织+0.415×一审原告诉讼费用被动负担率-0.502×**二审上诉人诉讼费用被动负担率**+0.031×一审原告非行为诉求支持率+0.143×**一审原告行为诉求支持率**+0.150×**是否原告上诉×一审原告非行为诉求支持率**+0.133×是否原告上诉×一审原告行为诉求支持率

模型Ⅱi 二审上诉人非行为诉求支持率=C+0.049×二审审判期间+0.086×二审双方当事人是否均为法人或组织+0.096×一审原告诉讼费用被动负担率-0.480×**二审上诉人诉讼费用被动负担率**+0.405×**一审原告非行为诉求支持率**-0.069×一审原告行为诉求支持率

模型Ⅱii 二审上诉人非行为诉求支持率=C-0.017×二审审判期间+0.023×是否仅以原审认定事实不清为由上诉+0.077×是否涉外+0.112×二审双方当事人是否均为法人或组织+0.050×一审原告诉讼费用被动负担率-0.443×**二审上诉人诉讼费用被动负担率**+0.396×**一审原告非行为诉求支持率**-0.060×一审原告行为诉求支持率+0.087×是否共同侵权×一审原告非行为诉求支持率+0.047×是否共同侵权×一审原告行为诉求支持率

模型Ⅱiii 二审上诉人非行为诉求支持率=C+0.064×二审审判期间+0.020×是否仅以原审认定事实不清为由上诉+0.088×是否涉外+0.106×二审双方当事人是否均为法人或组织+0.157×**一审原告诉讼费用被动负担率**-0.478×**二审上诉人诉讼费用被动负担率**+0.405×**一审原告非行为诉求支持率**-0.078×一审原告行为诉求支持率+0.219×**是否原告上诉×一审原告非行为诉求支持率**+0.074×是否原告上诉×一审原告行为诉求支持率

注:加粗字体为90%置信水平上的显著变量。

第五章　司法裁判中的民主追求

当下，作为一股重要思潮的现实主义法学（legal realism）在美国所辐射出的影响，不论是对法学理论界、实务界，还是对法学教育界都是颇具广泛和深远的。[1] 著名学者布莱恩·莱特（Brian Leiter）还以“美国法学发展的灵魂”的比喻来对现实主义法学进行

〔1〕 在本章中，现实主义法学界定为与传统形式主义（law formalism）相对的理论学说，即企图以一种实用主义取向的法律观，来取代既有的形式主义传统。当然，在具体的主张上，现实主义法学阵营中不乏存在观点分歧，比如庞德与卢埃林的辩论及卡多佐与其他较激进现实主义法学者之间的论点差异等，但在基础性的前提下则是相对一致的，如他们都是“反形式主义”；一如本章所述的，他们在普通法、民主与社会科学研究等概念本质与定位的认知亦存在共识。为此，本章将着眼于现实主义法学者之间的共通性，而其内部争议暂不予讨论。关于现实主义法学的一般性介绍另可参见 Neil Duxbury, 1995 *Patterns of American Jurisprudence*, Clarendon Press, 1995, p. 154 - 159; John Henry Schlegel, *American Legal Realism and Empirical Social Science*, University of North Carolina Press. 1995, p. 15-80。另外，应注意的是，在现实主义法学内部，依据现实主义者对法官裁决案件立基事实的不同，可将现实主义法学分为两翼——社会学之翼和个人习性之翼。前者所指社会学、经济学、大众心理学等学科，此以卢埃林、奥利芬特、卡多佐·摩尔、科恩为代表；而弗兰克和福特森则属于个人习性之翼。所谓个人习性，主要指的是每个法官的个性、性

评价。[1] 约瑟夫·辛格(Joseph William Singer)甚至发出这样的感叹:“在当代,虽然你固执的不承认你是个现实主义法学者,但你的思维早已自觉不自觉地刻上它的烙印。事实上,我们每个人都是现实主义法学者。”[2]正因如此,一直以来,西方学者特别是美国学者对现实主义法学展开了不同面向的探讨和评判,积累了颇为丰富的研究成果。[3] 在国内,一些学者虽也进行了研究,但多数停留于基本观点的引介。[4] 进一步思考的问题是,现实主义法学背后究竟潜藏着何种价值追求?对于法官而言,该如何把握和处置?另外,现实主义法学都十分重视将社会科学研究运用于司法裁判,这一做法对于其欲实现的价值追求意义何在?等等。这些问题的悬置,使已有探究往往流于表层,同时,也就忽略了对现实主义法学理论合理内核的洞察。

本章的基本思路是:首先,审视作为主流的法律形式主义(legal

情、偏见、心理、预感等。参见 Brian Leiter, *American Legal Realism*, in W. Edmundson & M. Golding eds. , The Blackwell Pub. Guide to Philosophy of Law and Legal Theory, Blackwell Pub. ,2005, p. 54。由于后者的主张仅仅为个别学者的主张,其观点和主张亦较为激进,且对司法裁判的规范意义并不大,学界亦少认同。为使论证更具普遍意义,本章亦暂不将其纳入考察的范畴。

〔1〕 Brian Leiter, *American Legal Realism*, in Martin P. Golding & William A. Edmundson, eds. , The Blackwell Pub. Guide to the Philosophy of Law and Legal Theory, *Blackwell Pub.* ,2005, p. 1-2.

〔2〕 See Joseph William Singer , Legal Realism Now, 76 *Cal. L. Rev.* 465(1988).

〔3〕 在西方学界,有关现实主义法学思想的阐述可参考 Brian Leiter, *Rethinking Legal Realism: Toward a Naturalized Jurisprudence*, Texas Law Review Vol. 76, 267 - 315 (1997). Brian Leiter, *American Legal Realism*, in Martin P. Golding & William A. Edmundson, eds. , *The Blackwell Guide to the Philosophy of Law and Legal Theory*, Blackwell Pub. , 2005. Joseph William Singer, *Legal Realism Now*, 76 California Law Review 467-491(1988). John Henry Schlegel, *American Legal Realism and Empirical Social Science*, University of North Carolina Press, 1995, 等等。

〔4〕 相关的文献主要有:沈宗灵:《现代西方法理学》,北京大学出版社 2007 年版;付池斌:《现实主义法学》,法律出版社 2005 年版;熊静波、郑远明:《现实主义与形式主义的双重变奏:以美国宪法判例为中心的一个考察》,载《法制与社会发展》2005 年第 5 期;于晓艺:《弗兰克法律现实主义思想根本诉求之探究》,吉林大学 2007 年博士学位论文;徐庆坤:《重读美国法律现实主义》,载《比较法研究》2007 年第 4 期;徐庆坤:《从法律形式主义到法律现实主义——美国冲突法理论嬗变的法理》,山东大学 2007 年博士学位论文;等等。

formalism),又称形式论的基本理论预设,以此来折射现实主义法学崛起的背景。由此展开,阐述现实主义法学对"普通法"的独特理解,揭示其实质上隐含着对"司法民主"的别样追求。为有效且客观回应"民主"追求,现实主义法学采取了社会科学研究的因应方法,其意义在于,一方面固化司法权的正当性基础,另一方面进一步强化普通法的民主要素。尽管权利法学对现实主义法学的理论主张进行了批判,但这种批判并未洞悉现实主义法学的理论旨趣。其次,对现实主义法学及其后续发展进行反思和检视。

一、现实主义法学兴起的背景

20世纪初的美国,受欧洲大陆概念法学以及哈佛大学兰代尔(Christopher Columbus Langdell)所极力倡导的"案例法"(case method)影响,法律形式主义的思维模式盛极一时,几乎弥散于法学界、实务界及教育界。而现实主义法学的兴起恰恰是在质疑和反思法律形式主义理论主张的声浪中逐步显山露水,成为影响美国法学界与实务界的"一匹黑马"。[1] 因而,欲洞悉现实主义法学的兴起则需要从它与案例法主导下法律形式主义所支持或蕴含的思想观点的对弈中获得认知。

概言之,形式论预设了两个核心命题:其一,作为一门科学的法律是一个自洽的系统,法律规则的意义是确定的,法官只需借助形式逻辑便可获得唯一正确的答案。一如兰代尔所言,再庞杂的判例法都可以将其浓缩为类似几何学原理的少数法律基本原则与原理,真正的法律家只要精通这些(法律)原则或原理,并以一贯的娴熟与确信(指形

---

〔1〕 从理论发展脉络上考察,20世纪初在美国兴起的现实主义法学的思想来源主要有两个:一为19世纪中后期在欧洲崛起的自由法学,二是受威廉·詹姆斯(William James)、约翰·杜威(John Dewey)等实用主义哲学影响而逐渐成为美国一股重要的法学思潮。有关自由法学的基本主张,参见谢小瑶:《法律约束、个案正义与司法论证》,载《环球法律评论》2011年第2期。

式逻辑)将它们实际运用于人际事务,便可将人世间一团乱麻一一化解。[1] 其二,普通法背景下法官的任务就是要在现有的法律体系中发现法规范。为使法律正义得以实现,法官必须居于法律运作中的中心位置,并以守持超然的地位,理性、消极和中立的品格作为实现目标的伦理保证。普通法的意义就是"通过先例判决形成一套意义确定的,并能准确告知法官如何裁判的形式规则,从而将法官行为置于法律约束之下"。[2]

据此看出,法律形式主义思考模式下的普通法虽认同了法官在司法审判中的核心地位,但着重于法律自身稳定性层面的考量。这样的理论遭到了现实主义法学的质疑和批判。第一,法律自身具有不完备性。这一方面固然源于法律自身关照能力的不足,法律无法预见现实纷繁芜杂的生活及变迁社会所有发生的事实;另一方面亦是法律语言自身的有限性,无法将立法者的思想清晰完整地表达出来(现实主义法学所谓的"规则不确定性"主张)。因而,将法律人为、固执地理解为是一套由规则、原则构造的自足自治的系统,不过是人们对自己理性过于迷恋和盲目崇拜的幻象。第二,法律的不完备性,恰也说明了形式逻辑法律推理方式必定是有限的。一个典型的体现是:当法律规范无法为具体个案提供根据时,法官的裁判便不可能如案例法所设计的只是从事简单的机械性操作。在象征形式主义的主张与现实主义法学的反动主张,两者之间交锋最为经典的案例洛克纳案(Lochner v. New York)中,霍姆斯曾以讥讽的口气言道,那种恣意地主张纽约州政府违宪,从而不当侵犯个人契约自由的论断,显然是漠视社会现实与大众情感,强以形式主义的推理包装自己主观想象(laissez faire)的结果。"我们对规则理论研究极其有限,人为地在规则和案件之间

---

[1] David A. Garvin, *Making the Case, Professional Education for the World of Practice*, Harvard Magazine, September 29, 2003, p. 58.

[2] Gary J. Aichele, *Legal Realism and Twenty-Century American Jurisprudence: The Changing Consensus*, Garland Publishing, 1990, p. 12-13.

插入了一个迷雾般的演绎推理,致使我们的判例法成为一个超级机械手,在要求技术精确地适用法律解决案件的时候就不再是有效的工具了。"[1]第三,既然法官的裁判不可能像机器人那般只是简单地、僵化地运作,这也就意味着,在司法裁断中必然渗透着法官的个人意志和主观偏好,那么,预设法官中立、理性、被动角色的根基也就发生了根本的动摇。"任何意图用理性、中立性来诠释法官活动的立场,乃至于透过形式逻辑来框限法官活动的诉求,不仅是不切实际的,也是不适当的。"[2]事实上,在具体个案中,法官的首要任务就是在顾及既有的法律规范外,集中精力探究个案的特殊情形,以及在个案中蕴藏着的社会民意、大众吁求,通过这样的探索,法官方能发现法律的真实样态即"行动中的法",获取法律发展的"活源"。而形式主义除了"将法官关在象牙塔里,塑造司法理性与中立性的假象"[3]意义外,并无益于法官活动的理解或检讨。

循着上述批评的逻辑思路,现实主义法学试图要在根本上推翻、否定形式论思考进路,在此基础上,开发出一种全新理论来取代之。而要达此目标,首先要破解的问题是,普通法的实质意涵究竟是什么?

二、普通法语境下的司法民主蕴含

形式论虽赋予了法官在法秩序中领导者的地位,但与立法权、行政权不同的是,司法权因缺乏直接性民意基础,其权力的正当性往往较为薄弱。在法律实践运作中,为弥补这一缺憾,形式论不得不求助于法官"中立判断"和"理性证立"的品格,通过最大限度维护法秩序的稳定性和连续性以牢固权力的根基。不过,在法律现实主义者看来,形式论的主张不仅未能揭示出法官裁判的真实状态,而且亦未能洞悉普通法的真谛,更甚者,它在根本上就误解了普通法的应有含义。

---

〔1〕 Lochner v. New York, 198 U. S. 45(1905).

〔2〕 Steven M. Quevedo, *Formalist and Instrumentalist Legal Reasoning and Legal Theory*, Cal. L. Rev., Vol. 73, p. 119-157(1985).

〔3〕 黄舒芃:《社会科学研究的民主意涵》,载《政治与社会哲学评论》2008 年第 25 期。

在普通法的情境中，其提供的绝非一个事无巨细，“致力于将所有具体事件归整、回溯到一套被视为理所当然的普世原则”[1]的法律架构，而是一个更加开放、包容，对社会情势变迁更具适应性的法律体系。普通法之所以将法官置于法秩序中心地位，赋予法官更多的自由意志，其根本意旨是希冀借助法官的活动使法律适时跟进。从法官的角度来看，这也就要求法官不能仅仅固守形式规则的僵化规定，而应站在经验基础上，小心翼翼地通过逐案（case by case）权衡，获取个案正义。如此，司法审判就绝非可以用一个简单化所谓的程式—形式逻辑就能概括，而必然呈现一个复杂化的过程。普通法的运作不是一般规则进行的抽象逻辑推理，相反，它强调的是潜藏于法庭裁判下的意识形态因素，关注的是隐含于法律中的经验性理性。[2]更确切地说，法官在普通法语境下更偏好于从具体、而不是从抽象角度看待事情，由此，个案的特殊性、法官的审判经验，甚至法官的个人偏好、价值观等都可能成为判决的影响因素。正如庞德所言，“它（普通法）立基于具体导向、逐案处理的思维传统，而非借助种种抽象、一般性公式，来预想所有可能发生的事情”。[3]就此意义，法律规范于法官而言与其说是作为提供解决个案事实、个案纠纷的价值存在，不如说是法官用于事后确证事实并加以理性化的追认工具。

从法的生成角度来看，上述理论明白无误地透露出现实主义法学镜像中的“法（普通法）”已非一套剥离理性经验了的主权者意志的恣意创造，而是由司法机关根据过往法官审判累积的“经验”逐步创造和挖掘的。法是建立在人类经验而非形式逻辑之上，是透过人们在特殊历史与社会脉络之下，基于特定目的创造形成的社会建构。[4] 是

---

[1] Roscoe Pound, *What is the Common Law?* , in The Future of the Common Law. , Harvard University Press, 1937, p. 15.

[2] 转引自［英］丹尼斯·劳埃德：《法理学》，许章润译，法律出版社 2007 年版，第 315 页。

[3] Roscoe Pound, *What is the Common Law?* , in The Future of the Common Law, Harvard University Press, 1937, p. 18–19.

[4] Joseph William Singer, *Legal Realism Now*, 76 Cal. L. Rev. 474(1988).

故,将法官角色定位于依据形式论所导引的逻辑程式,作出不带个人偏见且理性、中立的裁判,则只注意到法秩序之稳定性意义,忽视了其存系的弹缩性特质,进而也就扭曲了法官活动的固有本质。普通法原本就相当重视对社会发展与具体个案的考察,并通过司法实践的经验累积来影响并促成“法”的实体内容;以一套所谓抽象的形式规则来支配、束缚法官,则反而极易造成司法裁决违背普通法精神。[1] 于此情形下,法官唯有从具体个案的特性与周边条件出发,将个案所立基的现实境况,尤其是个案所蕴含着的社会需求,以及法官个人的审判经验纳入考量,才能使裁判成功地架构起跨越“规范”与“现实”鸿沟的桥梁,进而真正满足普通法对个案正义的追求。

至此可推知,现实主义法学对法官在普通法秩序下角色定位的主张,已然有别于形式论的论断。进言之,它并非如同形式论所主张的,法官在司法裁判中必须恪守消极和中立判断的超然立场,实施简单化的规范适用,而是在承认法官居于普通法中核心地位的基础上,通过突出强调普通法在“本质上乃是诉诸经验、诉诸现实,也因此当然诉诸直接民意”的方式,进而在否定形式论极力型塑“机械司法”印象的同时,也有力地证明普通法与民主之间内在性的关联。应注意的是,现实主义法学所谓之“民主”并不是我们通常理解的多数决、代议制政治学层面之含义,而采用了知识论意义上的界定,即对社会情势的判断,公众的直觉和认知是最真切的,也是最契合当下现实感的。法官(首先是作为普通公众一员)在这点上的认知并不具有知识上的优势和绝对的权威,反而因为职业病的缘故呈现滞后性和封闭性。再者,传统政治学意义下的民主通常只是一种理论假设、一种形式上的假定,即使是具有实质性内容,也往往是以知识上的公众认知为前

[1] 黄舒芃:《社会科学研究的民主意涵》,载《政治与社会哲学评论》2008 年第 25 期。

提。[1] 基于此认识,现实主义法学将"任何形式的民意输出都视为民主的中介",继而法官对"社会民众吁求""社会认知"的体悟和回应都成为实现民主的表征。[2] 诚如卢埃林主张的,民主蕴含的理性应体现于"各种政策形塑空间的开放"[3]。也正是在这个意义上,现实主义法学坚信,一个真正了解并遵循普通法精神的法官,应该具备洞察社会现实与社会民意变化的能力,唯其如此,法官才能在个案审判中,发挥未来导向的政策指引功能,并透过法官"造法"来形成充实法规范实体内容,响应现实民意,进而呼应"民主"之吁求。

为了进一步界别与形式论观点的不同,并证立唯有现实主义法学的主张才足以支持普通法语境下法官担当的角色和应具备的能力,现实主义法学对司法裁判的"时代风格"进行了区隔,分为"形式风格"(formal style)和"宏大风格"(grand style),并认为法官应以后者作为自己的司法观念。具体来说,于前者,司法定位的认知只局限在形式主义,法官只得根据法律规则裁判案件,政策仅供立法机构而非法庭参考;于后者,司法则以诉诸社会现实与经验性的理性为根本,对前例非亦步亦趋,对于获得认可的示范性和指令性的命题的概括,对于裁

[1] 有关从知识论角度理解民主,现实主义法学者虽没有直接论述出来,但通过他们作品的研读,仍可以得到潜藏性的意义内涵。参见[美]卢埃林:《普通法的传统》,陈绪纲等译,中国政法大学出版社 2002 年版,第 315~333 页;[美]卡多佐:《司法过程的性质》,苏力译,商务印书馆 2000 年版,第 90~102 页;等等。

[2] 当然,这不是说现实主义法学要彻底否定从政治学层面界定民主的意义,而是在强调其存在的缺陷和非根本性。也恰是基于这样的基础,借助社会科学研究来把握社会现实、公众认知才有可能(下文论述)。因为无论是公众认知,还是社会科学研究,他们的共同指向是一致的,即社会情势的判断。从理论脉络上考察,现实主义法学的这样的主张并非首创。托马斯·杰斐逊(Thomas Jefferson)曾于 1801 年就职时对新闻自由曾说过一句振聋发聩的言辞,"假如让我决定我们应该有一个无报纸的政府,还是有一个无政府的报纸,我将毫不踌躇地表示欢迎后者"。尽管杰斐逊在讲此话时,是从自由的角度来谈,但从另一层含义分析,恰也体现了杰斐逊对社会公众认知的信任和依赖,这种信任正是从知识论意义上的。

[3] Karl N. Llewellyn, *American Common Law Tradition, and American Democracy*, in *Jurisprudence: Realism in Theory and Practice*, University of Chicago Press, 1962, p. 303-304.

判早先案件的法官的声望和相关基本原则仅供参引，绝非强制性的裁判根据。[1] 在法律现实主义看来，法官只有掌握并借助裁判的“宏大风格”，方能对自身的功能定位有适切的认识；而且也只有具备了这样的自我意识，法官在审判过程中，才能做到统观全局、放眼未来，游刃有余地调和法律约束与个案正义两者间的冲突，发挥裁判之政策导向、未来导向与民主导向的功能，“美国民主诉诸‘常态理性’(reasonable regularity)之理念也才可望得到落实”。[2] 据此，在现实主义法学的理论图景中，普通法俨然成为实现民主的一种特定化的渠道与模式。即普通法内容的形成不是人们坐在“太师椅”上空想的结果，而是透过法官个案裁判之经验累积创造的。同时，普通法的形成过程本质上又带有呼应现实，呼应社会中公众吁求之意义，那么，这在另一层面上即意味着每次法官着眼于个案正义的个案衡量和审判，实际上都可说是普通法中民主意涵的具体展现。

综合上述，较之形式论，现实主义法学几乎采取一种截然相对的全新视角来阐释普通法内涵(形式论倚重法官的“逻辑理性”，现实主义法学偏重法官通过逐案权衡，累积“审判经验”)，进而为人们重新认知和理解普通法提供了新的思维进路，与此同时，其在理论上的强有力论证也破解了形式论一直为人诟病的普通法和民主之间始终处于一种截然对立关系的难题，揭示出只要法官正确认识普通法与民主的兼容性，透过司法裁判实现民主或者说“司法民主”之目标不仅可能而且必然达致。

三、作为司法民主实现渠道的社会科学研究

依据现实主义法学的设想，普通法语境下法官乃借助裁判的“宏

---

[1] Karl N. Llewellyn, *American Common Law Tradition, and American Democracy*, in Jurisprudence: Realism in Theory and Practice, University of Chicago Press, 1962, p. 285-300.

[2] Karl N. Llewellyn, *American Common Law Tradition, and American Democracy*, in Jurisprudence: Realism in Theory and Practice, University of Chicago Press, 1962, p. 301.

大风格”，通过逐案权衡，累积个案审判经验，并以此为基础逐步形成、充实法规范的具体内容，实现法律与现实融合。这里的关键问题是，法官对社会现实和社会认知的把握究竟依据何种方法？显然，法官仅凭一己之意来揣度，抑或求助哲学思辨的方法，结果均难免陷入恣意的泥淖中。为此，势必要寻求一种恰切的方法将法官对现实经验的把握以一种“客观化”或“模拟客观化”的方式展示出来。基于这样的背景，现实主义法学相当重视现实经验对规范内涵的影响，也就必然强调实证经验研究（empirical study），尤其是社会科学研究（social science study）的重要性，并（在普通法背景下）将其运用于对法官裁判行为的实证分析；同时，既然法官担当着领导法规范发展与呼应民主价值的双重角色，所以，社会科学研究当然不只是作为对司法行为后设观察的工具，而毋宁是法官据以考察探知社会现实的重要凭借[1]。这一点对司法审查之意义表现得尤为突出。

自毕克尔语出惊人地提出法官进行司法审查将会导致“反多数人困境”[2]（counter-majoritarian difficulty）的命题以来，他就像是施下了一道魔咒一般，让人们对司法审查制度的意义几乎失去信心。阿克曼曾言，“哪怕再博学的学者在遭遇此问题后，亦都会垂头丧气，或者

---

〔1〕 Walter W. Cook, *Scientific Method and the Law*, in William W. Fisher et al. eds., American Legal Realism, New York: Oxford University Press, 1993, p. 475. Joseph William Singer , *Legal Realism Now*, 76 California Law Review 467 – 491 (1988). William E. Nelson, *Brown v. Board of Education and the Jurisprudence of Legal Realism*, 48 St. Louis University Law Journal 795–838(2004). 类似论述还可参见黄舒芃:《社会科学研究的民主意涵》，载《政治与社会哲学评论》2008 年第 25 期。关于将社会科学研究运用于法官裁判行为的实证分析，典型体现在法律统计学、司法行为理论、法律过程理论等，一些学者将其称为“新现实主义法学”。参见 Thomas J. Miles and Cass R. Sunstein, *The New Legal Realism*, 75 The University of Chicago Law Review 831–853(2008)。然而，本文并未作出区分，理由是这些理论确立的基本命题并未脱离现实主义法学框架，只是在（旧有的）现实主义法学的局部发展，并且从实际情况来看，这些理论的影响十分有限。

〔2〕 Alexander Bickel, *The Least Dangerous Branch: The Supreme Court at the Bar of Politics*, Yale University Press, 1962, p. 18.

干脆就选择了逃避"。[1] 概言之,毕克尔在"反多数人困境"问题中担忧的是,法官在进行司法审查时有可能以个人价值和决断来否弃集聚大众理性,代表多数人意志的法律。应当说,在形式论情境中,这种忧虑是不无道理的。一如上文所论,形式论预设了法官在法秩序中居于中立、消极、理性的角色,以体现多数人意志的实在法规则、原则为其奉行的圭臬,所以,法官对实在法实施审查,其正当性自然就要受到诘问。不过,以现实主义法学的观点观之,这样的忧虑则似乎是多余的。因为首先,假若法官进行司法审查并不只是在实在法的框架下打转,还要聚焦"社会现实""社会民意";同时,法官对社会吁求的考察又是站在对社会现实忠实的观察基础上,以社会科学实证研究资料作为支撑的,这也就意味着,法官实施司法审查尤其是作出违宪判决时便不再是个人凭空想象、恣意决断,而毋宁是深深地扎根于客观化民意之中的。由此也就不存在所谓法官以一己之意反多数公众意志之说,"反多数人困境"问题亦可获得极大的缓解以至消弭。其次,从另一角度来看,恰是由于社会科学资源的资助,法官所获知的社会民意才是反映当下公众吁求的,契合当下的社会现实。法官以此为基准来更改、推翻那些不合时宜、为时代所丢弃的法规范(代表过往的社会民意)不仅不是在反抗多数人意志,反倒体现了以一种更加务实的态度与时俱进地维护多数人意志的行动。[2] 基于此推知,社会科学研究对司法审查的作用,一则为"法官忠实探查社会现实"提供确切的证明,二则最大限度摆脱"反多数人难题"的困境,塑造"多数主义法院"[3]的形象,从而在根本上进一步巩固司法权民主正当性的根基。

---

〔1〕 Bruce Ackerman, *The Storrs Lectures: Discovering the Constitution*, 93 Yale Law Journal 1013(1984).

〔2〕 可能有人会提出疑问,现实主义法学运用通过社会科学研究获得民意所体现的民主来推翻经由法律化的民主(多数决、代议制),是否在一个逻辑层次上?有关这点的论证,本章在第二部分已做详述。

〔3〕 David Barnum, *The Supreme Court and Public Opinion: Judicial Decision Making in the Post-New Deal Period*, 47 Journal of Politics 652(1985).

如果说在固化司法权正当性方面，社会科学研究体现的是宏观层面功能的话，那么，其对法官裁判过程中对民主要素的强化则彰显出具体的意义。于现实主义法学而言，司法裁判的最终目标是作出适合具体个案情境，体现个案需求、正义的判决，即一个“好”的裁判结果。欲达此目标，法官在裁判过程中必须放弃唯“规范”马首是瞻的态度，采取融合“规范”与“现实”双重立场，且对法规范的解释以现实民意的认知与需求为前提。而要准确地把握和判断社会民意，社会科学研究的资源和成果便被期待为担当起资助法官探索社会现实之所在，并借此评估判决的社会效应。正如库克所言，一旦法官必须或被期待立基于社会或经济政策的考虑来审判眼前个案的时候，他/她势必要评估审判作成所带来的种种现实效应及社会后果，才能做出一个对眼前个案而言最明智的裁判选择。为了全面并且客观地进行这项评估裁判后果，法官自然必须在审判过程中仰赖实证社会科学的指引。[1] 显然，库克的论述清楚地透露出，现实主义法学希冀强调社会科学的地位来强化判决社会说服力的构想。于是，这里的问题是，借助社会科学研究对资助法官探求社会事实究竟有何意义？概括地说，主要体现为以下三个方面：

第一，确认。现实实践中法律个案往往是纷繁复杂、千差万别的。这不仅体现在个案发生之因果关系认定层面，更反映在个案中所蕴含的变动的社会吁求面向，实在法不会也不可能一一予以涵摄。在此背景下，通过社会科学研究如社会学、心理学等，可使个案的特殊性，特别是法规范未予关照包括个案争议事实的背景性因素、当事人的公众吁求等社会现实获得清晰的揭示，并以一种理性化、客观化方式得以定格、确认。这也就是卢埃林所谓“情境化的事实确证”[2]。如此，当

---

〔1〕 Walter W. Cook, *Scientific Method and the Law*, in William W. Fisher et al., eds., American Legal Realism, Oxford University Press, 1993, p. 249.

〔2〕 Karl N. Llewellyn, *American Common Law Tradition, and American Democracy*, in Jurisprudence: Realism in Theory and Practice, University of Chicago Press, 1962, p. 317.

法官作出裁判时便可使判决达到契合个案正义之效果。同时,更为重要的是,经由社会科学确认的社会现实还可成为今后法官裁断案件的重要参鉴。

第二,预测。假若说确认功能表征出的是社会科学研究的当下思维,于未来导向而言,社会科学研究对社会现实把握则呈现的是预测功能指向。这与社会科学研究的性质是密切相关的。一般意义上讲,社会科学研究的范畴是社会现象(包括个体和群体行为等),采取的是实证性及尊重事实的态度,经由科学方法收集数据,进行严谨的构思,再将这些构思出来的原理原则和现实的社会现象相互印证,以助于理解、说明,并加以预测。反映到法律实践中,虽然具体个案反映的是当事人的个别化要求,但这种要求往往是在特定社会背景下提出来的,因而对具体案件所包含的社会现实的社会科学的实证研究,实质上又是对社会公众普遍性的认知和吁求的科学化预测。无怪乎,庞德在评判社会科学研究之意义时感慨道,科学研究(主要指社会学、心理学)对法律而言才是一种真正的"先知先觉",只有通过科学化的探析,才能了解民众对规范住房的要求,强制的环卫要求、监控牛奶的要求、规范劳动条件的要求,提供最低工资的要求等。[1]

第三,识别或矫正。关注社会现实、社会认知乃现实主义法学裁判理论区别于形式论之要义。然而,对于社会现实的内涵却并不是容易把握的。因为社会现实往往是芜杂的,掺和着理性与非理性的因素。并且这种非理性有时还以一种压倒性的形式呈现。此时,作为一种理性化分析工具之社会科学研究可助法官涤荡和过滤社会现实中非理性的一面,担当起引领公众民意表达,提升社会认知水平之功能。这一功能典型体现在美国法院自 20 世纪 90 年代以来在一些关乎企业生产与环境污染的案件中。在所涉案件中,法院不再一味固执于企业排放污染的合规性因素的判断,而是将"公众健康"作为首要评判因

---

〔1〕 [美]罗斯科·庞德:《普通法的精神》,唐前宏等译,法律出版社 2001 年版,第 86~90 页。

素,并将“环境改变的风险”亦纳入考量的范围,这样一来,公众与一些大型企业的“对抗关系”在一定程度上得以缓解。在此过程中,法院的判断认定的社会事实实则是基于心理学、病理学的知识,而这与社会公众的潜在追求是契合的。[1]

既然社会科学研究可以资助法官探索社会真知,随之而来的问题是,这是否意味着法官可随意将自身的价值判断注入其中？答案显然不是。为了展示借由对社会科学研究资源的运用,证明法官对社会认知的观察是外在于法官的主观偏好的根据,强化司法判决自身具有的客观性。现实主义法学将判决的生成区隔为“事实(案件事实、社会事实)”与“价值(法律规范)”的两分构造,认为法官根据社会科学研究资源考量社会现实与民意趋向时,应暂时将应然与实然的问题区分开来,以便在实证调查与分析的过程中摒除(至少暂时地)个人价值判断,从而更精确客观地获取社会现实之真相。“在探知经验现象的过程中,举凡观察、描述,以及经验现象因果关系的建构等等(实然面的)勘查行为,都必须尽可能地排除观察者自身之欲念,或者他所希望的东西,或者他认为应当的(道德上)东西的影响。”于法官而言,所要做的就是竭力研究并获得“法院正在做什么”之经验,至于“法院应该怎么做”问题则在所不问。[2] 就此意义上,社会科学研究并非仅为法官获知社会民意提供的一种客观凭借,从另一层面来说,它亦是对法官论证活动的一种内在的规范约束。[3]

---

〔1〕 参见[美]凯斯·R. 孙斯坦:《风险与理性》,师帅译,中国政法大学出版社 2005 年版,第 163~237 页。

〔2〕 Karl N. Llewellyn, *American Common Law Tradition, and American Democracy*, in Jurisprudence: Realism in Theory and Practice, University of Chicago Press, 1962, p. 55-56.

〔3〕 须注意的是,现实主义法学强调社会科学研究对司法裁判过程的重要意义,并不意味着它要完全替代法官判断,进而夺法官逐案权衡之权力。因为一味地将所有应然评价任务诉诸实证数据,并宣称裁判如科学真理一般绝对客观,这样必将陷入其反对形式论所持“法官审判能够且必须秉持中立客观立场”的迷局。就此意义上,社会科学研究于法官裁判而言,毋宁是从普通法意义下民主诉求的角度来强化其审判正当性的一块“加固石”。

基于上述,现实主义法学试图取代形式主义,塑造一种新的司法哲学典范,并不只是因为它一味地强调现实之于规范的关键地位,更在于它在彻底否定形式论所提供的空洞逻辑框架的同时,积极提出一个足以作为法官审判更客观凭借的法学领域之外的工具——社会科学。“现实主义法学旨在寻求一种不同质地的确定性(certainty)……为了追求这种确定性,现实主义法学于是诉诸社会科学。”[1]如此主张的结果,自然使现实主义法学更贴近普通法“透过法院逐案权衡来落实现实民意需求的同时,渐次推进法规范发展”[2]的民主追求。

四、现实主义法学对权利法学批判的回应

通过对普通法语境下法官活动本质的反思,现实主义法学揭示出普通法与民主(大众民意、社会认知)原本就天然契合的真相(真理),为使法官客观准确地获取社会认知与吁求,在研究方法上求助于社会科学研究资源的运用,以此来强化司法判决的“社会说服力”和司法权的正当化。基于此,便不难懂得为何现实主义法学一方面百般强调法官应关怀社会现实,发挥意志主动性;另一方面又极力推崇将社会科学研究运用于司法裁判以求判决作成之客观化这样近似自相矛盾的良苦用心。同时,也才能正确认识到:一般所以为且批判现实主义法学“罔顾法律规范,解构法治秩序”[3],事实上是未领悟其真实用意所在,也就曲解了该理论追求。就此意义上,权利法学对现实主义法学的批评,恐怕也正是忽视了现实主义法学论述的特殊性的结果。[4]

如同现实主义法学,权利法学自始至终否定传统形式论对司法活动本质的理解,并认为司法的任务应是根据当前发生的个案事实,不

---

[1] Neil Duxbury, *Patterns of American Jurisprudence*, Clarendon Press, 1995, p. 96-97.
[2] Neil Duxbury, *Patterns of American Jurisprudence*, Clarendon Press, 1995, p. 98.
[3] Ronald Dworkin, *Taking Rights Seriously*, Harvard University Press, 1978, p. 98.
[4] 所谓权利法学,主要是以德沃金为代表。

能仅在现有的规则、判例、案例面前徘徊，司法裁判必然渗透法官的意志行为（权利法学强调阐释，现实主义法学突出审判经验）。尽管权利法学与现实主义法学十分重视法官在司法裁判中的“创造性角色”，共同扬弃了传统形式论所持的“法官在裁判中必须恪守消极、中立立场，必须避免渗入个人意志要素（价值判断）”的固有成见。不过，对于在承认法官意志要素的前提下，法官如何对待外在于法规范的社会现实、民众吁求，且又如何受制于“规范性约束”要求方面，权利法学与现实主义法学采取了大相径庭的论证进路。

权利法学认为，现实主义法学所主张的，当现存法律规范漏洞或不确定，无法应对个案情势时，法官便要相时而动，针对个案实际情形，着重案件所立足的社会现实，考量社会政策（包括经济、政治、社会等目标），从而作出裁断的做法，从根本上扭曲了作为整体秩序的法律对法官活动的固有意义。[1] 诚然，法官的核心任务就是要基于眼前的个案事实作出裁判，即使出现规则漏洞的情形亦如此。然而，从法适用角度而言，法官其实仍是在整体法秩序的范畴实施法律的过程，并且这个过程并非如现实主义法学所主张的那样，法官是基于政策或将社会需求纳入考量作出裁判的结果，相反是立足规则背后的法律原则，或者经由整体法秩序抽检出的原则，通过法官的意义阐释来获得一个确定性的答案。[2] 在权利法学看来，现实主义法学的裁判理论忽略了：第一，既然承认“既有规则”与“社会现实”[3]内含的规范性要求通常是地位等同的，那么，在具体个案中，法官究竟应如何取舍？表面上，它往往假以有利于社会发展的形式呈现，实际上，更多时候法官采取的是以“便利”为导向的权宜之计策略，致使判决中的论证成为法官的“一纸谎言书”。由此带来的问题是，法官在裁判中是否会借回应社会现实吁求之名，在暗地里却又可能包藏法官恣意，行超越

---

〔1〕 Ronald Dworkin, *Taking Rights Seriously*, Harvard University Press, 1978, p. 102-110.

〔2〕 Ronald Dworkin, *Law's Empire*, Belknap Press, 1988, p. 103-107.

〔3〕 从实用主义的角度看，这里的社会现实，实际是指从目的和后果的角度。

法律约束之实,从而造成法官权限的无限扩张,引发或强化法官逾越职权的危机。第二,裁判中融入政策,或者确立以社会福利为导向,其背后事实上所蕴含的是一种功利主义思想。尽管,较之传统形式论,这样的裁判理论能着眼个案情形,展示出自身强有力的型塑性,然将个案中的争议统统地还原为不同的"利益对决",其结果必然是以牺牲少数人的权利为代价。而在另一层面,这样的做法也恰恰违背了法律中平等原则内含的"平等地关怀每个人权利"的价值诉求。

权利法学的上述一番批评无疑入木三分,不过,仍不免落入对现实主义法学隐藏内涵误解的旋涡当中。如上文所言,现实主义法学旨在重新揭示普通法的本质,即司法与民主,以及司法民主与社会科学研究之间的关联。当权利法学批评现实主义法学所倡导的司法民主主张,将使法官的权力恣意凭借法官个人的主观认定而过分扩张之时,其背后忽略的恰恰是这一方面的考量。从本源上追究,权利批驳现实主义法学的主张,在于它从根本上就反对法律不确定性的存在,对于法官而言,自然也就无须考察法律与现实之间的关系。对此,现实主义法学反驳道,恰是权利法学的这一做法才可能助推法官恣意的产生和泛滥。虽然权利法学将司法审判视为一种意志行动,强调即便在个案中出现缺乏具体法律规则的指引,法官可依据法律原则,甚至诉诸整体法秩序探寻的原则获得答案。然而,不承认法律不确定这一事实,权利法学便无法清晰地阐释:法官活动既然作为一种意志活动,其活动界限究竟何在?须知法律原则从来没有给我们一个融贯的方式来谈论个人根据法律而享有的权利:"权利话语天生存在内在不一致性、空乏,或者循环往复。正由于此,法律家便能为任何结果披上貌似有理的权利正当性的外衣。"[1]另外,更为重要的是,虽然权利法学十分强调原则阐释而非政策来进行法适用,但一旦遇到必须在几项原则中抉择时,它又声称必须要考量外在政策状况——集体道

〔1〕 Duncan Kennedy, *Legal Education as Training for Hierarchy*, in Kairys, eds., Politics of Law, Pantheon, 1982, p. 47.

德与政治价值的影响。如此一来,原则与政策,或者说法律与现实是否可能以及应当如何区别便成为难题。随之而来的是,应运用什么方式,以及以何标准来判别法官基于原则裁判的裁量权是合理的?由此展开,何为法律中的"唯一正解"?究竟是法官心目中的一幅"美好愿景",抑或根本就是一个"美丽谎言"?从另一层面来看,这是否与权利法学所追求的"法官裁判必须在法律的意义世界里进行,并受制于法律约束"的理论构想背道而驰。最后,现实主义法学坦诚道,司法裁判应以目的为导向,"法律的终极原因是社会的福利"〔1〕。但追求社会福利的目的是否必定导致功利主义?答案显然是未必的。"社会福利的意义原本就相当宽泛,不过是人们追求美好东西的替代词",〔2〕当然,对于个体权益的呵护自是应有之义。况且,注重当下现实,强调逐案权衡的原初意图就是要求法官要特别地关怀每个个体"应有利益",就是为了避免法官假以所谓代表大多数人意愿的规则进行恣意裁断。

概言之,针对权利法学的批评,以现实主义法学的立场观之,恰是因为其未能认清"普通法"、"民主"与"社会科学研究"三者间密切且层层递进之关联。权利法学似乎认为,作为阐释的法律应是封闭的,法官一旦将法律外的因素吸纳进司法裁判中,那么法律适用过程便充满了变数,其结果更是无从被检验;然而,这种观点未注意到,普通法语境下法官对社会现实认知,并不是依凭其主观臆测或暗自揣度,而必须建立在客观化理性论证基础上的,借用社会科学研究的工具恰恰是这种客观化的体现。在此,"社会科学研究既作为校验法官认知社会现实客观性标尺,而且对法官意志活动亦是一种限

〔1〕［美］卡多佐:《司法过程的性质》,苏力译,商务印书馆 2000 年版,第 39 页。

〔2〕包括公共政策、集体组织的善,社会福利所要求的经常仅仅是便利和审慎;也可以指坚守正确行为的标准而带来的社会收益,其所要求的是宗教、伦理和社会正义感的要求,或者是一般人的心灵中所固有的观念。参见［美］卡多佐:《司法过程的性质》,苏力译,商务印书馆 2000 年版,第 43~44 页。

制。"[1]再者,在法律实践中,要将法律与现实完全割裂开来究竟有多大程度可能?毕竟,失去生活关怀的法律不过是"无源之水"。那些自以为"依凭法律自身的资源,法官的创造性阐释,法律便能够'纯粹自我运作'的设想"不过是"在含蓄地依靠自然法理论和依赖司法传统的内在合法性之间摇摆而已"。[2] 就此看来,权利法学对现实主义法学的批评,一方面间接证明了二者在强调法官意志要素的同时,其实都着眼于法官行为得到有效的约束;另一方面,该批评从反面凸显现实主义法学对社会科学研究资源客观性的依赖,实质上超越了权利法学中对法官活动无意义亦是无效拘束的难题,同时,又不同于后来批判法学(CLS)将法完全视同政治(law as politic)、法官审判与政治操作无异的思想特质。

五、现实主义法学的再生

作为对以案例法为主导的法律形式主义的矫正,现实主义法学主张,法官在裁判过程中不应只着眼于固守中立、消极的地位,拘泥于形式正义、笃信逻辑推论,而应发挥积极主动的作用,关照个案事实,回应潜藏于案件背后的社会民意要求。为达此目标,法官须借助社会科学研究资源,以获得一个实然面的客观化凭据,在此基础上,推导出契合个案正义之判决。这带来的结果:一是普通法、民主与社会科学研究三者之间实现了融通;二是强调社会科学研究来充实普通法的实体内容,法官便可逾越"法律规范"与"社会现实"的鸿沟,使判决既做到个案适用之"合法",又兼顾个案语境之"合理",进而实现个案正义,最终达到强化司法民主与司法审判的正当性的目的。"对社会科学研究地位的强化,当有助于法官在必须兼顾逐案权衡与理性论证的

---

[1] Walter W. Cook, *Scientific Method and the Law*, in William et al. eds., American Legal Realism, Oxford University Press, 1993, p. 250.

[2] [英]罗杰·科特瑞尔:《法理学的政治分析——法律哲学评判导论》,张笑宇译,北京大学出版社 2013 年版,第 289 页。

过程中,透过一个实然面的实体凭据,找到适当的平衡。"[1]由此可看出,现实主义法学对于对普通法语境下司法活动本质的深刻剖析,尤其是对当时由形式论主导下的学术研究及司法实践而言,无疑具有变革性意义。[2] 需注意的是,与权利法学相比,现实主义法学的哲学根基是相当薄弱的,并且对如何将社会科学融入司法裁判,形成一套较为完备的裁判方法论也缺乏精致化的论证。不过,也恰是这种遗憾的存在使其具有发展的潜在可能。晚近学者布莱恩·莱特在反思、评判形式论与现实主义法学法律推理过程的基础上,吸纳奎因(Wiuard V. O. Quine)在自然主义认识论基础上提出的"自然化法理学"[3],正是现实主义法学理论发展的典型例证,更有学者赞誉为"复活的现实主义法学""现实主义法学的再生"。在莱特看来,司法裁判过程实际上是解决"法律理由"(输入)和司法判决(输出)之间的正当化关系。决定判决的主要理由不是法律规则和原则,而是多种因素综合的结果,包括政治、经济、道德、习性、偏好等。自然化法理学的使命就是从"输入(事实和理由的结合)产生了输出(司法判决)的角度来描述法官的裁判过程",既要对个案及其背后立基的社会情境(社会事实)展开科学化的考证,又要对整个裁判过程进行系统性科学化的阐析。一旦法学,确切地说就是裁判理论被自然化之后,它就成为一种心理学、

---

[1] 黄舒芃:《社会科学研究的民主意涵》,载《政治与社会哲学评论》2008 年第 25 期。

[2] 正如辛格所言,现实主义法学在根本上改变了人们关于法律推理概念和法律与社会关系观念的旧有理解,那种自认为"法律思想与道德政治话语分离并独立自治的主张"不过是人们的一厢情愿。Joseph William Singer , *Legal Realism Now*, 76 California Law Review 467-491(1988). 当然,有关现实主义法学的评判,学界褒贬不一。请参见 Laura Kalman, *Legal Realism at Yale*: 1927 - 1960, University of North Carolina Press, 1986, p. 270-300。本书所作的评论仅是从现实主义法学所潜藏的普通法的蕴含,以及民主与社会科学研究之间的关系这个角度展开的。

[3] Brian Leiter, *Rethinking Legal Realism: Toward a Naturalized Jurisprudence*, Texas Law Review, Vol. 7, p. 285-315 (1997). 应注意的是,莱特所谓"自然化"并不是说要采取自然科学的方法,而是采取奎因的自然主义的解释进路。当然,在莱特的论述中,确实并没有完全分清社会科学与自然科学的界限,但这一问题与莱特的论证进路并不直接相关。

人类学或社会学的研究。[1] 另外,莱特又主张,形式论中仍有值得借鉴之处,不能完全否弃。比如概念分析是任何法学理论不能丢弃的工具,将其植入自然化的法理学犹"如虎添翼"。简言之,莱特的意图是运用科学方法分析、描述司法过程(包括案件事实、案件背后的社会事实及裁判过程),并从中凝练出规范性要求,以此来引导司法裁判;同时,将已存系的规范性要求又返回社会现实中进行校验,如此循环往返,以期构筑一种超越传统现实主义法学与形式论的、立足自然主义且全面揭示司法裁判过程的新型法学理论。

纵使如此,现实主义法学的一些理论主张仍值得深思。首先,的确,借助社会科学研究在一定程度上能帮助法官以"客观"和"中立"的立场来洞察社会现实,但诚如卢埃林所言"法律如何被理解,判决如何被作出的权力终究掌握在法官的手中"[2],这在反面是否也恰恰说明法官将社会科学研究运用于司法裁判时,其背后仍存包庇恣意的危险,以及由此带来对于规范论证理性的伤害?其次,虽然莱特完善了现实主义法学裁判方法论,但过于宏观的叙述,加之具体的法律个案又千差万别,致使该理论对于法官裁判的规范指引究竟多大仍未必可知。更何况,难道每一个经验或社会事实都可以用自然的法律来解释?每一个自然主义理论的解释是否都能增加或加深我们的理解?[3] 最后,如果说社会科学研究在司法裁判过程中的地位、功能是基于普通法的特殊背景并获得具体意义的话,那么,它对于采取大陆法系国家法官裁判的定位及意义何在?众所周知,大陆法系国家对法的认知,是从一般性抽象规范体系的建构、充实与诠释出发的,因

---

〔1〕 Brian Leiter, *American Legal Realism*, in W. Edmundson & M. Golding eds., The Blackwell Pub. Guide to Philosophy of Law and Legal Theory, Blackwell Pub., 2005, p. 80-85.

〔2〕 Karl N. Llewellyn, *American Common Law Tradition, and American Democracy*, in Jurisprudence: Realism in Theory and Practice, University of Chicago Press, 1962, p. 87.

〔3〕 J. Coleman, *Methodology*, in J. Coleman & S. Shapiro eds., The Oxford Handbook of Jurisprudence and Philosophy of Law, Oxford University Press, 2002, p. 344.

此,法官的裁判也就并非如同现实主义法学批判案例法那样只是进行形式逻辑展开的作业。“(大陆法系)法规范本质上具有相当完整的实体内涵,不论案件是简单的,还是疑难的,其必须提供给法官适用于个案裁判的规范依据。”[1]而这给大陆法系占主导地位之规范法学带来的影响是,它不会也不可能如同案例法那样,在具体个案裁判中完全忽视“法律规范”与“社会现实”之间的联系,只是从事对法条的阐释。事实上,规范法学并非以一种“淡漠”的态度对待社会经验、公众民意,以及民主这些外在于法规范的社会事实,相反,是将其统统融入其论证的范畴中,经由法律解释的演绎和价值刷选,确定它们在法学讨论脉络中的意涵。在此背景下,若将一套外于法学的社会科学知识植入其中,则必须首先要澄清辨明其与规范法学之间的意义关联,以及社会科学研究究竟在哪一个环节、哪一种意义上,具有补充规范法学的必要性?或许只有解决了这些问题后,我们才能进一步考察并厘定社会科学研究在司法裁判中扮演的角色。

[1] 黄舒芃:《社会科学研究的民主意涵》,载《政治与社会哲学评论》2008 年第 25 期。

第六章　平民法官与职业法官的两个思维倾向

一、诽谤先人案

在古代中国，行政官员兼理司法事务，他们断案并没有法律方法论上的讲究，思维呈现平民化的特点——故此，我们称之为平民式法官。下面这则诽谤先人案件的处断亦庄亦谐，具有很强的视觉效果：

明奸党赵文华，慈溪人，其后嗣颇兴盛，且有列名仕版者，甲其一也。甲本驵侩，纳赀得同知职衔，出入县署，颇以仕绅自居。一日，其邻村演剧，甲往观之，适演《鸣凤记》，至文华拜严嵩为义父时，描摹龌龊形状，淋漓尽致。甲大怒，谓其辱及先人，不可不报，次日，执全班子弟，送县请究。县令何晴岩，汴之名进士也，笑谓甲曰："伶人大胆，敢辱君家先人，宜枷责，方足蔽辜。"甲拜谢，何升堂，提伶人至，命仍服饰文华时之服，纱帽红袍，荷以巨枷，枷额大书"明朝误国奸臣赵文华一名"，枷号以示众，且命押赴赵氏宗祠前荷枷三月。甲大窘，浼人恳求，乃罚令出瓦三万片修文庙，始得释[1]。

倘若伶人穿上戏装重扮赵文华到赵氏宗祠前服刑，会有这么两种可能：赵文华若真是个奸臣的话，伶人虽然受了三个月的枷责之苦，但甲的名誉感以及宗族的声望更是受到了无情的嘲弄；若赵文华不是奸臣的话，那么，伶人便罪当其罚，活该受枷责之苦。至于赵文华是奸是忠？何晴岩想把这个问题交给那些观看服刑者的百姓。

下面这则案件在法学方法论上被人们习惯地称为诽韩案[2]。杨仁寿先生为了引出方法论议题在其《法学方法论》一书中援引了该案：

1976年10月，有一郭寿华者以笔名“干城”，在“潮州文献”第2卷第4期，发表“韩文公、苏东坡给与潮州后人的观感”一文，指称：“韩愈为人尚不脱古人风流才子的怪风气，妻妾之外，不免消磨于风花雪月，曾在潮州染风流病，以致体力过度消耗，及后误信方士硫磺下补剂，离潮州不久，果卒于硫磺中毒”等语，引起韩愈第39代直系亲韩思道不满，向“台北地方法院”自诉郭寿华“诽谤死人案”。

法院按我国台湾地区“刑法”第312条第2项规定（对已死之人，犯诽谤罪者，处1年以下有期徒刑、拘役或1000新台币以下罚金）判定，“自诉人以其祖先韩愈之道德文章，素为世人尊敬，被告竟以涉于私德而与公益无关之事，无中生有，对韩愈自应成立诽谤罪，自诉人为韩氏子孙，因先人名誉受侮，而提出自诉，自属正当”，因而判郭寿华诽谤已死之人，处罚金300新台币。可是，对这样的判决结果，作为当事人一方的被告郭寿华不服，而作为旁观者的学界人士更是指责其为“文字狱”。

古人何晴岩并没有经受职业化训练，他的裁判却被后人当作“妙判”收录，而职业法官的裁判却被认为“文字狱”，未能处理好表达自由权与名誉权之间的关系。本章并不停留在两起案件在结果上的反差以及制度安排对于案件的决定作用上，而是把兴趣放在诽谤先人案所

[1] 《清稗类钞》。
[2] 杨仁寿：《法学方法论》，中国政法大学出版社1999年版，“引论”。

表现出的两种思维倾向上，试图通过个案分析对平民式法官与职业法官思维某些典型特征作一对比观察。

二、观察两种不同思维倾向：从裁判效果入手

（一）何晴岩表现出平民式法官思维的倾向

中国古代法律体系有“重刑轻民”特征，古代社会为了维护统治者尊严而专门设立刑事法律制度，却没有专门的民事法律对人的名誉权予以保护〔1〕。在明清时期，类似诽赵案的名誉案件则交由州县法官自由裁量〔2〕。上述案中，何晴岩的裁判可谓“超级自由裁量”——他实际上是有意把判断的机会和权力交给了公众和民意。何晴岩戏剧化的安排让甲有机会在“法庭”上第二次看到了赵文华作为误国奸臣的形象。甲知道，倘若真的将忠奸交由民意判断，效果会怎样。这一巧妙裁判实际上是在教育甲，让甲从内心真正认识到提起诉讼是错误的。

作为处于特定文化圈的中国人，我们不难理解裁判的奥妙所在。中国古代社会是个以“礼”为轴心的社会，人们对于名誉的珍视不是出于权利的觉醒，而是由于受儒学君子思想影响。古人非但重视名誉问题，而且由于受礼教思想影响，他们特别注重依据忠奸、是非以及社会地位的高下作为批评个人名誉的标准，并依据这些标准待之以不同的态度〔3〕。例如：“讳”在古代中国就是文人的一种重要写作技法。有人对《春秋》做过分析，以为“讳”的技法在《春秋》中的表现形式主要有“为尊者讳”“为贤者讳”“为亲者讳”等几种〔4〕，即对那些贵为王

---

〔1〕《九章律》《唐律》对侮辱尊长者予以严厉制裁。清律将侮辱尊长、仆人辱骂主人规定为严重犯罪。参见张新宝：《名誉权的法律保护》，中国政法大学出版社 1997 年版，第 53 页。

〔2〕古人审理现代人所谓的民事案件是否一定依据成文律法不能一概而论，明清时，那些缺乏成文律法的“民事案件”主要交由法官自由裁量。参见梁治平：《追求自然秩序中的和谐》，中国政法大学出版社 2002 年版，第 236 页。

〔3〕与宪政体制下政治人物名誉权几乎丧失殆尽的情形相反。See Hilary E. Ware, *Celebrity Privacy Rights and Free Speech: Recalibrating Tort Remedies for "Outed" Celebrities*, 32 Harv. C. R. -C. L. L. Rev. 449(1997).

〔4〕向熹：《略谈〈春秋〉中的四讳》，载《文史杂志》2000 年第 4 期。

者、近为亲者、曾对周王朝做过贡献的人要特别对待，凡有影响其声誉的一概不写。相反，误国奸臣之流从来都是文人挞伐的对象。由此可知，在“礼”的支配下，古人将人格分等级是为了维护其正统伦理和秩序。本案从“宜枷责”到“命仍服侍文华时之服，纱帽红袍，荷以巨枷，枷额大书‘明朝误国奸臣赵文华一名’，枷号以示众，且命押赴赵氏宗祠前荷枷三月”实际上并非文字游戏的结果，而是道德的或者政治的因素使然。这样的处理结果，不但符合纲常伦理，而且从百姓的“青天”意识来看，这真有些大快人心之处。但是，细分析起来，这样的处理也存在疑问。如果甲不识相，“不浼人恳求”，那么裁决执行下去，无论情况如何，伶人都要受皮肉之苦。这样的做法不符合“同样的情况，同样对待；不同的情况，不同对待”这一起码的正义原则。

（二）职业法官在诽韩案中表现出形式化思维倾向

近现代以来，作为古代社会含蓄共识的传统秩序伦理已经渐渐瓦解，取而代之的是现代社会中的法律。相应地，职业法官已不再能像古人那样依据不证自明的伦理观念来判断。由于现代法律制度的复杂性及其背后价值取向的矛盾，他们在思考问题时候经常会遇到这样的情形：法律的某些领域也许看起来有条理而且具有内在的意义，但是如果对它们加以观察和思考，我们就会发现其内部的组成也可能会发生相互碰撞的现象。

在现代社会中，名誉侵权案所引起的法律关系具有双重性。法官审理名誉权案件时需要特别注意处于对抗的两端：一方面，人格权为基本人权，主要受到私法保护〔1〕；另一方面，表达自由不再是“裸露”

---

〔1〕 于对公共利益的考虑，现代法律制度并没有对所有人的名誉一概施予平等保护：一、区分公众人物与一般公民，名誉权保护向一般公民倾斜；二、区分政治事件、社会事件和私人事务，名誉权保护向私人事务倾斜；表达自由的保护也是有所区别的，公共言论受到较高程度的保护，而私人言论则要受到民法甚至刑事法律的规制。只有在普通公民的名誉遭遇私人言论的场合才更有可能引起侵权诉讼。See Howard, *The Constitutionality of Deceptive Speech Regulations: Replacing the Commercial Speech Doctrine with a Tort-Based Relational Framework*, 41 Case W. Res. 1093 (1991).

的自然状态下的权利，它被上升到权利的高度[1]。这种自由与名誉权之间形成了一种此消彼长的“相互性”关系。在西方法治实践中，这种权利对于抑制名誉侵权起到相当大的作用。言论权的刚性使名誉权受到了一定程度的限制，即便是民事或者刑事法庭的法官要防止论证说理上的进退失据也得顾及这一点。诽韩案中，且不说先人的名誉权在法理上是否成立的问题，只作利益考量，我们不难提出这样的疑问：被告的行为可以归属于文艺创作自由，带有公共利益色彩，而韩愈本人已经故去久远，是否有必要为了他的名誉对艺术创作行为加以抑制？对于先人名誉权问题，现代民法原理作出一种解释，以为保护死者的名誉实际上是为了维护生者的利益，可是为了韩愈第 38 代子孙的利益去限制言论是否合理呢？对于社会科学家而言，这些问题似乎并不难回答。法官们如果退出法庭，在私下里对此问题稍作思考，或许可以很容易作出回答。可是，在法庭上，他们严格按照我国台湾地区“刑法”第 312 条第 2 项规定（对已死之人，犯诽谤罪者，处 1 年以下有期徒刑、拘役或 1000 新台币以下罚金）的规定去判断，进而得出“荒唐”的裁决。二审时，法官还是坚持法律的形式规则，对公众的指责和不满视而不见（“高等法院”对郭寿华不服的上诉予以驳回）。这样做与一个信念有关，即每一个合秩序产生的法律，不考虑其内容均具有拘束力。然而，来自各方面的反应表明，社会愿望与司法结果之间发生了激烈的碰撞，法官们被指责为踏入了权利划定的“禁区”。

这两则案例并没有揭示出新的命题，而是再次印证了马克斯·韦伯的判断。中国古代社会不承认法律原则与非法律原则之间的区别，法律秩序是缺乏形式性的[2]。平民式法官的“理性主义”都是有

---

〔1〕 诚如霍诺洛所说，权利得到了某种主张的保护，并且产生了某种自由。参见 Joseph Raz, *The Concept of a Legal System: An Introduction to the Legal System*, Clarendon Press, 1980, p. 180.

〔2〕 [德]马克斯·韦伯：《儒教与道教》，王容芬译，商务印书馆 1995 年版，第 198~200 页。

"实质的"性质,其追求的不是形式法学上的精确性、对于机会的可预计性以及诉讼程序中的透明度和交涉性,而是在内容上最符合某一些"权威"的实际功利主义和伦理所要求的鲜明特征。与此相对应的是,职业法官力求围绕规范达成共识,他们的思维呈现一种技术理性特点。如杨仁寿先生所言,诽韩案的裁判确实在方法论上存有疑问。可是该案却突显了这一点:职业法官坚持思维的职业化,与平民的大众化思维、政治性思维形成隔离,有高度的形式化倾向。职业法官将伦理责任与法律义务严格区分开来,对他们而言,伦理的告诫与法律的命令之间是有严格界限的。

以下的讨论仍然围绕个案分析展开,并将集中于法官的技艺与方法以及为什么他们的思维会呈现不同的倾向性。

三、对于方法、技艺的考察:法官如何思考

(一)平民式法官何晴岩依靠的是文字功夫与"平衡感觉"

赵文华一案中,何晴岩对原告所说的"宜枷责"实际上是个陷阱,而"命仍服侍文华时之服,纱帽红袍,荷以巨枷,枷额大书'明朝误国奸臣赵文华一名',枷号以示众,且命押赴赵氏宗祠前荷枷三月"才是其真实意思的流露。"甲大窘,浼人恳求"并非只是法官权力恫吓的结果,而是说明法官这种"欲抑先扬"的做法至少在主要由原、被告以及法官组成的对话空间是成立的。可古人的所谓妙判在今人眼里往往是有问题的。

在西方语义分析哲学中,如果按照维特根斯坦的说法,就是承认语言句子在日常生活中不同场合改变其用法和意义,哈特以此为出发点论证得出,规则的语言是一种开放性结构(open texture),表达规则的文字本身不具有确定性,但他认为语义核心还是确定的[1]。本案法官运用其智慧确实解决了问题。但是,他从开始的"宜枷责"过渡到

---

〔1〕 在理性的法律制度下,这种确定性有赖于法官的司法实践赋予。Jules Coleman, *Hart Postscript*, Oxford University Press, 2001, p. 59.

让伶人再饰演赵文华的形象去赵氏宗祠服枷刑，这种语义的最大化处理与现代法解释学中“亦步亦趋”的做法相比不免显得荒腔走板。那么，我们究竟如何把握平民式法官的方法和技艺呢？

中国古代社会秩序是建立在“情、理、法”之上的，涉案主体会复眼看问题，而并非全然麻木。他们如被判定承担义务也必然要追问“我为什么必须这么做”。于是，平民式法官如果全然不讲究方法与策略，仅仅凭借强权直奔目的本身的话，恐怕作为统治术的法律也难以通行。他们在断案过程中主要是依靠两样本领：一是文字功夫；二是平衡感觉。

韦伯曾说：中国那些食官俸的人怎样来证明他的等级和卡里马斯马呢？主要是依靠他那符合儒学形式的典范的正确性〔1〕。受过儒学教育的官僚们很注重通过文学修养以及文字功夫来表现其魅力。何晴岩出身进士，读的是儒家经典，并没有掌握一套与“权利命题”相对应的语法规则，不能像现代法律家那样运用术语进行观察、思考，借用缜密的逻辑去进行法律推理〔2〕。可是对他而言，发挥语言技巧、施展文字功夫不在话下。在赵文华一案中，何晴岩一方面通过文字的过渡表现了自己的主观意向，另一方面又借助文字将自己遮盖起来，既解决了问题，又具有戏剧效果，所以他在庭审中能够如此圆融地进行裁断主要归功于其语言功夫。

平民式法官据以断案的普遍原则是“法本原情”“原情论罪”，断案的基本方法是“衡情度理”。这里的“情”至少可作三种理解：一是指情感，它是与逻辑相对的概念；二是指与法律相对应的“事实”，接近于“情节”一词；三是滋贺秀三所谓“中国型的正义衡平感觉”，它深藏于各人心中的感觉而不具有实定性，但却引导着听讼者的判断〔3〕。

---

〔1〕 参见［德］马克斯·韦伯：《儒教与道教》，王容芬译，商务印书馆1995年版，第184页。

〔2〕 关于法律家的思维特点，可参见孙笑侠：《法律家的技能与伦理》，载《法学研究》2001年第4期。

〔3〕 参见［日］滋贺秀三等：《明清时期的民事审判与民间契约》，王亚新、梁治平编，法律出版社1998年版，第13页。

滋贺秀三所谓“中国型的正义衡平感觉”实际上不是一种感觉，而是指一个人在评估假想对手们之可能有的反证时所进行的思考。例如，赵文华一案的法官面对言说与名誉之间的关系时，他会预先设想自己的每个判断对于各方情绪、心理的影响，必要时他会据此作出策略上的调整。何晴岩开始在以“宜枷责”敷衍原告时，就在图谋以硬的一手对付甲。如果伶人按照法官的判罚饰演赵文华的形象去赵氏宗祠服枷刑，那么，观者的注意力将集中于误国奸臣的形象，而不是“罪当其罚”的伶人。这时候，如果甲不识相，那么无情的惩罚就要临头，所以他表示出妥协的姿态。法官也随之放弃原来的判定，从有决断力的职权者一下变得可以商量了。在诉讼过程中，类似这样的平衡会一直下去，到最后，在法官个人看来，所有已知的反证有可能都按照不偏不倚的方式得到了评估，他起码在较弱的意义上成功地完成了“平衡”。但是法官在多大程度上以及以何种方式能够做到这一点仍然是悬而未决的问题。按照维特根斯坦哲学中的独我论，由于内在的特殊性，在关系结构中、在涉及个别关系的事实中有些内容是不可以言说的，对于这些不可言说的“内心正义”，很难按照外部的客观标准来进行论证。

(二)职业法官在诽韩案中适用的是形式主义方法

诽韩案涉及我国台湾地区下列规定：“刑法”第 312 条第 2 项规定，对已死之人，犯诽谤罪者，处 1 年以下有期徒刑、拘役或 1000 新台币以下罚金；“刑法”第 314 条规定，“本章之罪，须告诉乃论”；“刑事诉讼法”第 234 条第 5 项规定，“‘刑法’第 312 条之妨害名誉及信用罪，已死者之配偶、直系血亲、三亲等内之旁系血亲、二亲等内之姻亲或家长、家属，得为告诉”。

笔者将以上规定与案情加以对照分析便可以得出，“诽谤”“直系血亲”是本案的两个关键词。法院认为“韩愈之道德文章，素为世人尊敬，被告竟以涉于私德而与公益无关之事，无中生有”。因此，被告的行为对韩愈构成诽谤成立。“直系血亲”的认定则主要是依据“民法”

第 967 条第 1 项的规定，即“称直系血亲者，谓已身所从出，或从已身所出之血亲”。

通过对于上述条文的字面解释，法院得出两个关键命题：言论一方的行为确实构成诽谤（p）；提起名誉权诉讼一方确属韩愈的直系血亲（q）。于是，才有下一个命题：自诉人就其先人韩愈的名誉权对被告人提起的诽谤诉讼成立（r）。这样的法律语言可以用“形式化”的方式表述为：$p \wedge q \rightarrow r$。接着，便是将命题代入三段论模式中进行演算[1]：

$\wedge x(T1x \rightarrow R1x)$		“刑法”第 312 条第 2 项、第 314 条规定
T1a	——→	诽谤先人诉讼成立
R1a		判决结果

这种方法有两大特征，即强调概念的保守性与注重逻辑的限定性。在司法过程中，法官要适用这种方法需要对法律文本中的字句含义加以明确。然后，从这一些概念出发进一步推导出法律命题来。作为结论的裁决在逻辑上主要是依据三段论，即大前提的法规被适用于小前提的事实，从而推演出判决的结论。形式主义方法不仅把三段论逻辑看作是赋予理由的形式，而且将其作为推导结论的判断形式，尤其是把它看作唯一的判断形式这一点是其特色。

通过对比观察，我们可以发现，由于平民式法官的思维有实质化的倾向，他们在裁决过程中瞄准的焦点不是法律规范而是目的。他们不像职业法官那样重视成文律法的适用，也不习惯于像职业法官那样以“合法”与“非法”的二分图式对当事人的行为加以定性。而职业法官则重视以法律规范作为其裁判的合法性为依托。对他们而言，有两点至关重要：欲证立法律判断，必须至少引入一个普遍性的规范；法律

---

〔1〕 读作：对于一切 x：如果 x 满足了事实构成 T1，那么法律后果 R1 就适合于 x；
a 满足了事实构成 T1；
法律后果 R1 适合于 a。
参见［德］阿图尔·考夫曼、温弗里德·哈斯默尔主编：《当代法哲学和法律理论导论》，郑永流译，法律出版社 2002 年版，第 322 页。

判断必须至少从一个普遍性的规范连同其他命题逻辑地推导出来[1]。

四、法官的主观空间如何受到压缩：裁决结果的原因剖析

（一）平民式法官何晴岩主要受伦理观念的束缚

何晴岩把“衙门”变成了舞台，又重新导演一出《鸣凤记》出来。何晴岩法官的做法巧妙地掩盖并调和了各方面的矛盾与紧张关系，但却是以牺牲原告利益为代价的。从方法论视角看，平民式法官能进行“超级自由裁量”、戏剧化地实现实质正义目标，主要与两个因素有关：第一，古代中国倚重于伦理来抑制司法的随意性；第二，平民式法官将裁判的合法性建立在伦理规范上。

首先，我们必须认识到，法律解释的技术和学说在传统制度中一直得不到重视和充分的发展，没有一套法教义学拘束古人的法律适用行为。但是，我们不能据此认为，古人可以无拘无束地玩“文字游戏”，即便是平民式法官，其主观性发挥也并非全无限度。中国传统文化强调“人能弘道，非道弘人”，相应地，古代中国总试图造就一种具有内省能力的主体性并以此作为法律体系的基石，在制度设计上表现出两个方面特征：一方面一直把司法的主观性作为制度设计的前提；另一方面把对主观性的限制作为保障制度正统性的最重要的任务之一。按照季卫东先生的观点，对平民式法官主观性的限制机制来自两个方面[2]：

1. 从内省主体的假设出发，按照“格物、致知、诚意、正心、修身、齐家、治国、平天下”的程序来塑造主体、改变环境，通过贤人来保障法律适用的妥当性。虽然这一思路与通过经验科学或政策科学保障客观

---

〔1〕 阿列克西称这样的论证方式为内部证成。参见［德］罗伯特·阿列克西：《法律论证理论——作为法律证立理论的理性论辩理论》，舒国滢译，中国法制出版社2002年版，第274页。

〔2〕 季卫东：《法律解释的真谛》，载《中外法学》1998年第6期。

性的主张并非完全没有相通的地方,但是应该承认它过于乐观、过于浪漫主义。

2. 通过相互主观的限制来保障法律适用的妥当性,其手段包括同意和承认的手续、批评和自我批评、互相监察、事后交涉的机会、"有错必纠"的绝对真实主义、申诉等。

笔者以为,外部手续的制约更多是事前请示和事后监督,裁判活动过程中的恣意则靠裁判者的心性修养来克服。之所以说何晴岩的裁判能够称为妙判,是因为他没有突破伦理观念的束缚而又有所发挥。抛开妙判的形式与外表,我们可以把法官何晴岩的举动视作对强制、道德以及文化秩序的有机整合。

下面我们来考察第二个因素。为便于直观地说明,这里不妨借助图尔敏的图式:[1]

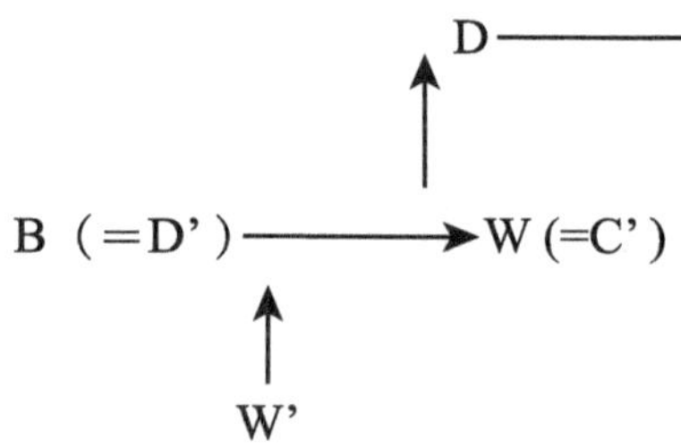

图 6-1 图尔敏推理公式

以上图式表明,由 D 推导出 C 是以 W 的存在为前提的,而 W 为真则又需要 B 来加以支持。比如,某甲之所以应受到处罚(C),是因为甲的言论有损于乙的名誉(D),并且经由"不得发表有害他人名誉的言论"(W)这个规范来加以证成。而规则本身(W),则要通过引用规范遵守的直接后果与间接后果(B)来予以证成,例如,遵守规范体现了对人格的尊重,反之则是践踏人格等。B 和 W 之间所存在的不是推演的关系。W 不是由 B 推导出来的。论证力取决于从 B 过渡到

[1] 阿列克西认为,哈贝马斯以建立在理性论辩基础之上的"认知图式"阻断了继续推演的可能。

W 的可接受性。于是可能导出 D'、C'、W'之间的新一轮推演。如此无限倒推下去,便不知不觉走入“明希豪森困境”[1]。

中国古代社会是关系的社会。面对这样的文化背景,平民式法官很容易将一些规范性命题转化成为相关人的心理特质、社会地位和文化亲缘问题,于是,儒家理论便派上了好的用场并成为防止平民式法官陷入“明希豪森困境”从而流于“无穷之辞”的文字游戏的安全阀。相应地,平民式法官不对法律原则与非法律原则作区分。他们可以将司法结果考量与抽象的伦理原则反复对照,其思维在二者之间作来回跳越,直至司法结果与自己的期待相符合。诽谤赵文华案中,何晴岩出尔反尔、反复修改判决结果,特别是,他在“甲大窘,浼人恳求”后,仍罚甲出瓦 3 万片修文庙,这完全是一种收买人心的做法。换在今天,这类案件的处理方法不外乎两种,一是判罚被告一方,二是驳回原告的请求。可见,对平民式法官而言,只要能够依据伦理证明裁决的妥当性即可,方法和过程并不重要。

(二)职业法官在诽韩案中受概念和逻辑的制约

再让我们回到诽韩案的探讨。立法者如果不想对过于遥远的利益加以保护,可以在法律上作出亲等上的限制[2]。本案情形的出现完全可以归因于立法者。按照杨仁寿先生的观点,要改变双方的对抗格局,只要略施小计即可:将直系血亲分为“法律上的”和“观念上的”,并认定第 39 代直系亲韩思道只是观念上的直系血亲。如此,名誉权一方的强势就受到了抑制。

我们若从实然的角度去思考,这种限缩解释的可行性还是值得推敲的。本土化的因素是不得不考虑的。由于受传统文化濡染过深,加之受各种直觉性诉求的作用,对于传统,人们一方面顾影自怜,另一方

---

[1] 任何一个命题都可能遇到“为什么”之无穷追问,这是个无穷的递归的过程。西方哲学上把这一倒推称为“明希豪森困境”。

[2] 如我国司法解释规定近亲属有权起诉,实际上包含了时限规定,即死者名誉保护到第三代为止,当死者第三代全部去世后,就不再有人有权为死者名誉起诉。

面保持着高度警惕。基于结果因素去对规范作限缩解释,这很可能被认为与法治价值相背离的逆行。就法官而言,他们难免会被下列问题所困:能在判词中写上“经过利益衡量”的字句吗?如法官先行进入“白纸状态”衡量再给出新概念“法律上的血亲”和“观念上的血亲”,如此,规范的权威性如何体现?立法者的原意又是什么呢?为了衡量,把对直系血亲概念作这种理解是否有篡改法意之嫌而有损法治基石?与古人不同,职业法官要做利用规范的空缺结构做文章,不能回避这些解释学上的基本问题[1]。因此,法官在此案中采用上述方法填补漏洞,能否与各方达成合意还很难说。

此外,现代法律制度主要是依靠理性的程序设计解决“明希豪森困境”,而程序中的议题是有限的。在程序中,法律的行家里手考虑的主要是法律问题,即使有必要作道德、经济等事实方面的考虑,也都严格限制在程序之中,不允许决定者个人离开程序来作道义和功利方面的斟酌。这就带来两方面的效果,一是决定过程中的道德论证被淡化;二是先入为主的真理观和正义观暂时被束之高阁[2]。因此,现代法律制度实际上是有所割舍的,它只是划定了一定时空让法律家去作有限的思考。现代法律家的思维是一种阻隔式的思维,他们在程序中只能作规范性与分析性论辩,前者主要是一些围绕规范阐发的“应然”命题,后者则主要建立在一个三段论模式之上。

这种方法一定程度上防止了暗箱操作,给人们以看得见的正义,但是阻隔式的思维方式决定了职业法官主要职责是在D、C、W之间作认真、严肃思考,至于B——遵守规范的直接后果与间接后果则不是主要考虑对象。于是,常出现这样的情况:问题本身需要法律家关照到七八项因素,可却根据两三点去想了。由于这样能够把许多复杂的关系化约得过于简单了,会越想越合理。由此可以得知,法律家

---

〔1〕 美国在历经现实主义法学运动之后,至今还是不能回避这些问题。Jeffrey M. Shaman, *Constitutional Interpretation*, Greenwood Press, 2001, p. 37.

〔2〕 孙笑侠:《程序的法理》,中国社会科学院 2000 年博士学位论文,第 12 页。

为实现正义可以用自己认为合乎逻辑的形式表达问题并得出结论,但是同时他也不可避免地付出了相当的成本。他们在某些问题上必须保持"沉默"。一个裁决从逻辑上分析不错,但社会效果不好,其原因往往可归咎于"沉默"。

可见,由于受到法解释学和逻辑的制约,职业法官裁判过程中难免会束手束脚。职业法官为了使自己的裁判符合法律规定,有时对于社会各方面的抗议和不满充耳不闻,宁愿让法庭的结论成为"孤独的"裁判。相反,与儒家伦理温情脉脉的平民式法官可以游刃有余地从道德律法出发推演出结论。

五、"自动售货机"距离"妙判"多远?

司法活动需要法官动用司法智慧,古人与今人在这一点上只有程度差异。梁治平先生在《经与权》[1]一文中指出,古人执法讲求权变,追求实现"个案正义"。在现代社会中,职业法官也不能不讲究司法智慧,因为裁判者难以回避这样的矛盾:事实与规范之间始终存在张力,规范的有效性与事实本身对于妥当性的需求也存在不同程度的冲突。一为规则的确定性,二为事物本身的妥当性,这一种矛盾无所不在,它们伴随事物本身而来。面对这样的难题,职业法官不能机械地适用法律,充当自动售货机。仅就这一点而言,平民式何晴岩的裁判值得肯定,而职业法官对诽韩案的裁判值得批判。

不过,在今人看来,在司法活动中,法官的任务在一定意义上是在实质正义与形式正义之间寻找均衡。因此,笔者在对本章中所提及的两个裁判进行对比观察时,不能简单地说:结果好的裁判,就是好的。实际上,我们对平民式法官的实质性思维与职业法官的高度形式化思维都要保持警惕。就诽谤赵文华一案而言,平民式法官的精彩裁判为古代社会的礼法秩序提供了正当性注解。但是,由于缺少了形式正义

---

[1] 钱钟书先生在《管锥编》中对于"权"所作的归结为:"权"者,变"经"有善。转引自梁治平:《法意与人情》,中国法制出版社 2004 年版,第 47~49 页。

的保障,平民式法官对于实质正义的关怀是脆弱的,多少带点乌托邦色彩,一遇到考验便可能像肥皂泡一样破碎;至于诽韩案这样的裁判,我们不能全然站在公众的立场去挖苦讽刺。原因很简单:考虑到中国法律职业化进程的特殊性,中国面临的问题是要从关注实质正义转变为关注形式正义。正是因为法律与法庭以外的社会力量在中国的过于密切的结合,才出现法律的非形式化、非自治化,进而导致法律事业落后。但是,诽韩案也折射出一些问题来。形式主义方法论[1]实际上也是一种专制,是用规范压制事实。职业法官高度形式化的做法势必会引发人们去追问法律事业本身的意义。相反地,如果他们在审判过程中不死抠法律条文的字面含义,注重将裁决的合理性建立于面向事物的妥当性,便不至于形成尴尬局面。

---

〔1〕 对西方法律事业中的一些关键词,我们必须作出正确的理解。追求法的形式正义并不等于要求法官去采用形式主义方法论裁决案件。西方所谓的"形式主义"可以作两种理解:一种是韦伯理论中的形式主义,他的"形式主义法律"理论把西方法律传统概括为"形式法律"(Formal law)、"形式化"(Formality)或"形式主义法律"(Formalism law)。另一种是方法论意义上的"形式主义",欧陆称之为"概念主义",其倡导以概念和逻辑来操作进行法的解释和适用的方法。

第七章　温和家长主义视野下的法官裁判

在生活中，人们的许多选择都是在一定社会背景下作出的，经济学家称之为“选择框架”（choice architects）。在此之下，为了便于人们选择以及提高选择效率，许多商家往往会提供一种默认选项（default option）——预设你对某种商品或某件事情的首要或倾向性选择。进入网络信息时代，默认选项被网络服务商广泛应用于不同场景。比如，人们在注册或首次使用某个搜索引擎时或者在网购时，网络服务者在《服务协议》中利用默认规则设置隐私权政策、Cookie技术说明等默认条款的方式收集、储存个人信息猜测用户的喜好，在网站上或者平台上提供类似于“猜你喜欢”“为您推荐”等服务为消费者推荐类似商品。很多用户面对这些默认选项的时候，不会考虑这些选项是否对自己有利，都会勾选同意接受这些条款。行为经济学家将这种用户不考虑默认选项是否对自己有利，却同意保留它们存在且不愿意做出任何改变的倾向性行为称为“默认效应”（default effect）。与之对应，网络服务商通过设置默认步骤，并借助“推定同意"平台,让用户不自觉选择"同意"的机制,多数行为经济学家、法学家称之为"默认规则"(default rules)。

在网络信息时代,网络平台利用默认规则收集、储存和使用个人信息帮助消费者选择,这种做法一方面契合了消费者的消费需求,另一方面也可使生产制造商、销售商及时调整生产或销售策略,提供适格的产品,以此实现降低成本(生产经营、决策选择等),增加收益的目的。然而,美好的期许与实际景象总是存在隔阂。这集中表现在,一些商家(生产销售等)往往会超范围读取用户浏览记录、超权限使用用户个人信息等。更为严重的是,一直以来,如何判断"超范围""超权限",无论是学界还是实务界少有关注和讨论,如此,有关默认规则的问题变成了"法外空间"的问题。直至2015年发生的"中国Cookie隐私权第一案",人们才对默认规则的问题开始进行考量。[1] 值得思索的是,在该案中,一审法院认为,百度公司在网站中以默认同意方式收集网络用户信息侵犯当事人隐私权。而二审法院认为百度公司信息披露和选择退出机制保护了当事人合法权益,为此,百度公司的收集行为不构成侵权。两级法院截然相反的判决,让人们陷入了凝思:法官对百度公司的默认同意设定行为的判断何以会有如此大的差异?而要回答这个问题,需解决一系列前设性问题,比如默认规则存在的正当性基础是什么;在实践中,存在何种难题;在改善默示规则时,应基于何种逻辑;等等。

一、默认规则有必要吗?

(一)默认规则和成本问题

在审视默认规则时,法官遇到的首要问题就是如何辨认它。而这种辨认过程又与两个难题密切相关。

第一,默认规则中"同意"效力的界定难题。一是针对同意条款的

---

[1] 刘梦:《中国Cookie隐私第一案终审:法院判网站不构成侵权》,载手机央广网,http://china.cnr.cn/xwwgf/20150630/t20150630_519018110.shtml。

合法性提出疑问。在生活中,默认规则对个人信息的控制往往是较为积极主动的,而这常以增强人们自主权的名义来限制人们的自由选择。比如,在信息监管中的同意规则极有可能否认人们可以自由选择,在 Apple 里面 iTunes Store 的《最终用户许可协议》会定期弹出,人们被要求同意。如果有人想从商店下载应用程序,他们别无选择,只能同意。最终的结果是人们拥有没有意义的选择或人们完全被拒绝选择。[1] 二是信息主体作出"同意"意思表示的效力问题。一方面,"同意"是实现个人信息自主价值的重要体现,个人在使用同意原则时,存在一个对同意的甄别过程,但是因为个体理性的有限性,通常不会充分预见到后果和风险,如此便会导致"同意"的质量下降。另一方面,在实践中,当用户面临太多的同意请求时,他/她就很容易产生"同意疲劳",继而形成"同意迟钝"[2](consent desensitisation)。这也就意味着本来用以防止信息泄露的同意规则,反而成为泄露个人信息的威胁。返回到司法裁判中,移用默认规则的初衷是降低争议问题的厘定难度,然而,用户的"同意迟钝"现象,不仅未降低法官的识别难度,反倒还需要法官对争执双方的"同意真实性"先行鉴别。此外,随着科学技术的不断进步,网络中各种别样的"同意"方式不断涌现,如指纹认可、声像同意等,使默认规则的"同意"就更难以判断。

第二,获取"同意"的高成本。默认规则中的"同意"生成是较为缓慢的,其中一个重要原因是这整个过程往往夹杂着烦琐的操作手续。具体表现为,在生活中,为获取消费者或用户"同意",收集数据方往往会提供带有高信息量的隐私政策或者隐私声明。客观地看,一方面,这种手续是完全必要的。人具有自我决定权,这是现代社会对作为主体的人的基础性认知。商业交易不应也不能存在任何的欺诈、强

---

[1] See Daniel J. Solove, *Introduction: Privacy Self-Management and the Consent Dilemma*, 126 Harv. L. Rev, 1880, 1882-1884 (2013).

[2] See Bart W. Schermer, Bart Custers, Simone van der Hof, *The Crisis of Consent: How Stronger Legal Protection May Lead to Weaker Consent in Data Protection*, 16 Ethics Inf Fechnol 171-182(2014).

迫,相反,交易双方应尽可能告知涉及交易的有关信息。这不仅会降低交易成本,而且更呵护了交易主体的尊严。但另一方面,烦琐的手续,在一定程度上背离了信息社会所追求的交易“低成本、高效率”宗旨。在实践中,为了达到保护个人信息的目的,这种声明或者通知呈现大量的信息,往往是冗长、复杂的文本。这就增加了用户阅读隐私政策的成本。有数据统计,如果用户阅读他们提交的所有隐私政策,则每年需要 244 小时。如果采用数据主体略过政策,用户仍需要每年花费 154 小时。与阅读或略读隐私政策相关的交易成本分别约为 3534 美元和 2226 美元。由于隐私声明的复杂性以及与阅读相关的高成本,数据主体几乎不会阅读它们就不足为奇了。[1] 若任何信息披露都需要获得本人同意的话,信息交换的成本就会很高,甚至人们赖以生存和发展的信息社会都将变得不可能。希望公司获得公众对使用数据的肯定同意,必然会让社会付出许多不必要的代价,阻碍数据在社会上的流通。基于此,默认同意的条款即使产生,也是在削减了许多内容的基础上达成的。这种通过设立寻求达成共识或几乎一致同意通过一项规则的做法,不仅导致了冗长的谈判,而且会导致高度模棱两可的问题,[2]破坏了确保建立有效的条款所需条件的法律制度。

(二)默认规则和平等原则

默认规则以“同意”的方式收集个人信息,保障了个人信息的自主性价值,但是默认规则在被广泛应用的同时也带来了许多负面影响。一个直观的体验是,当人们通过互联网或者手机使用购物软件时,商家通常会要求下载或安装软件,而若你按此提示操作时,商家便会通过以下几种方式收集个人信息:其一,默认勾选。在用户登录界面后会出现“温馨提示”的弹窗,在弹窗下方会有不容易被识别颜色的字体

---

〔1〕 See Aleecia M. McDonald and Lorrei Faith Cranor, *The Cost of Reading Privacy Policies*, 4 A Journal of Law and Policy for the Information Society 545-551(2008).

〔2〕 See Robert H. Sloan & Richard Warner, *Beyond Notice and Choice: Privacy, Norms, and Consent*, 14 Suffolk University Journal of High Technology Law 370, 383-392 (2014).

标示的:“我已阅读并同意‘ 隐私政策’”,字体左侧的方框平台已经“体贴地”为用户打上钩,表示用户默认同意以上条款。其二,使用平台或者软件即默认同意所有条款。在平台的注册页面,用灰色或浅色的小字提示“点击使用代表您和您的监护人阅读并同意以上全部条款”,若不同意,则退出平台。其三,在隐私协议中设置大篇幅同意条款。某些网购平台在首页会弹出近万字的隐私协议中设置收集个人信息的条款,协议字体小,阅读量大,消费者或用户往往会因为难以识别和信息疲劳勾选同意,实际上并不知情。尽管在隐私协议中设置默认选项,用户会因为默认效应勾选同意协议中的所有条款,提升个人的上网体验。但是平台为了收集更多用户的信息,增加自身的竞争实力和优势,就会衍生出各种各样的同意方式收集个人信息。由此,默认规则的选项内容是由一方当事人单方制定,没有给予另一方当事人协商或提出意见的余地。更进一步地看,默认条款制定方通常会从有利于自己的角度出发设置条款,优先考虑自身利益,对条款上的风险和负担作出不合理的分配,从而以形式上的平等掩盖实质上的不平等。

第一,默认规则条款的不平等性。与民法中格式合同条款相比,默认规则的条款缺乏一定的平等性。一般而言,格式条款是基于合同意思自治的原则,在未与另一方协商的情况下,重复使用已经拟定的条款,较完满地实现平等性。但是,较之格式合同,无论是内容还是效力,默认规则所包藏的不平等性都是较为突出的。具体而言:一是司法对默认条款效力的审查往往是形式性的。一旦用户感到网络协议的默认规则对他/她的合法权益产生损害,而将其诉至法院时,在大多数情况下,除非该协议违反法律原则或政策,法院都会因彼此间存在“合意”内容而肯定该条款的效力。二是默认规则下条款适用的责任分配失衡。默认规则的条款与普通合同的条款相比有一定差距,从合同的性质上、合同的制定程序上、合同的权利义务上、协议终止后的处理上,从合同订立到合同终止的各个环节,基本没有明确的法律进行规范。我国《民法典》对有名合同进行了明确的指导规范,但是对于那些无名合同在法律适用上并没有明确规定,采用的是与其相类似的合同规范。由于默认条款组成网络协议实际上包含了各个方面的内容,涉及信息服务、信息获取等。在司法裁判中,大多数法官都是将默认规则下的网络协议以无偿合同加以处理,这样一来,势必会减轻网络服务提供者的责任,提高消费者或用户信息泄露的风险。三是条款内容的制定与变动存在隐秘性。默认规则都是由网络服务提供者单方拟定,主动权掌握在网络服务商手中,用户没有任何的话语权,更无权参与到条款制定中。因此,商家在默认规则运行过程中往往处于优势地位。更为严重的是,商家默认条款并不是一成不变的,条款内容随着系统和网站的升级而更改和变化。在这个过程中,商家有时就会根据自己需要,删减或增加个别条款(有的是免责协议的修改,有的是个人信息使用方式的修改),以有利于自己的经营活动。更为严重的是,此举不会以明显的方式告知用户,只有在用户退出平台再次登录时才会出现,没有真正保障用户的知情权。

第二,当事人之间“议价情境”的不平等。网络作为一种虚拟环境,默认规则条款面对的是数以万计的用户,根本无法识别消费者或用户的民事行为能力,根本不知道彼此是谁,长什么模样。对于年龄、行为能力等各因素更是一无所知。无民事行为能力人和限制民事行为能力人遇到这种条款,平台无法正确识别,不能对当事人的智力、精神等各方面作出判断。默认规则是利用当事人对默认条款产生的默认效应,当人们不选择时推定其同意。但是消费者或用户选择不选择也是有区别的。一是消费者或用户浏览默认选项后,认为该选项没有损害其实质利益故勾选同意。也有可能,消费者或用户中存在无民事行为能力人或限制民事行为能力人,他们是出于无法正确识别默认条款勾选同意。二是当事人之间谈判能力失衡。一般情况下,电子的隐私协议内容冗长、条款众多,而且限于版面协议的字号极小,容易让人产生视觉疲劳。即使采用加粗或者使用下划线提示,也很少会有人耐心读下去,并且隐私协议常常在打开软件或者在消费者注册账号时跳出来,同意协议的方式只需要勾选就可以,消费者为了完成注册和使用软件只能勾选“同意”,但是实际上很多人都不知道自己同意了哪些事项。传统的合同是由双方当事人基于合意以口头或者书面的形式协商订立,可以对合同中具体的条款和内容进行修改和调整。一方当事人发现合同中有条款会发生利益不平衡时,可以直接指出来,要求合同另一方进行修改和调整。在网购中,合同是由网络平台进行电子数据的交换和传输的,双方当事人具有虚拟性并且互不相识。如果用户不接受隐私协议,就不能使用该平台,消费者或用户只能被迫接受。消费者对条款的合意度严重不足,就不能像传统合同一样对相关条款进行修改,因此,在大多数的网购合同中消费者都会选择妥协,消费者的谈判能力处于弱势地位。三是消费者或用户之间权利救济能力的失衡。网购平台隐私协议形式的特殊性使消费者或用户的谈判能力往往比较弱,无法变更和排除条款里面的内容,这将导致消费者或用户不得不选择一个不公平的协议,造成协议的单方利益倾向性,损害消费者权益。在签订合同过程中,合同双方各方面的力量存在一定悬殊。网购平台提供的条款更能面对多元化的矛盾和纠纷,消费者或用户会因为经济和认知能力的不足无法识别隐私条款中的各种漏洞和缺陷,作为平等条款的隐私协议就会形成分配利益和风险的不平衡。

(三)默认规则和权利冲突

除却“同意”识别成本以及隐含的不平等外,默认规则在具体运作中,还会引来一系列的权利冲突问题。

第一,经营者商业言论自由(主要是信息获取自由)与个人隐私权的冲突。如今,网络已成为生活的重要组成部分。无论是主动寻找信息、被动接收信息还是传播思想和消息,都是通过网络传播活动来完成的。网络传播是信息获取自由的一种主要表现方式和实现途径。但是,如果人们使用网络传播行使信息获取自由权,则不可避免地会与隐私权发生冲突。比如,我们在线购物浏览各种产品时,经营者通常会在其网页上或网站上弹出许多信息,对于这样的信息,或许人们会比较反感,但却不能指责经营者,因为这是经营者的自由,即商业言论。商业言论是经营者为了达到商业目的,传播关于商品或服务的信息,也是一种言论,如广告。为了获得市场优势,运营商经常向消费者或用户发送广告。由于主动信息披露对运营商具有经济价值,因此商务言论的主要目标是为营利提供商机。尤其是那些分类广告,通常会让卖家在很大程度上降低寻找买主的成本。

首先,网络传播传递的是信息,包括个人信息、自然信息、社会信息等。社会由人与人之间的关系构成。在社会中形成的各种信息,通常与人有关。在人们享受网络传播带来的信息权益时,不可避免地会与隐私权发生冲突。其次,网络传播使信息"公开"与私人生活不受干扰的"秘密"之间存在冲突。网络传播的目的是让所有类型的信息得以流通和交换,使社会更加公开和透明。人们希望从社会和其他人那里了解信息,却极力希望个人私密信息不为公众所知。但传播是发送者与接受者之间的信息交换,信息共享既是传播的出发点也是归宿点。对信息的获知是对不确定性的消除,人们渴望了解信息,以便消除因不确定性而带来的恐惧和不安。只有在获得充分信息的基础上,人们才能做出恰当的行为选择。〔1〕 但是,传播的信息中大多是与个人有关的信息。尽管其中有些信息涉及公共生活,从而列入了公共信息范畴,但其他一些信息则与公共生活无关,纯粹是私人信息,即属于隐私的范畴。最后,隐私权使个人信息保持秘密状态。阻止他人访问与隐私有关的信息是一种被动和静态的权利。但是这与主动披露信息的表达自由存在冲突。传播者在处理不同类型的信息时很难把握个人信息与公共信息之间的界限。〔2〕 还可能出现基于经济或其他目的传播隐私信息,这会有意或无意地侵犯他人的隐私。

第二,消费者知情权与经营者经营自主权的冲突。经营者的经营

---

〔1〕 参见王宏:《消费者知情权研究》,山东人民出版社 2015 年版,第 21~35 页。

〔2〕 参见石静霞、张舵:《从欧洲法院承认"被遗忘权"的判决看个人信息保护》,载《中国信息安全》2014 年第 11 期。

自主权,是指在法律规定的框架内决定其事务的权利,即享有商业管理的选择权。经营自主权的实质是经营者有权独立确定其商业事务,不受其他单位和个人的非法干涉。社会市场经济的发展赋予经营者实施、独立行动的权利。但是在经营者通过行使经营自主权、排除主管机关的无端干涉的同时,会出现另一问题,即经营者为了追求利润,有时会打着经营自主权的旗号无限扩张经营自主权,侵犯处于弱势的消费者的权利。

二、改造默认规则的两种取向及其检讨

就制度产生的动因而言,默认规则之所以会出现,和人们行动选择密切相关。随着互联网技术和科技的发展,电子交易盛行带来了线上服务的多样性,以默认条款作为当事人达成合意的形式更能适应网络的快节奏。司法适用默认规则的逻辑起点不同产生了获取同意的高成本、适用不平等以及与权利发生冲突等实践困境。为了解决这些问题,学界尝试了多种解决方案。比如,通过政府强行干预改造默认规则的程序设置;强化信息获取自由,提升商家与用户的协商能力等。透过这些措施,可以发现其立足的是两种理论取向:一是家长主义;二是自由主义。且不论这些措施是否可行,这两种理论本身就已遭人诟病。

(一)家长主义取向

家长主义,又称父爱主义(paternalism),就词源上考究,最早可追溯至17世纪末18世纪初的一些经典思想家的著作与文章,比如,洛克的《政府论》[1]、边沁的《道德与立法原理导论》[2]等。概括地讲,当代家长主义,主要是指政府认为人们无法作出促进自身福利的选择,因此,这些机构以自己认为“好”的方式采取措施去影响和改变

---

〔1〕 参见[英]洛克:《政府论》(下篇),叶启芳、瞿菊农译,商务印书馆2017年版,第77~80页。

〔2〕 参见[英]边沁:《道德与立法原理导论》,时殷弘译,商务印书馆2015年版,第123~132页。

人们的选择。受此影响，在改造默认规则时，政府惯常于强行介入，并以自己认为对公众有利的方式重新设计或重塑规则内容，典型体现在，政府提供默认规则的内容，商家只是简单移用进去即可。显然，此举，特别是默认规则若设计得足够合理，且契合公众需求，那么，政府的干预行为或家长主义的行为便能达到预期效果，公众的合法权益便能得到保障。然而，一旦这种干预无法满足公众的需求时，它所产生的弊端将是难以预料的。因此，一些学者对此种做法给予了激烈的批判。

1. 基于伤害原则的质疑

在批判以家长主义来改造默认规则的意见中，其中的一个立基点就是约翰·斯图尔特·密尔（John Stuart Mill）的伤害原则（harm principle）。在密尔看来，如果政府的目的是保护人们免受伤害，并且一个人的行为不伤害另一个人，则政府无权干预。一个人的行为要是涉及伤害他人，就要对社会负责。每个人都是自己身体和心灵的最高主权者。密尔的观点认同这样一个事实：确立家长主义，无论是公共机构还是私人机构，都是一种权力的行使。另外，密尔的伤害原则最关键的论点之一是，只有自己才是最了解自己的人。密尔认为，包括政府在内的旁观者面临的最大的问题是缺乏必要的信息。密尔坚持认为，“个人对自身幸福是最了解的。普通人，无论男女，拥有有关自身的信息远远超过其他任何人所拥有的”。[1] 社会寻求对个人判断施加影响，是基于对个体“一般假设”的基础上进行的，即使尽量避免被例外个案所遮蔽，这些假设也有可能完全是错误的。现代政府旨在保障人们的福祉，于民众而言，最好的解决办法就是允许人们去寻求自己的道路。

2. 来自知识分工论的诘问

与家长主义针锋相对的另一种理论是弗里德里希·奥古斯

〔1〕 See John Stuart Mill, *On Liberty*, Penguin, 2001, p. 11-12.

特·冯·哈耶克(Friedrich August von Hayek)提出的知识分工论(division knowledge)。此论认为,知识以分工的形式存在,知识在社会中很普遍,私人机构和政府官员都没有办法获得分散的信息。因为知识的分散性,所以无论政府规划者或某领域的专家的专业素养如何,也不可能像社会一样对全局了如指掌。与之不同的是,公众整体上比某个领域的一个专家或者多个专家掌握更多的信息。在此之下,对个体生活或行动的干预,实则是偏颇或偏激,甚至是无知的横行。[1] 回到默认规则问题,由于网络系统设计师缺乏相关信息,他们设计的默认规则对一些人或许多人可能是有害的。人类知识的去中心化和市场使用去中心化知识的优势比最聪明、最勤奋的计划者更重要。即使官员们意识到市场失灵并具有公共利益,他们也无法与自由市场相提并论。这是因为自由市场提供大量产品,并且可以对变化的口味和需求作出快速反应。[2] 基于此,如果对市场采取家长式的管理,则可能会产生许多意想不到的后果。即使是最聪明和最友好的设计师也无法预见到这些后果。[3] 的确,在私人机构中,他们提供的许多活动和商品,包括各种不同产品或服务的交易,都有可能设置有利于自己而有害于消费者的条件或门槛。对此,政府的干预是必要的。然而,若政府一味采取家长主义的管理,那么政府官员就可能因自己的偏误,更关注自己的偏好。或者因为问题的复杂性和技术性,而官员掌握的信息又可能存在不足或错误,致使他们作出错误的判断。

另外,自由市场需要通过主动选择最小化错误成本,使人们生活变得更好。自由市场可以有效地保护人们免受此类错误的影响,而竞争可以阻止公司利用我们的偏好来误导我们。如果交易者提供了无

---

〔1〕 参见[英]哈耶克:《个人主义与经济秩序》,邓正来编译,复旦大学出版社 2012 年版,第 92~95 页。

〔2〕 参见[英]哈耶克:《个人主义与经济秩序》,邓正来编译,复旦大学出版社 2012 年版,第 92~100 页。

〔3〕 See Cass R. Sunstein, *Deciding By Default*, 162 U. Pa. L. Rev. 1, 44–45 (2013).

效的标准规则来帮助消费者作出有害的决定,那么交易者将受到市场竞争的惩罚。显然,自由市场是避免此类认知错误的最有效保护。经销商提供了很多帮助客户克服自我控制问题的方法。自由市场也可以通过鼓励公司采取行动解决特定问题,帮助人们预防自己的错误。对于市场的动态性问题,家长主义通常是无法因应的,甚至还可能出现某种阻却或抑制。

3. 立足非均衡谈判的质疑

对于如何选择默认规则,会有很多不同的答案。其中,卡斯·R.桑斯坦(Cass R. Sunstein)提及的“不完全理论化协定”(incompletely theorized agreement)是一个典范。在桑斯坦看来,不完全理论化协定之所以有效,是因为它能够吸引许多不同的人的支持,包括那些有不同承诺的以及一些不确定什么是真实承诺的人。此理论的基本思路是:有时候人们可以通过回答或解决某些重大的、抽象的问题,找到一种不依赖于解决这些问题的办法,从而获取类似事情处置的最佳方案。想要达此目标,首选方法是“信息灵通的选择者方法”(informed-chooser default)。默认规则是此方法的规则呈现形式。〔1〕 不管我们的基本价值观是什么,我们都有充分的理由去选择默认规则,而那些与大多数人的理解不同的人则会选择退出。〔2〕 但是信息灵通的选择者方法也会存在一些问题。诚然,对此理论,人们也会存在质疑。关心公平或分配的人会担心谈判能力更强的一方将导致弱方的信息灵通选择者不得不选择一个不公平的协议,而这个默认协议会损害他们的利益,因此一个更公平的默认设置会更好。至少在合同签订契约的情况下,更强的一方可以提出对其更有利的条款,那么,处于弱势的一方便成为真正损失者。对此现象,我们不妨称之为“谈判非均衡”。在谈判的情况下,信息灵通选择者的方法可能导致不好的结果,这些结

〔1〕 参见[美]卡斯·桑斯坦:《选择的价值》,贺京同等译,中信集团出版社2017年版,第6~7页。

〔2〕 See Richard Craswell, *Efficiency and Rational Bargaining in Contractual Settings*, 15 Harv. J. Law Public Policy, 805-807 (1992).

果应该被避免,但实际的问题是治病的结果可能比疾病本身更糟,因为它会伤害他原本打算提供帮助的人。尤其是涉及谈判协商的情形下,了解信息灵通者的选择可能会特别困难。[1] 看起来偏向一方的默认规则,可能不利于信息灵通者讨价还价。

4. 基于"人格理论"的检讨

心理学中"人格理论"对家长主义也给予了否定,在前者看来,后者对个人的能力(学习)、个性的形成起到的是反向的作用。[2]

第一,阻碍人们学习。在家长主义的世界里,个体通常是被动型的。尽管这种做法会减少人们决策或选择的难题,但其存在问题则是不容小觑的。当人们的成长依赖的不是自己选择时,他们就容易滋生懒惰。长此以往,人类一些重要的能力将无法发展甚至消失,比如,人们学习和发展的能力就会受到严重影响;相应地,社会的发展最终也将受到钳制。事实上,人们的生活如同电影,而非照片。人们可以从错误中学习,在错误中不断完善自己,而不应该总是僵化在既有的已设定好的生活框架中。如果人们在饮食、爱情或投资方面犯错,他们会学到宝贵的经验,这些经验发挥的作用对他们将来的成功以及取得的成就都是不可估量的。自由选择可以提高人们的幸福感,发展自己的偏好和价值观。尽管这种偏好有时不免极端,甚至错误,但多样的社会总能给他提供矫正的机会和可能。相反,如果人们凡事都别无选择,那么,这个世界就不会出现"最佳"的词汇。

第二,对人的异质性(heterogeneity)的钳制。每个人感兴趣的事物是多种多样的,人们应该被要求或要求自己作决定。不同的人有不同的品味,不同的情况下人们权衡相关价值的方式也不同。对于现在和未来的权衡,人们的目标各异,所选的方法也各不相同。年轻人会作出与老人不同的权衡,认为现在比未来更重要也无可厚非,出于不

---

[1] 参见[美]卡斯·桑斯坦:《选择的价值》,贺京同等译,中信集团出版社 2017 年版,第 32~35 页。

[2] 参见[美]里赫曼:《人格理论》,高峰强等译,陕西师范大学出版社 2005 年版,第 50~152 页。

同境况的人会合理地选择不同的贴现率。[1] 我们不能依赖总体印象,必须通过调查细节以及相关的实证问题去了解异质性是否重要及其重要程度。然而,在默认规则中,这些因素往往是被忽略的。许多商家通常会通过家长主义赋予自己一系列权利,如规则制定权、使用用户信息的特别许可权、责任限制或者免责权等;与之相反,却很少为自己设定义务。出于个体对生活中海量信息认知的"认知负荷",当我们身边出现默认选项,且其内容与自己大致吻合时,多数人都会不假思索选择同意。加之,平台无法识别是否是无民事行为能力人或限制民事行为能力人使用默认规则,主体之间不平等的地位和认知能力无法判断。在网络环境中,除了专业技术人员和兴趣爱好者以外,大多数人都对网络知识的认知能力有限,没有考虑过平台收集个人信息会产生的后果和影响。如此一来,个体间彼此的"特质"或者说异质性便会因默认规则的存在或"强制实施"而受到钳制。进而,基于个体的异质而构成的社会多样性及其社会发展的活力不可避免地会受到不利影响。

综上所述,立足于家长主义的默认规则设置,在实践中,容易形成"一刀切"的做法。特别是人们的情况随着时间的推移而发生变化,即使他们在最初实施该规则的时候是明智的,也只能让人变得更加迟钝。[2] 一个默认规则适用某个人,但不一定适用其他人。在很多情况下,强行使用单一标准不利于人们的整体福利。

（二）自由主义取向

改造默认规则的另一种立场则是立足"自由主义"(Liberalism)的考量。持该立场者认为,人总是有权选择自己的道路,即使他们是愚蠢的,或采取冒险行为,其他人也无权干涉。如果政府的目标是保护人民免受伤害,则政府无权干涉人们的行为选择。但是,人是有限理

---

[1] See Cass R. Sunstein, *Choosing Not to Choose*, 64 Duke L. J. 1, 36-39 (2014).

[2] 参见傅宏宇:《论网络环境下未成年人的个人信息保护》,载《首都师范大学学报(社会科学版)》2019 年第 4 期。

性的动物，这使人们在许多时候会犯错误。反映在对事物的认知上，如果一个事物缺乏显著特征，人们有可能会忽略它。不仅如此，人们有时又是容易冲动的，会过分关注眼前行为。

(1)决策疲劳与信息依赖性对个体自主的威胁

当某人特别忙碌时，一旦有事情出现让他进行选择时，人们通常倾向于不选择。此现象被称为"决策疲劳"(decision fatigue)。概括地说，它是指人们在一个特定的时间内只能有一定量的认知工作。当超出这个量，人们接下来的选择和行为都将受此影响。尤其在这种情况下进行选择时，人们所选择的路径往往是阻力最小的一条。[1] 另外，惯性(inertia)或者拖延症(tendency to procrastinate)可以成为一种"努力"(effort)或者"努力税"(effort tax)。在经济学上，通常用"交易成本"来表示对人们行动所施加的阻力。比如，人们在签订合同时需要花费大量的时间和精力收集大量信息，人们可能不愿意在这方面有所消耗。即使交易成本为零或接近于零，人们也会因为惯性或者拖延症而不去做。毫无疑问，默认规则中设置的大量信息，只能进一步催化人们过早出现"决策疲劳"，从而丧失人们对自己行动决策的慎思和自主性抉择。

(2)盲目乐观对自由主义的阻碍

在社会科学研究中，丹尼尔·卡尼曼(Daniel Kahneman)在其著作《思考，快与慢》(*Thinking*, *Fast and Slow*)中进行讨论：人类大脑系统中包含两个"认知系统"，即系统Ⅰ(system Ⅰ)和系统Ⅱ(system Ⅱ)。系统Ⅰ是自动系统，其动力是人们的习惯，既可以是感情也可以是人们的直觉。但是系统Ⅰ存在拖延、会冲动等弊端，它是一个行动者而非计划者。系统Ⅱ则更偏好于审慎和反思，它是一个计划者而非行动者。[2] 在生活中系统Ⅰ发挥着作用，人们一方面会过分关注短

---

[1] 参见[美]罗伊·鲍迈斯特、约翰·蒂尔尼：《意志力》，丁丹译，中信出版社2017年版，第231~242页。

[2] See Daniel Kahneman, *Thinking*, *Fast and Slow*, Penguin Random House, 2011, p. 4-20.

期、受制于自身惯性，继而导致计划失灵；另一方面又会因为盲目自信、犯情感预测错误而遭受损失。盲目乐观是人类普遍存在的一种心理状态，社会中大部分人都具有这一特点。也因此，人们通常会低估损坏带来的影响力，因而，他们无法采取合理的预防措施。在生活中，人们对默认规则的长期的过分依赖通常会导致某种近乎大意的信任，一旦默认规则的运作出现了危机或风险，人们往往处于不知如何是好的窘境中。

三、温和家长主义下默认规则的逻辑

在改造默认规则的过程中，一方面，家长主义的“一切安排就绪”让人们只需按部就班，无需过多考虑，从而降低决策成本，但是家长主义对个体自治性的限制可能使人们的生活变得更糟。另一方面，自由主义的盲目自信、决策疲劳等主观因素会增加人们决策的错误成本。因此，如何最小化决策成本和错误成本的总和是改造默认规则的关键。在此之下，选择一种合理的思路就成为一种必然。晚近以来，作为家长主义和个体主义的中间道路的“温和家长主义”（libertarian paternalism），为改造默认规则提供了良好思路。从法经济学角度分析，面对多样化的选择，要想知道哪一个是更好的选择，通常需要考虑两个因素：决策成本和错误成本，即“成本效益分析”（Cost-Benefit Analysis）。通过提高社会福利与当事人自治降低决策成本和错误成本显然是成本效益分析的最佳结果。

（一）温和家长主义的理论架构

家长主义可根据不同标准区分为不同类型。立足管理的手段与目标，家长主义可分为两种：“手段型”和“目标型”。前者在尊重人们的目标的前提下，影响人们对手段的选择。后者则试图影响人们对目标的选择。若着眼于对个体自由的维护，家长主义又可分为“硬”家长主义与“软”家长主义。[1] 前者如监狱、司法判决，后者如机动车上安

---

〔1〕 参见［美］理查德·泰勒、卡斯·桑斯坦：《助推》，刘宁译，中信出版社2009年版，第86~90页。

全带的设置等。区别于这两种分类，一方面，温和家长主义展现了对个体权利的保护以及尊重个体的选择；另一方面，它与伤害原则不冲突。就此意义上，温和家长主义融合了“硬”家长主义和“软”家长主义，旨在保护个体免受“认知错误”的影响；通过构建一种有利于当事人的选择框架，人们可以更轻松地实现自己所认同的目标。[1] 如果有人问你，如何到达最近的地铁站，你给他指了正确的路，按照此定义，你就是一个温和家长主义的支持者。从本质上看，温和家长主义是一种对“行动”的推动，以更有利于“行动的展开”。因此，其与“助推”(nudge)不谋而合。助推的核心理念是“小而明显无关紧要却可能对人们行为的影响具有重要意义的细节”。[2] 助推可以让人们自由地做他们想做的事，在成为自由主义者的同时，在改变行为方面取得惊人的成功。如果说前述揭示的是选择温和家长主义是理论的必然性，那么，它的现实必然性为何？

第一，选择框架的不可避免性。在日常生活中，我们深受选择设计师的影响。选择框架是人们作出决定的环境。无论我们是否意识到它的存在，它都是无处不在的，并且可能对结果产生深远的影响。有时，选择框架可以发挥关键作用，引导我们朝某个方向发展，并有效地帮助我们作出许多决策。第二，家长主义管理的必要性。在某些情况下，受限于人的有限理性，人们往往关注眼前，在乎短期利益，很少能考虑到未来可期待利益。这就势必要求政府进行必要的引导或干预。然而，这并不意味着允许公共领域内的选择设计师完全按照自己的喜好设计选择框架，以影响他人的决策。试想，如果让自由市场的商家来设计选择框架，他们可以有效保护人们不犯缺乏理性的认知错

---

〔1〕 参见[美]理查德·泰勒、卡斯·桑斯坦：《为什么助推》，马冬梅译，中信出版社 2016 年版，第 35~40 页。

〔2〕 参见[美]理查德·泰勒、卡斯·桑斯坦：《为什么助推》，马冬梅译，中信出版社 2016 年版，第 25~32 页。

误,竞争会阻止商家利用我们的偏好诱导我们犯错。[1]

(二)默认规则与人的认知系统

很多崇尚选择自由的人都会拒绝一切形式的专制主义,他们希望政府允许自己能决定事情。因为自己能在任何时候作出有利于自己的选择,甚至比别人选择得好,也是在这个意义上,他们一般都抵制任何形式的家长主义。显然,这种想法是值得商榷的。

第一,加强系统Ⅱ的理性功能。根据经济学家的概念,人们是能够理性思考并作出最佳决策的"经济人",只要他们的自由得到保障,他们就可以作出最适合自己利益的选择。但是,事实上,人们不是"经济人",而是"社会人"。人们是明智的,但不是完全理性的。[2]如前所述,人类大脑有两个认知系统——系统Ⅰ和系统Ⅱ。[3] 温和家长主义的一个显著特征就是减少系统Ⅰ所犯的错误,加强系统Ⅱ的理性功能。必须承认,温和家长主义可能影响个体选择权,但不能归为完全的干预。这是因为,它所采取的措施旨在影响和改变人们的决定,同时,它并未强迫任何人去做任何事,而是保证人们的选择自由。无论人们选择进入还是选择退出,只要自己觉得合适,都是被允许的。温和的家长主义对成本和效益进行仔细分析,能保证系统Ⅰ在作出判断时保持某种警惕。

第二,克服经验法则的消极影响。在生活中,我们经常可以感受到,人们的许多选择只是一个经验问题。虽然不同领域的人针对同个问题往往会有不同看法,而这种不同看法常常是依赖"经验法则"(heuristics)展开的。当然,经验法则只有在频繁使用一个商品或服务

---

〔1〕 See Cass R. Sunstein, *Choosing Not to Choose: Understanding the Value of Choice*, Oxford University Press, 2015, p. 19-25.

〔2〕 [美]理查德·泰勒、卡斯·桑斯坦:《为什么助推》,马冬梅译,中信出版社 2016 年版,第 17~25 页。

〔3〕 人类大脑有两个认知系统,丹尼尔·卡尼曼将这两个系统称为"系统Ⅰ"和"系统Ⅱ"。系统Ⅰ是无意识的自主操作系统,系统Ⅱ需要审慎和思考。See Daniel Kahneman, *Thinking, Fast and Slow*, Penguin Random House, 2011, p. 4-10.

时才会有效。一旦出现新的或者未知的场合,此法则就出现失灵,甚至导致严重后果。具体而言,经验法则包含了三项内容:代表性法则(represent ativeness)、可得性法则(availability)和锚定法则(anchoring),这三者之间存在相互的联系。后来被人们看作判断问题的"启发和偏见"(heuristics and biases)的研究方法。以锚定法则、可得性法则和代表性法则为基础经验法则,可能会导致系统偏见让人们得出错误的判断。[1] 在利用可得性法则对风险进行判断,且人们不清楚某个事情是否会发生,以及缺乏个人知识的情况下,人们会依靠自己的经验进行判断。当面临一个问题且不太清楚答案时,我们不得不运用系统Ⅱ进行判断。此时,大脑往往会诉诸过往的经验,以及从经验中获取答案。当眼前的问题和经验的答案有关时,人们就会运用这个答案。受可得性法则的影响,脑海中能想到的事件会影响对概率的判断。如果某件事在大脑直觉或者记忆中可得,我们就会高估其风险。如果这个事件在大脑直觉或者记忆中不可得,我们会低估其风险。受此影响,人们对事情的判断就会产生偏见,这种偏见会以一种自满的情绪表现出来。温和家长主义下的经验法则既重视人们观念的起点,同时,又要采取措施影响人们在特定情况下作出决定。[2]

第三,克服不切实际的乐观。大部分人对自己的行为和未来的预测总是持有一种乐观的偏见,实际上这种乐观是不切实际的。此又被称为"盲目自信"。这种自信几乎是与生俱来的。因为大脑在处理信息时会存在一种不对称性,比起负面信息,人们更倾向于接受乐观信息,人们在得到积极信息时更有可能更新自己的观点。不切实际的乐观可以激励人们振作精神、提升适应力,身处困境仍然坚持不懈;但它

[1] See Edward L. Glaeser, *Paternalism and Psychology*, The University of Chicago Law Review Vol. 73, p. 133-156(2006).

[2] See Cass R. Sunstein, *People Prefer System 2 Nudges*, Duke Law Journal Vol. 66, p. 122-130(2016).

会带来负面影响，导致防范措施的缺失。[1] 温和家长主义管理则可以利用吸引系统Ⅰ注意力的警示图片等相关措施来防范风险。

（三）默认规则与社会福利

默认规则在运用中可促进社会福利。什么是福利？从广义上说，福利包含了功利的内容，是对静态与动态意义上"利好"的概括性表达。于前者，它涵盖了生活中很多并不能算作"幸福"的因素，也包括人们所持有的未必建立在"不断发展进步的人类的永恒的利益之上"。然而，对福利的理解，不同立场的主体经常存在差异。比如，针对同样一件事或物品，对于有些人来讲，可能是福利，而对其他人来讲，可能是无价值的。温和家长主义在利用福利对默认规则进行改造时，一方面，认同选择者的目标——既能够让选择者的生活变得更好的一切事物，同时也会采取某种措施来确保他们能够真正实现自己的目标。[2] 另一方面，温和家长主义认为，一旦选择者的目标不当，如选择没有能足够重视健康、让生活充实，那么，它会采取措施来确保人们正确的目标得以实现。

（四）个体选择及其自治能力

1. 自治性对默认选项的改造

在自由主义者眼中，个体选择自由是无可替代的。不过，细究起来，此主张显然是苍白无力的。第一，主动选择也是一种家长主义管理。或许有人认为家长主义管理和主动选择之间存在明显的对立，但是实际上这种对立是一种错觉。如果当人们偏好不选择，但被要求选择时，由于人们自己的选择遭到了拒绝，主动选择可以看作非自由的家长主义。那些支持主动选择的人实际上是被要求主动选择。在此意义上，主动选择实则是家长主义管理的一种别样形式。第二，温和

---

〔1〕 See Lauren E. Willis, *Why Not Privacy by Default*, Srn Electronic Journal, p. 64 – 78 (2013).

〔2〕 See Einer Elhauge, *Preference – Estimating Statutory Default Rules*, Columbia Law Review, p. 2029–2040 (2002).

家长主义的选择框架赋予了人们更多"自治"(autonomy)。在实践中,有些平台表面上提供了诸多方案供人们选择,然而,由于人在精力、时间等各方面的有限性,人们要仔细考量所有问题显然是不可能的。如果没有显性或隐性的代表为他人决策,人们将无法从中受益。因为人们无法将主要精力集中在真正关注的问题上,相应地,所谓自治也可能变得"形同虚设"。此外,自治本身依赖于社会背景,其中很多基本因素我们应视为理所当然。如果没有这一背景,如果任何事情都需要主动选择,自治权就会瞬间消失。由此,借助家长主义的管理的事先干预与安排,人们在作出选择时,就可少走弯路,更加自主。第三,温和家长主义通过信息披露提高人们的注意力。注意是一种稀缺资源。要实现此目标,人们需专注于有限的事物,而忽略没有特殊特征的事物。在日常生活中,与商品价格相比,很多重要的成本或者收益显得并不突出,人们通常会忽略这些。实际上,缺乏突出特征是一种严重的市场失灵。[1] 这说明,如果一个问题不被关注或者缺乏显著特征,温和家长主义的信息披露就能为人们提供真正需要理解的与成本有关的信息。

2. 自治性对"同意困境"的改造

在网购中,许多平台为了提高自己的交易效率,通常会利用默认规则为消费者提供个性化服务和推荐。平台通过网络用户协议,基于对消费者的了解和之前作出选择的记录提供符合潜在消费者期待的各种服务。这种网络用户协议往往会以是否同意各种隐私条款或隐私政策的"同意条款"形式出现,让各种收集、使用或披露个人信息的条款合法化。但是人们会因为错误的认知和信息收集者不合理的收集方式,让信息主体不能权衡信息被披露、使用和转让的好处与坏处。此被称为"同意困境"(consent dilemma)。[2] 对此,温和家长主义通

---

〔1〕 See W. David Slawson, *The Futile Search for Principles for Default Rules*, 3 Southern California Interdisciplinary Law Journal 29-41(1993).

〔2〕 See Daniel J. Solove, *Introduction: Privacy Self-Management and the Consent Dilemma*, 126 Harvard Law Review 1880-1885(2013).

过设置合理的默认选项，克服个人不可避免的认知偏见和决策不当的干预措施，帮助人们作出理性选择，保护人们免受自己的错误的影响，通过人们的选择。

四、温和家长主义下重塑默认规则的技术与方案选择

默认规则是以“推定同意”的方式设置选择框架，当消费者或用户无意思表示即推定为同意。从实际情况看，默认规则的确减少了谈判的风险和摩擦、降低了合同订立与执行成本。然而，在肯定默认规则的同时，也要注意到它存在的许多问题，一方面，因为网络平台中电子协议的特殊性，如果用户不接受隐私协议，那么他/她就不能使用该平台，或者，他/她就只能被迫接受侵犯“选择权”。在此，用户不明白协议的内容或者不知道某些条款的存在，往往无法对相应的条款提出异议，继而导致其处于弱势地位。另一方面，个人信息保护中的同意规则存在消极防御和积极使用的矛盾冲突。为了更好地保护个人信息，其中的“同意”问题需要法律上更好、更一致的措施设置。因为对何为同意或者有效同意，人们往往是不清晰的。

在司法实践中，同意原则的应用主要体现为两种思路即保护主义与实用主义，返回到法价值中，则体现为效率和公平之间的论辩。然而，如前所述，这两种思路及其价值时常难以兼容。对此，温和家长主义就是要整合同意原则内含的价值，以福利和自主价值为核心，以保护和利用的平衡为理念，通过应用信息主体拒绝权、个性化默认规则和信息披露为司法运用默认规则提供最佳的方案。

（一）适用“同意原则”的利益衡量

对当事人之间进行利益衡量是为了实现当事人权利义务的平衡。在默认规则中，双方当事人生活背景、经济实力和注意力等的不平等，导致以合同自由为原则的当事人之间的利益平衡状态被打破，这需要某种程度的利益衡量机制来纠正双方之间同意的偏差。

（1）排除不公平的默认规则

为了平衡在网络平台中电子协议订立双方利益，特别是处于“劣势者”的消费者或用户利益，一方面，法官应当对依据默认规则订立的隐私协议进行解释，限制不公平的条款加入合同，调和形式上的平等和实质上不平等的冲突，补救契约自由的失衡。另一方面，将“合理审阅默认选项”作为默认规则是否合理的标准，平台公布的默认选项必须让用户能够识别。换言之，无论是网购平台的服务提供者还是用户，如果没有浏览审核默认选项的合理机会，该默认规则就不能对用户生效。

（2）向不利于规则使用人倾斜

在对默认规则进行解释时，应当对规则的使用人的权益给予特别关注。第一，作为默认规则的使用者，应当制定明确权利义务关系的规则，如果权利义务关系不明确，使用人应当承担该责任及其产生的不利后果。第二，使用默认规则双方的地位不平等。默认规则的制定者往往处于垄断地位或者处于优势地位，而消费者或用户处于不利的地位。因此，若消费者或用户并未接收默认规则作出意思表示，那么，其意志自由并没有得到充分的保障。第三，默认规则在制定时有一定的利益倾向性。使用人会故意使用或者插入有利于自己的条款，不合理分配规则带来的负担或风险会损害相对人利益。第四，当人们注意力集中在其他事情上时，容易忽略默认规则。因此，人们在设计选择框架时需要遵循一个原则：只有人们忽略默认规则的存在，默认规则才能是有效的。第五，网络平台无法识别用户是未成年人、无民事行为能力人、限制民事行为能力人，或者用户不了解软件而操作错误以及其他因素造成当事人之间的不平等。各方当事人之间的权利义务不平等，权利过多或义务过轻就成为网络服务者常有之事。司法适用应当介入协议双方之间的权利义务分配，改善这种分配不公的现象。

(3)修正同意原则

第一,许多网络平台提供者都会利用隐私政策虚化同意规则,使“同意”变得可有可无且缺乏实际效果。隐私政策协议的过长篇幅和艰涩的法律术语,使数据主体产生严重的畏难情绪,即使数据主体有时间完整阅读隐私政策也会深陷泥潭。因此,需要完善告知义务:一方面,让隐私政策中的内容简洁易懂、易于理解;另一方面,充分告知用户信息使用的范围。第二,以积极的行为作为“同意”的要件。在网络服务中,以“同意”收集个人信息的方式有很多:有的是采用默认勾选的方法,用户还没有选择同意,但是平台就已经“体贴地”为人们勾选同意;有的是已经准备好预设选项,只要用户在预选框内点击同意即可;有的平台则采用的是“使用即同意”的方式,一旦使用该网络服务就要接受平台的服务协议和隐私政策。事实上,无论采用哪种形式,都是以形式上自愿的同意掩盖实质上强迫的同意。同意作为个人信息保护的基石,应涵盖与信息使用的所有方面,充分考虑信息处理的不同目的,并应就所有目的寻求同意。第三,个人信息处理上的同意作为意思表示不能适用统一的标准,个人信息处理的同意必须考虑不同的信息主体。比如,未成年人的理解能力和判断能力与成年人不一致,因此,司法裁判适用默认规则的时候,不能适用统一的标准。基于同意而产生违法阻却事由。将当事人同意视为“被害人承诺”的基本要素,成为个人信息类违法行为的阻却事由。“被害人承诺”也称为“被害人同意”,这意味着受害人允许他人对自己的信息进行干预,当消费者或用户默认同意网购平台对个人信息的收集和使用,就是将自己信息的可支配和处分的权益转移给平台,平台因此可以降低甚至是免除该行为的违法性。

(二)信息披露的“前置性”与“适切性”

在网购中,信息收集者往往利用签署“同意书”来收集个人信息。这种方式蕴含许多风险。一方面,用户看到“隐私政策”一词,他们相信他们的个人信息将受到特定的保护,认为宣传隐私政策的网站不会分享他们的个人信息。但实际上,隐私政策通常更多地作为企业的责任免责声明,而不是保护信息主体的隐私。另一方面,随着信息共享范围的扩大与共享程度的加深,[1]事事时时要求人们在短时间内诉诸对“同意”的全知全解,显然不太可能。因此隐私政策中设置持续的信息披露,可以让用户在充分知情的条件下作出同意选择,实现个人信息保护和利用的平衡。

(1)提高默认规则识别度

在默认规则中,设计更恰当的信息披露可改善披露对象的决定。首先,在人们作决定时,需要通过信息披露获取与信息本身相关的情况。公众整体上比某个领域的专家掌握更多的信息,因此,政府在作决策时,要利用机会从民众身上学习,提前确定决策的结果,减少差错的概率,并能更好地更正错误的决策。其次,因为人们会犯错误,扭曲、过滤和误解信息,而错误估计风险,信息披露可以详细描述各种风险,并通过改善选择框架呈现方法导引人们的行为。

(2)信息披露的内在要求

信息披露的目的是让消费者或用户了解相关信息。因此,信息披露必须具体、直接、简洁、及时、明显并具有意义。其一,使用消费者能够理解的、直白的语言。其二,包含清楚的格式和呈现方式,如容易辨识的字体。其三,明确的说明,将信息传达给对方。信息披露分为全面披露和部分披露。全面披露,是指网上提供各种信息,方便私人部门的人员,尤其是技术革新者以有效的方式进行应用、包装或者进行改装。部分披露,是指帮助消费者或用户直接通过一般出现在产品上面明确、简洁的信息来获取信息,如很多食品包装上都标有营养成分的说明。

(3)信息披露与个人信息的收集和使用

信息披露基于两个原则给消费者带来好处:一是自由市场原则。

---

[1] See Leecia M. McDonald & Lorie Faith Cranor, *The Cost of Reading Privacy Policies*, 4 A Journal of Law and Policy for the Information Society 550-551(2008).

人们相信,如果买方充分知悉相关信息时,市场就容易运行在最佳的状态;而信息披露制度能使人们知悉信息,买方在担心卖方的贪婪及“买者自负”(caveat emptor)之类的条款带来的风险。信息披露既能保护消费者又能避免限价、限购等管制措施带来的市场扭曲。二是个体自治原则。人们有权作出影响自己生活的重要决策,这是他们的道德性权利,也是支配个人事务的一种可行性方式。[1] 而信息披露为他们自主决策提供了条件。在隐私政策中,简化信息披露是平衡隐私政策中个人信息收集与利用的最佳路径。当然,仅是信息披露可能是不够的,重要的是如何披露。当下,“概括性披露”(summary disclosure)可以说是一种最理想的选择。[2] 这是因为:其一,文字简化。简化的语言所简化的只是文字而不是思想。如果选择很复杂,那么它的复杂性总会存在,它只会成为流行文本。其二,形式和格式上的简化。简化格式的方法就是将他们标准化,用一般化代替细节,让信息披露“标准化和清晰”。其三,大幅缩减信息,将复杂的信息缩减到一个数据。一方面,简化的信息披露以标准化、机器可读的形式快速传播信息,使得公众能做出明智决定。另一方面,简化信息披露能让大众直接查阅关键信息和数据集合,并且被人们使用,以便于人们改变理解的方式。

(三)信息同意撤销权与个性化默认规则

为了保障消费者或用户对自己信息的控制权,应当允许他/她有权随时撤回其同意,此为信息同意撤销权。[3] 同时,针对个体的不同需求,允许消费者或用户设置个性化的默认规则。

---

[1] See Robert H. Sloan, Richard Warner, *Beyond Notice and Choice: Privacy, Norms, and Consent*, Suffolk University Journal of High Technology Law, Forthcoming Chicago-Kent College of Law Research Paper, p. 400-412(2013).

[2] 参见[美]欧姆瑞·本·沙哈尔、尔·E. 施奈德:《过犹不及:强制披露的失败》,陈晓芳译,法律出版社 2015 年版,第 133~140 页。

[3] 参见项定宜、申建平:《个人信息商业利用同意要件研究——以个人信息类型化为视角》,载《北方法学》2017 年第 5 期。

(1)信息同意撤销权

信息同意的撤销权在默认规则中主要体现为“选择退出”(opt-out)。具体而言,就是通过改变默认规则的选择背景,保留人们不选择的权力,让人们可以更好地选择。[1] 此对于防范那些不恰当的选择规则,保障个体的自由和福利价值具有重要作用。

在生活中,很多私人和公共机构以有利于他们的方式收集、使用和披露个人信息,或者在不损害个人利益的情况下使社会受益。随着社会的发展、科技的进步,人们在购买商品特别是其中所包含的信息收集或获取,面临诸多选择。对于这些信息,人们可以选择加入,也可以选择退出。因此,如果人们对于某些数据使用有异议,知道有人正在寻找隐私的时候,希望有一种“退出机制”让人们有权拒绝信息收集,选择退出,免受有害使用。[2] 基于此,选择退出与隐私保护条款相结合,可以更好地实现消费者对个人信息的自我调节和使用。于公共机构而言,除非得到用户的明确同意,公共机构不可以随意处理用户信息。保护个人信息的隐私条款应该具有可理解性和一定的透明度。首先,它的条款必须足够简单,普通人可以很容易理解它。其次,条款必须具有一定的透明度,减少晦涩难懂的术语,这样用户就可以更好地阅读和理解这个隐私政策。此外,隐私条款的制定必须满足消费者或用户的利益,实现信息收集的有限目的,在收集用户的个人信息时既能够满足企业和公司的基本需要,又能维护用户的隐私权不受侵犯。对于消费者或用户,他们可以“选择加入”或者“选择退出”默认规则,减轻他们的选择压力、减轻损失厌恶的心理。在司法裁判中,法官可以不用审查消费者对默认规则相关合同提出的质疑。因为“选择退出”的条款允许消费者或用户可以选择不去遵守这些不合理

---

〔1〕 参见[美]卡斯·桑斯坦:《选择的价值》,贺京同等译,中信集团出版社2017年版,第155~160页。

〔2〕 参见翟相娟:《个人信息保护立法中“同意规则”之检视》,载《科技与法律》2019年第3期。

的合同。[1] 如果"选择加入",就是表明消费者或用户支持该合同的合理性。此无疑在很大程度上节约了司法资源。

(2)适用个性化默认规则

关于个人信息保护问题,可以通过设定个性化默认处理机制(personalized default rules)来解决。如果你非常重视隐私,而你过去的选择也体现了这个倾向,那么你就有可能利用自己的个性化默认设置来强化人们对隐私的保护,个性化默认规则的关键优势是它比大众化的默认规定更加精准细致。适用个性化默认规则时至少应注意:第一,是否体现了个体真实意志。就初衷而言,设定个性化默认规则是为了体现与保护不同个体的不同需求与利益。因此,若需求与利益并非个体的意愿的,那么,所谓个性化也就不存在了。第二,个性化默认规则的设置是否增进了商家或平台与消费者或用户之间的福利。具体而言,个性化默认规则的设置是否降低了人们选择的认知成本和决策成本,是否允许根据特定情况允许消费者或用户调整选择的结果从而提高最终选择的精确度等。

默认规则以"推定同意"方式设置选择框架为我们提供了充足的时间和空间,其效益价值被网络平台的服务者所青睐。然而,以互联网为依托的电子商务在我国取得了突飞猛进的今天,商家使用默认规则收集顾客偏好为顾客提供服务却给个人信息保护带来更大的风险。默认规则以形式上的平等掩盖实质上的不平等,造成司法裁判上适用规则的高成本、权利冲突等结构性困境。作为一种家长主义和自由主义的中间道路——温和家长主义提供了可能的破解之道。基于此,在改造默认规则时,充分考量社会福利与个体自治价值,借助对消费者或用户利益倾斜,充分利用信息披露发挥其前置性与适切性功能,允许信息同意撤销权和个性化默认规则在实践中的应用,以实现欲实现的目的。

---

[1] See Lauren E. Willis, *Why Not Privacy by Default*, 29 Berkeley Technology Law Journal 121-128(2014).

第八章　德性伦理学下的法官义务

法官作为案件的决策者,在司法裁判中处于中心地位,在社会中扮演着举足轻重的角色。法官在对具体的个案进行裁决时,如何依据法律法规,或是在规制不明确,甚至是无依据的情况下得出正义的结论,既是司法实践的难题,也是当代法学方法论的中心议题。当下“同案不同判”现象屡见不鲜,赔偿主体的不同、赔偿方式的差异化、赔偿金额的悬殊,这一切似乎与我们所提倡的“公平正义”相违背。然而,严格的规则主义真的是至高无上的吗?若依法裁判是唯一标准,那何以致如今的尴尬境遇?这让我们不禁反思其原因。而现代德性伦理学、德性知识论等对当下规则主义提出了挑战,为我们法学研究领域提供了新的进路。

立法的不纯粹性注定了法律条文的不完美性,而此时法官作为裁判的中心主体,显得尤为关键。以劳伦斯·索伦(Lawrence Solum)为代表的美国法理学家提出了德性伦理学的学术命题,反思了以功利主义和道义论为主导的规范伦理学对法理学的影响,提出法理学必须回归亚里士多德的研究思路,即善法应当超越保护他人人身和财产安全的层级,应达到促进社会福祉、推动文明进步的境界;并且法律的基本概念不应限于安全、效率或平等,而是必须纳入德性。德性伦理学把人的品格判断作为最基本的道德判断,要求人们成为具有某种道德品性的人。德性就是人依照自己的“固有本性”或根本“法则”所做的行动。索伦以立法的“欠确定性”作为“基石”,提出法官应当具有德性,且应当作出有德性的裁决。法律天生的“欠确定性”奠定了在司法裁判中融入法官的德性的必然性,在很大程度上弥补了立法漏洞。因此,德性伦理学无疑是为司法裁判的研究提供了新的养料。

事实上,法官的裁判行为就是法官道德活动的折射。法官是社会良知的典范、正义的榜样、道德的先进者和法律的捍卫者。在法官的行为属性中,德性是最为高贵的。法官的德性,决定裁判的善恶,决定以法治世的效果。在德性伦理学范畴内研究法官的裁判义务,不仅是对依法治国的推崇,也是对司法公平正义的不断探索。只有德性成为裁判者的品质,成为司法的重要目标,法律才可能是良法,裁判才能得到认可,法治才可能是善治。

本章内容缘起于对既有法律在“同案不同判”中的作用与限度的思考,通过对司法实践中“同案不同判”的裁判研究,对法官裁判义务展开三条进路的分析,法官运用现实法律、理性与经验,协调其中的法意与人情,进而通过努力最大限度地维护司法裁判的公平正义。然而,现有的三条进路依然无法完全厘清法官裁判责任,也就无法诠释法官义务的全部。因此,在前几条进路的基础上,笔者提出了法官在德性伦理学中的裁判义务,在现有的德性伦理学说的基础上,以法官的内在品格为重要支撑,重新梳理法官裁判的具体要求,更进一步分析“同案不同判”的内在逻辑,帮助我们认识法官应当具备的主观条件。

一、法官裁判义务论证的进路及其检讨

(一)法官义务——法官的裁判要求

1.“同案不同判”——从案件到问题

德国著名法哲学家亚瑟·考夫曼(Athur Kaufmann)曾言到,“同

案同判”是正义的核心，也是法律适用上平等的体现。[1] 在追求司法公正的当下，似乎“同案同判”具有无可争辩的正确性。然而在司法实践中，“同案不同判”屡有发生，甚至同一地区不同法院裁判结果也大相径庭。本部分就以近几年来的伪卡交易案件中的不同判决为例，并对法官的裁判理由进行分析。

由于银行卡被盗刷后的侦破有相当的难度，有些即使破了案，持卡人也未必能顺利地追回被盗刷的款项。因此，在司法实践中，很多持卡人在银行卡被盗刷之后向法院提起诉讼，要求发卡银行来赔偿被盗刷的款项。而发卡银行往往除了以存在刑事案件为由提出“先刑后民”，要求法院不予立案或中止审理之外，还会援引格式条款中的免责条款等予以抗辩。由于目前法律法规及相关司法解释对此类案件的认定、举证责任分配以及诉讼主体确定等问题没有明确的规定，并且各地法院裁判标准不尽统一，法官的裁判结果差异较大，“同案不同判”的情况屡有发生。

【案例一】北京市第一中级人民法院(2014)一中民终字第4190号“夏某与中国工商银行股份有限公司北京永泰支行借记卡纠纷案”。

2011年原告夏某在被告银行办理一张设有密码的借记卡，2013年12月29日，在夏某不知情的情况下此卡做了以下业务操作：POS机交易49,930元，ATM转账31,800元，ATM手续费13.50元。2014年1月，夏某接到划款通知后便立即报警，并以银行为被告提起诉讼，要求银行赔偿损失。法院审理认为，密码是取款的必要条件，被告依照合同核验借记卡和密码之后，即视为本人支付，并无过错。本案中，即使发生原告夏某所述非本人交易，进行交易的人也应该持有正确的借记卡磁条信息及借记卡密码，而这两项信息的泄露，非持卡人本人的原因外，无其他可能途径，因此夏某存在对借记卡保管不力的情况。法院最终驳回了原告的诉讼请求。

---

[1] [德]考夫曼：《法律哲学》，刘幸义译，法律出版社2004年版，第24页。

【案例二】安阳市文峰区人民法院(2013)文民三初字第 185 号“王某诉中国工商银行股份有限公司安阳迎宾支行借记卡纠纷案”。

原告于 2012 年 2 月在被告处开户申领借记性质商友卡一张,用于原告存取款及消费支出。2012 年 11 月,原告收到被告客服短信提醒此卡在异地消费支出 168,480 元,因原告人未在异地且卡在手中,此笔支出并非原告消费,故原告立即向被告挂失并报案,但未有结果。因原、被告双方系储蓄存款合同关系,被告应对原告在被告处的存款负有安全保障及对原告支付的义务,被告未经原告同意便将上述 168,480 元支付他人,应负有返还本息及赔偿责任,经与被告协商未果,原告诉至法院,请求判令被告支付原告存款 168,480 元。法院审理认为,原告在被告处办理了商友卡并存入资金,双方已经形成储蓄存款合同关系。为存款人保密,保障存款人的合法权益不受任何单位和个人的侵犯是被告的法定义务。原告在其存款丢失期间未在盗刷地,其商友卡亦未丢失,原告在本案中不存在过错。被告发行的商友卡在原告妥善保存的情况下,未能准确识别他人复制的假卡,导致原告商友卡中的存款被盗刷,系被告未尽到保障存款人的合法权益不受任何单位和个人的侵犯的法定义务所致,故原告要求被告支付原告存款 168,480 元的主张,应予支持。

分析类似异地伪卡交易的案件可以看到,上海地区的人民法院判决被告赔偿所有损失;广东地区的人民法院则判决被告赔偿 70%的损失,原告承担 30%的损失;西安地区的人民法院从举证责任分配公平的角度,认为双方均负有举证义务,对于原告所持借记卡内的损失,由原告与被告各承担 50%的责任。相同的伪卡交易的案件事实,裁判结果却表现出高度不统一,出现从“驳回起诉”到“三七开”“五五开”再到“全额赔付”等各种裁判结果。各地法院各自成理,系因法律上对于伪卡交易的确认以及认定问题存在空缺。基于同样的异地伪卡交易的事实,依据同样的法律规定,不同的法官却作出截然相反的判决结果,由此形成“同案不同判”的局面。

众所周知,一个裁判的形成不能被简单地看成一个“三段论”的过程,这过程中必须依赖裁判者的专业智慧和实践技艺。在任何裁判活动的过程中,对于事实的认定也是人的一种认识活动,我们无法忽略裁判者——法官这一角色的作用。到这里,我们不禁要问:法官作出一个判决所要遵循的要求有哪些?对于“同案不同判”,法官是否可以给出一个合理的解释?因此,要厘清“同案不同判”的现象,我们必须对法官义务——裁判要求进行进一步的研究。

2. 法官的角色定位

每一个有法律的社会都有扮演法官角色的人。社会可能不区分各种角色,比如司法角色和牧师角色——在宗教法律体系中,这两者的融合是相当普遍的。[1] 但法律体系所在的社会中呈现一个特点,即至少有一些主体在解决争端时,会采用现有的标准。这标志着司法与其他形式的社会监管(如强制、调解或仲裁)之间的一个重要区别。有法律制度的时候,不仅能让人做事,能引导人做事,能解决人的纠纷,而且有人承担着运用法律来解决问题的义务。[2]

麦金太尔认为,“好的/善的”(good)这样的形容词的力量依赖于它所隶属的特定名词的意义,而最终界定名词意义的则是该词的指代对象的社会角色和功能。比如,界定“好的战士”取决于社会对“战士”角色的功能定位是怎么样的。当我们把一个人同其社会角色或功能联系起来,我们也就比较容易回答“他是不是好的”这样的问题。而在具有明确角色定位的社会中,由于其结构稳定,因此,有利于实现其角色功能,并得到了社会共同承认。在此意义上,“好/善”的标准是非个人的,[3] 角色对人的行为具有巨大的约束力。从个人的角度出

---

〔1〕 Leslie Green, *Law and the role of a judge*: 47 University of Oxford Legal Research Paper Series, p. 1(2014).

〔2〕 Leslie Green, *Law and the role of a judge*: 47 University of Oxford Legal Research Paper Series, p. 2(2014).

〔3〕 [英]阿拉斯代尔·麦金太尔:《伦理学简史》,龚群译,商务印书馆2003年版,第133页。

发,社会角色的确定就是一个回答“Who am I?”的过程。通常一个角色有以下特征:第一,角色的统一有助于了解它需要什么,并稳定那些依赖于它被执行的人的期望。由于角色可以有多个占用者,因此新进入者在进入时立即被该角色所有义务约束。比如我们希望新教授拥有教授的所有职责和权力,我们希望学生们在他上任时就知道他拥有这些。第二,通常有一些理由使多项义务落在同一组人的手中:例如我们希望那位负有忠诚义务的律师也避免让自己陷入利益冲突,我们希望他对我们告诉他的事情保密——这些义务是相互支持的。第三,许多角色在社会中具有更广泛的意义,正是因为他们是角色,所以他们具有社会层面的价值。[1]

法官是作为一种职业角色参与裁判活动的:首先,他是多种社会角色的集合;其次,随着审判的推进,其各种角色之间也会发生冲突,必须综合考量,采取利益最大化的行动;最后,法官的裁决依据法律,又不拘泥于法律。最终裁决者的地位意味着其要直面各方的压力,事实上,判决就是各种元素的综合,其中的某些元素产生的化学反应足以影响裁判。

3. 法官的裁判义务

有些义务只对执行给定角色的人具有约束力,如只有捕狗的人有责任抓住流浪狗。义务约束着每个人,但是他们以不同的方式约束着不同角色的人。[2] 而法官的义务是:作为特殊主体的法官基于司法权在司法活动中应当如何裁判的基本要求(义务)。[3] 一般来说,法官要求具备的专业化程度可与医生相比拟,其角色的扮演具有自觉性,在承担角色时,法官要明确意识到自己正担负着的义务即作为该角色的责任,察觉到周遭的人都是自身角色的观众,因而通过自身的

---

〔1〕 陆而启:《法官角色论:从社会、组织和诉讼场域的审视》,法律出版社 2009 年版,第 30~33 页。

〔2〕 Leslie Green, *Law and the role of a judge*: 47 University of Oxford Legal Research Paper Series, p. 9(2014).

〔3〕 余洋:《司法义务视域下知道性案例的学理分析》,载《江西社会科学》2018 年第 8 期。

行动去感染周围的观众。[1] 毋庸置疑，在司法裁判中，法官负有根据既有的法律规范、通过公正的程序，对眼前的案件作出裁判行为的义务。法官是正义的代名词，必须保持不偏不倚的中立性。然而，法官作为一种职业角色，还与其他社会角色联系在一起，这种多重的角色冲突，很大程度上影响了法官的公正裁判，进而损害了司法公正。[2] 法官在裁判案件时，不能仅听从于法律指令，还应服从于自己的良心。皮罗·克拉玛德雷(Piero Calamandrei)指出："司法在实践中是综合的操作，它在封闭的精神熔炉中发生：直觉和感情必须在活跃的良知中加热，以把抽象的法律和具体的事实有机融合。"[3] 因此，在司法制度的角色限定中，法官的义务问题对于案件的裁判有着至关重要的作用。

(二)法官义务论证的诸进路

1. 基于法律规范的义务

迈克尔·S. 摩尔(Michael S. Moore)曾言："司法裁判应该严格地把法律与司法义务联系起来，如果一个标准没有赋予法官义务，那么它就不是法律的一部分。"[4] 在抽象的意义上，法官义务的基本要求即一个判决应具备法律属性[5]。从表面上看，法官与其他所有公民一样，都负有守法的义务。然而，除了普通公民应承担的一般性的守法义务之外，法官还负有一项依据法律进行裁判的特殊义务。"依法裁判"从广义上来讲，是作为司法审判中的一种守法主义的理论而存在的——这也就要求法官作出裁判的依据是法律规范，要严格按照法律的规定来作出裁决。另外，从正当司法的角度来仔细研究可以发

---

[1] 陆而启：《法官角色论：从社会、组织和诉讼场域的审视》，法律出版社2009年版，第37页。

[2] 瞿琨：《论法官角色与公正司法》，载《学术界》2006年第1期。

[3] [意]皮罗·克拉玛德雷：《程序与民主》，翟小波、刘刚译，高等教育出版社2005年版，第23页。

[4] Michael S. Moore, *Educating Oneself in Public: Critical Essays in Jurisprudence*, Oxford University Press, 2000, p. 96.

[5] 孙海波：《超越裁判的可能、形式与根据》，载《东方法学》2019年第5期。

现,依法裁判的这一重要义务是每个法官都要普遍遵守的,在具体的个案中,对案件的事实和所适用的法律进行科学化的判断是每个法官的裁判义务。

然而,"同案不同判"证明了法官仅依据法律不过是一种不切实际的幻想。事实上,人们很清楚地知道,对于法的认知与持有的观念不同,司法裁定过程及判决结果也会存在差异。一个错案的形成通常并不是因为法律文本没有提供正确答案,而是认识中的"不确定性",而这源于语言无法做到绝对的清晰明确。它带来的直接后果就是法律的"不确定性"。被法律所调整的对象一般不是有形物体,而是社会生活中所存在的社会关系,这些社会关系是具有一定的复杂性的,因此对其进行一个准确的描述和界定并不易。赫伯特·哈特(Herbert Hart)认为,在法律不能解决案件的情况下(由于法律上的模糊或冲突而造成的不确定性),法官通常有处理案件的自由裁量权。因此,在司法裁判中,必然包含除"依法裁判"以外的裁判要求。

2. 法官的职业道德

一个社会角色,会挑选出一套规范、价值观以及期望的特有规则,以满足他们扮演角色的需要。因此,法官要想成为职业的法官,其必须经过一些必要的培训和经历。这一不断学习和充实自我的过程,不仅使他们的职业道德和品质得到了进一步的提升,也让他们学会了相对客观公正地去对案件事实进行判断,不断形成公平、公正、严谨的工作态度和工作追求。身为法官所拥有的专业逻辑与普通大众的生活逻辑的不同之处就在于,情感因素所占的比重不同。也就是说,欲维护司法审判的公正性和公信力,要有一个稳定的环境来减少情绪和舆论等压力对法官判断的干扰。[1] 在司法裁判过程中,规范法官的职业道德,也是法官作为这个角色的义务本位。

一般来说,法官进行司法审判都要经过司法三段论的推理来得出

---

〔1〕 季卫东:《法律解释的真谛》,载《中外法学》1998年第6期。

结论,但并不是说法官所有的论证都要在形式上保持机械性的逻辑。但对法官职业道德的要求是非常有必要的,对案件事实的判定和对法律适用的选择都经过严格的职业训练,最终得出的结论才是最具有说服力和公信力的。司法审判虽然要求法官要严格依法裁判,但是也并没有完全排除法官价值判断,该因素与一般的道德思维、宗教思维等情感倾向还是有着不同之处的。善与恶是进行道德评价的标准,而对事实的认定和判断才是法律评价的标准。由此可以知道,服从法律法规是法官职业道德的基础,是运用法律思维的根据和准绳〔1〕。法官也是人,不是神,他也有其自身的情感,但其在对自己的情感进行捍卫和保护时都需要在法官职业道德所允许的范围内进行,在合乎法律的前提下考虑自己的价值判断。

3."自然理性"下的法官义务

对于司法公正而言,一个严谨合理合法的法律程序是必不可少的,经由正当程序审理的案件,即便最终的结果可能会有些许的错误和不足,但其公正的审判程序能够使公众得到很好的心理安慰。因此,自然法中所提及的"自然理性"下的正义观越发受到学界的重视。在自然法的语境中,"自然"与"制度"和"意志"相对立,因此,自然正义的要求与制度、意志选择无关。〔2〕 自然正义要求,在进行司法审判时,法官要保持绝对的中立地位,在对案件事实进行客观公正的认定以后,再对法律适用进行严格的选择和分析,从而作出能够为大众所信服和遵从的公平公正的裁决。这是从"自然正义"的角度出发对法官义务提出的要求。

在"自然法"思想的指引下,一个以追求社会正义为存在基础的合理司法体系在很大程度上可以将弊害降到最低限度。法官能最大限度削减立法中的弊端对司法审判的影响和制约,用以维护司法审判程序的正义,使被裁判者在接受裁判结果时能够更加心悦诚服,即使法

〔1〕 孙笑侠:《法律家的技能与伦理》,载《法学研究》2001 年第 4 期。

〔2〕 陈景辉:《同案同判:法律义务还是道德义务》,载《中国法学》2013 年第 3 期。

官所作出的最终结果对其是不利的;同时对于提高和增强普通社会公众对裁判的理解和尊重程度有很大的积极作用。人类是一个会思考且较为理性的生物,因此对于自然法思想的具体内涵的理解是可以被人类通过不断的实践和深入挖掘而发现的,同时,法官作为司法审判中最重要的一个部分,其将自然理性运用到具体的社会实践中也是具有很大可能性的,也为法官裁判义务的边界确定提供了可行性的依据。

(三)法官义务的现实困境

上节的论述为法官的义务提供了三种进路,但是纵观"同案不同判"的现状,依然无法提供其正当性的理由。

1. 法律的"欠确定性"

法律规范是每个法官都应遵守的义务,在这一义务下还存在许多的问题,比如,对于一些在法官看来是有悖于正义的法律其是否还应该遵从;在处理一些可能会导致不公平现象的案件时,对于严格遵循法律规范这一义务,法官是否需要严格去执行和遵守。在司法实践中需要严格遵守的一条原则就是"以事实为依据,以法律为准绳",这突出强调了法律的重要性。但是在具体的个案中,法律对其没有具体规定或者法律所作的规定不明确时,法官应该如何进行法律规则、法律原则等的选择适用就显得尤为重要了。在这种情况下,不同的法官对同一案件进行处理和审判时,就可能会因其对法律的选择不同而出现"同案不同判"的现象。正如第一节中的案例,同样是异地伪卡交易,但是由于现存相关的法律对伪卡交易的主体确认以及认定规则的空缺,导致了截然不同的裁判结果。

事实上,人们很清楚地知道,对于法的认知与持有的观念不同,则司法裁定过程及判决结果也会存在差异。[1] 一个错案的形成通常并不是因为法律文本没有提供正确答案,而是因为认识中的"不确定

---

〔1〕 孙海波:《疑难案件的法哲学争议——一种思想关系的视角》,载《法律科学》2013年第1期。

性”,而这源于语言无法做到绝对的清晰明确。它带来的直接后果就是法律的“不确定性”。被法律所调整的对象一般不是有形的物体,而是社会生活中所存在的社会关系,这些社会关系具有一定的复杂性,因此若想对其进行一个准确的描述和界定是有一定的难度的。海德格尔曾经说过这样一句话:世界是很大的,也存在很多的未知事物,而这些未知事物是不可能通过语言文字来进行完整表达的。[1]同理可知,法律所调整的这些社会关系也不可能完全准确地通过语言文字来进行表达。

2. 法官的个体价值偏向

在法律欠确定性的情况下,法官的裁量权举足轻重。然而,法官自身的道德素质的高低会直接或间接地影响其职业道德的高低。即使当下有制定与其自身相适应的职业道德标准来不断提高法官的道德修养,但是,在制定相应的职业道德标准时无法将法官自身的素质充分考虑进去。若制定了与其自身实际不相符的标准,实现起来就会有一定的困难。

在社会实践生活中,我们对法官给予了非常高的重任,往往将其推崇至一个很高的地位,但是我们忽视了这样一个问题——法官其实也是一个普通人,他不是神。众所周知,司法审判的过程并不是一个机械地对法条进行运用的过程,在这一过程中也包含着法官对法条的运用和理解,因此,法官理解能力的高低、法官自身素质的高低都会对案件的审理产生或多或少的影响。社会在不断的变化和发展之中,法律不可能预见到未来可能发生的事情,更不可能覆盖到社会生活的方方面面,所以如何行使刚性的法律并将其作用发挥到最大就要看法官对其的选择和适用了,在这一选择的过程中更能够体现出法官的职业道德修养水平。社会是由一个一个的人组成的,每个人与每个人之间都有着错综复杂的关系网,法官也是社会成员,其也会受到一些人际

[1] 陈云良:《法的模糊性之探析》,载《法学评论》2002 年第 24 期。

关系的影响,但是在进行司法审判时,法官要有自己的态度和职业素养,始终保持中立的态度,既要兼顾人情又要遵守法律,这就对法官提出了更高的要求。但是就目前我国的社会实际和法官的职业道德素养来看,法官在保持中立方面的能力还存在欠缺。

在进行司法审判时,法官有时会运用自己以往的办案经验对案件进行判断,但是经验所能够发挥的作用又是极其有限的,为了保障司法公正、维护司法公信力,在对案件进行判断和审理时必须减少法官个人所进行的价值判断,减少一味遵循经验主义所带来的弊端。但是,法官也只是一个普通人,他既然是存在于社会生活中的,那么其就不可能将个人的思想情感完全摒弃。霍姆斯曾经说过,人们对于司法裁判确定性的追求和渴望可以通过逻辑的方法和形式予以表达,但是人们的这种渴望是极度不切实际的。同时,霍姆斯强调也存在一些其他对于司法裁判有影响的因素,如个人道德、社会政策以及个人情感等,随着社会的进步、时代的要求,公共道德、社会政策在对人们行为的约束上所起的作用都是非常重要的〔1〕。在实际的司法裁判过程中,大多数情况下,法官根据逻辑推理所得出的结论与其根据价值判断所得出的结论都是存在根本性的冲突的,只有在极少数的情况下二者才是相对吻合的。

在进行司法裁判时,若法官不能简单地通过对法律条文来进行逻辑推理,那么就需要法官将实际情况与法律规定相结合来做出法律判断。在处理不同的个案时,若法律法规对其没有明确的规定或者规定不明,就需要法官根据自己对法律的理解来进行选择性的适用,在此情况下,同一案件就可能因办案法官的不同而出现不同的裁判结果。在伪卡异地交易的不同判决中,大多是由于对于不确定的法律条款的不同理解,在是否应当"先刑后民"、举证责任分配等问题上存在不同的理解,有的法官认为应当适用严格过错责任,举证责任在持卡人,若

〔1〕［美］霍姆斯:《法律的生命在于经验》,明辉译,清华大学出版社 2007 年版,第 217 页。

持卡人无法证明发卡行有泄露密码的行为,则推定是持卡人的过错;有的法官认为举证责任在发卡行,若发卡行无法举证持卡人未尽到妥善保管密码的义务,则推定为发卡行的过错。可以看到,对于已经发现的案件事实会在不同程度上受到法官个人价值取向的影响。

3.“情理”裁判

作为一个普通的人,无可避免地拥有常人的“自然情感”。前文所述的“自然理性”描述的是一个理想的图景,在现实中无法完全实现。受中国独特的传统文化影响,特别是“人情”文化的影响,中国的传统社会是一个以血缘为中心、以熟人关系为纽带的错综复杂的关系社会,它与在不断发展的历史背景下形成的社会连带关系还是有很大的区别和不同的。[1] 在这样的社会大背景下,法官无法“独善其身”,不免会受到社会各种因素的影响。

在进行司法审判的过程中,如果对于人们之间的情感进行过多的考量和选择,势必会对司法的公正性产生很大的影响。但是司法实践告诉我们,还是有很多人不重视和尊重法律,他们认为人情是高于法律的。但是又有这么一句话:“法律不外乎人情”,这就使让人们将法律作为其日常行为活动的准绳有一定的难度。在这种情况下,法律的地位难以得到有效的提升,法律也难以得到人们应有的尊重和遵从,法律对于人们日常行为活动也很难发挥其规范作用。因此,为了充分维护法律的尊严,保障司法审判的权威性,人们要对法律的运用引起足够的重视,要运用法律来维护自己的合法权益,规范自己的日常行为活动。

若裁判中过度考虑“情”的因素,在某种程度上极大损害了法律权威的建立。有些民众被卷入司法纠纷后,首先考虑的是怎么找熟人、拉关系,如何使法律裁判向有利于自己的一面倾斜。在伪卡异地交易的案件中,对于赔付金额的认定也存在很大的差异,从无须赔付到“三

---

〔1〕 陇夫、延平:《法治与精神文明的关系研讨综述》,载《法学》1997 年第 2 期。

七开”“五五开”再到“全额赔付”,在其中是否存在暗箱操作?作为强势一方的银行若以贿赂的手段使法官最后判决倾向于己方,弱势方是否也无处说理?法律自身所固有的稳定性是其内在属性,而这也是一个国家建立法治社会所必不可少的内涵,作为一个法治国家,其所拥有的法律应该是具有较强稳定性的,不能朝令夕改。亚里士多德曾经说过这样一句话,法律要想取得其应有的成效,关键在于民众是否遵守和服从。要想使民众形成一种对法律遵从的习惯是需要进行较长时间的培育和养成的,如果一个国家的法律朝令夕改,那么就会在很大程度上减弱民众对其的信仰度和遵从性。一个国家的法律稳定了,那么这个社会也就稳定了,在这样一个较为稳定的环境中,有利于实现法治国家的建设和发展。

情理是人们的一种情感的感知,对于情理并没有一个确切的标准可以对其进行考量和判断。因此,在司法审判的实践过程中,若是对情理进行很大程度的运用,会带来司法裁判的不确定性,进而会对法律的稳定性产生较大程度的影响。在处理具体的个案时,在案件事实的认定和法律适用的考量上,法官仅是通过情理来进行这一活动,就会使整个审判过程具有很大的不确定性。同时,若渗入过多的情理因素,会弱化规则的运用,大大降低了当事人为自己进行辩护和陈述的可信度;而律师在减少了相应法律支持的前提下对当事人的辩护词也会显得非常苍白无力,进而使整个的审判过程陷入一个混乱的局面。由此看来,前文所描绘的“自然理性”在实践中也无法完全作为法官义务的边界。

二、法官义务论证:一种德性伦理学的视角

正如上文所述,在法律不能解决问题的情况下,法官有自由裁量权,但其是有限的——需通过对司法技巧的考虑,通过尊重其他机构

的适当权威，还有哈特所说的“特有的司法美德”。[1] 因此，本章将为研究提供一个全新的视角：从德性法理学的角度，进一步探讨关于法官义务的问题。

（一）德性伦理学思想根基

德性伦理学，是在司法裁判的基础上融入德性理论，进一步丰富了司法裁判的哲学内涵。因此，若要对法官的德性义务进行深入的分析研究，则首先要引入德性伦理学知识作为哲学前提开展探讨。

1. 当代德性理论：道德哲学的规范进路

建立当代德性理论，不仅要求将研究的重点由原本机械性的规则转向包含道德素养的品质，而且还要求道德观念及思维方式也要有所进步。从传统的角度来说，道德理论主要在如下三条进路中发展，即道义论、结果论、德性论，这三条规范进路都有其道德研究的偏重点。道义论的代表理论为康德的“义务论”，其侧重于从义务的角度出发，强调履行义务；结果论则是重视行为的结果，其带有功利主义色彩，追求结果利益的最大化；德性论注重思想与行为中的道德，即重视人的内在品质对行为表现的决定作用。从当代德性理论的研究中，我们可以发现它对于道德生活的重新审视，以及相应地对于道德哲学的重新理解和塑造。[2] 同时，规范法学经由多年的发展，其中的道义论、结果论历来被学者们所重视，形成了现代法律中的核心观念，并且在其中占据着主导地位。在 20 世纪中期，哲学与法律的体系化发展，推动了现代德性理论的兴起，并由此引发了诸多学者对法哲学核心命题的深入探讨，如索伦、阿玛亚以德性理论理解和解释法律，探索德性理论对法律的影响及作用，明确德性法律对人类发展的积极促进作用。

现代道德哲学在很大程度上被当作“最为全面的法律”，将道德严

[1] Leslie Green, *Law and The Role of a Judge*, 47 University of Oxford Legal Research Paper Series 17(2014).

[2] 李义天：《美德伦理学与道德多样性》，中央编译出版社 2011 年版，第 21 页。

格准则化。因此即使立法的权威性有所缺失,某些学者还是想当然地设计出详细的道德准则,并且认为其可完全代替法律。然而事实上规则是空洞的,普遍性是空想的,律法式的现代道德哲学是不成功的。在这个意义上,当代德性伦理学的兴起,不仅是对规则伦理学的局部修正,而且是对道德哲学的重新审视。道德生活复杂多样乃至良莠不齐,决定道德哲学的思考和归宿必须回归一种合理的多样性。道德哲学主要涉及的内容是基本生活层次上的,探究的范围是人的生活,也就是形形色色的人类个体和群体在一个混淆着理智、情感和欲望的日常世界中彼此碰撞、相互作用而组成的充满质感的生活,人类生存方式是复杂性、多样性、不确定性乃至自相矛盾性。〔1〕

判断一个道德理论是否成熟,要看该理论中是否有对德性和规范的解释说明。通过判断德性与正当之间是否具有一致性,或者说德性是否对正当行为进行支持,可以看出虽然道德理论是以行为为导向的,但其中也对德性的发展给予了高度的重视。所以,德性并非仅仅扮演工具性的角色,它本身承载着独立的价值内涵。

2. 德性伦理学的发展

从哲学史上看,德性伦理学是在西方古典时期便已经产生的伦理学形态。无论苏格拉底、柏拉图、亚里士多德还是斯多葛学派,这些古代思想家都在进行道德追问:什么是好人?如何成为好人?怎样获得幸福的生活?正是在处理这些问题的过程中,“德性”占据了他们讨论的中心位置。从德性伦理学的角度出发,其自身认为德性理论具有积极的社会作用,主要表现在德性理论能够帮助人类实现良好的社会关系、公平正义、被善意的对待,从而实现人们所追求的幸福美好生活。麦金太尔认为,若一个人想要过上幸福的生活,就必须讲求德性。同时,德性是人类在后天接受教育时逐渐形成的,若拥有良好的德性,人就会养成内在的善,并以此创造与获得幸福;若缺失了德性,则人在形

〔1〕 李义天:《美德伦理学与道德多样性》,中央编译出版社 2011 年版,第 24 页。

成善的过程中就会遭遇诸多阻碍,难以获得幸福生活[1]。同时,麦金太尔将“实践”定义为:任何复杂的、融会贯通的,并且由社会所决定的人类活动的形式,这种活动形式是持续性、深入性的,是人们追求各项更高活动水平、达到更极致的善的行为目标。因此,人只有拥有实践中获得的善,才能够不断形成与发展更佳的实践,而要获得善,就必须注重德性的关键作用。从更高层次上而言,对实践中善产生决定性作用的主因素,是人类所处文明及群体生活的风俗与文化等方面的影响。所以说,德性理论的开展,是要厘清不同文明与文化下的传统道德,并且由此推动幸福生活的进程。因此,从根本上来说,德性的运用是为了揭示和把握这种传统道德,也是为了推动和实现这种群体生活。并且麦金太尔还将德性的范围确定在一个特定的社会活动环境中,其目的是避免德性变成一种纯粹的、极不稳定的、富含情绪思想的情感事物。同样地,罗萨琳德·赫斯特豪斯在《论美德伦理学》(*On Virtue Ethics*)中提到:德性是人通过社会实践,将自身的自然本性向着善的方向发展到最佳状态,为自身的生存创造最佳(最幸福)的条件[2]。

因此,当代德性伦理学是围绕着道德性为中心的主体因素和内心世界(道德心理)做文章的。当代德性伦理学对现代规则伦理学的主要批评就是认为后者忽略了道德行为的真实心理基础。而德性伦理学之所以拥有合法属性,在很大程度上掺入了人的思想过程及品质的养成、表现等内在因素的考量。

(二)德性法理学:德性理论引入法律的命题

在当下自由主义思想的深刻影响之下,法律没有承担行为人道德的义务与责任,甚至法律在很大程度上反对情感化的道德,故而法律强调的是个人的独立性。在法律的原则中,国家和政府面对道德只能

---

〔1〕 Alasdair MacIntyre, *After Virtue*, *Notre Dame*, University of Notre Dame Press, 1981, p. 191.

〔2〕 Rosalind Hursthouse, *On Virtue Ethics*, Oxford University, 1999, p. 205-215.

中立,不可以用道德干扰法律。法律所约束的是人在道德行为上的表现,而对于人内在的道德品质,若不表现在行为上,不触碰法律的底线,法律就几乎失去了与道德的联系。亚里士多德在《尼各马可伦理学》中提及,立法的思想与智慧中必然存在缺陷,这些缺陷使法律存在诸多漏洞。在这样的立法水平下,裁判者追求公道的裁决目标不能仅仅依靠存在缺陷的法律,还要依赖德性及其他现实因素。也正因如此,德性与法律就具有千丝万缕的关系。

1. 德性的“内化”

一般来说,大多数人都将“德性”作为内在的一种道德品质,这是社会对于德性的普遍认知。詹姆斯·华莱士认为,德性能够反映一个人的价值,并从不同方面成就其美好生活品质:一是良知,包括诚实、公平等;二是仁慈,包括友善、怜悯等。德性是一种在关怀自身与关怀他人之间保持平衡的内心品质,主要表现为关怀和仁慈。其实,这种思路也是人们对于道德的日常理解。当人们谈论道德时,主要是在表述一些关于好品质、好心眼、好秉性的看法。这些东西是在社会群体的长期交往中,作为习俗风尚的组成部分而被塑造的言行和心理习惯。

但是,若只将德性理解为优良品质,这本身就是片面的。对于德性的认知,还应当从“德性的表现是什么”来看。人是如何达到“优良”德性水平的?阿默里·罗蒂(Amelie O. Rorty)认为,具体的德性确实是人的品质。然而当诸多品质形成个体的德性时,对于德性的分析探讨的重点,就在于在不同的个体、不同的情境下阐释德性的形成与变化。其表现在行为者自身认知判断与实践当中。由此可见,德性伦理学的主要宗旨是,厘清并且证明人的认知与思想及行为的德性要素,并寻求出提高德性之法。换言之,德性伦理学所要研究的内容不仅拘泥于倡导好品质、好行为的层面上,还需要构建出好品质、好行为的思想理论体系,为德性思考和实践提供理论化的方法论,为行为者德性的培养发挥指引和促进作用。

法律(良法)对于德性的培养起到助推的作用。法律中有两个环节可以促进人的德性的养成。第一,法律的强制性对人的行为有严格的约束作用,避免人们有逾矩行为,使人在法律的约束下渐渐形成“敬畏感”;第二,在法律使人产生“敬畏感”后,人就养成了遵纪守法的习惯,并且日复一日地重复合法行为,使守法成为自身的一种习惯,并且融入人的内心,成为观念的一部分。亚里士多德认为,从外在的法律强制到德性的“内化”是需要一个过程的。德性是通过习惯养成的,其无法以传授的形式获取,而是需要以不断地实践进而做出正确行为的方式来成就。“法律禁止某些不道德的行为,从而有助于人们确立并保存一个有德性的品质。”[1]

2. 德性的“规范化”

德性法理学是在现代德性伦理学和德性知识论的基础之上发展起来的,它们与法学有共同的属性,都是关于“规范”的学科。索伦正是在德性理论的启发下,以法律的确定性为起点,提出德性在司法审判中具有关键作用的观点。

判断一个道德理论是否成熟,要看该理论中是否有对德性和规范的解释说明。通过判断德性与正当之间是否具有一致性,或者说德性是否对正当行为进行支持,可以看出即便一个道德理论是以行为作为导向的,但其中也对德性的发展给予了高度的重视。因此,德性并不仅是促进性工具,而是具有独立价值、丰富内涵的体系化理论。德性与规范之间所存在的问题并不是在二者之间只取其一的取舍,而是对它们之间地位的优先性进行一定的考虑与衡量。德性伦理强调德性是优先于规范而存在的,而规范伦理强调规范是较为优先的。道德治理是以培养和提高人们的德性为其最终目标的[2],那么,衡量其是否取得一定成果的标准不仅要看所制定的规范能否得到遵守,还要看人们在遵守这些规范时内心存在的主观情感、行为目的等。要想使人们

---

〔1〕[美]罗伯特·乔治:《使公民有道德:导论》,郑玉双、朱振译,载《法哲学与法社会学论丛》2015 年第 10 期。

〔2〕江畅:《再论德性论与伦理学的关系》,载《南京师范大学学报(社会科学版)》2019 年第 5 期。

的德性逐步形成和完善，仅仅依靠政治行为的促进是远远不够的，仅通过短期的客观化行为也很难看出其能够取得的成效。因此，在进行道德治理时除了要以德性为导向，还要有一个整体的、系统的思想，要对德性形成的时间性、复杂程度和过程性进行充分的了解和知悉，切勿急于追求速度和效率，采用短、平、快的方式进行造势，从而取得一些浅表上的效果。[1] 这在某种程度上对德性造成了一些伤害。

规范是德性的手段，而德性是规范的结果。具体来说，德性与规范是一一对应的关系，比如，友善的德性与友善的规范相对应，公正的德性与公正的规范相对应。要想培养人们的德性，仅仅通过规范指引下的一次性行动是远远不够的，换言之，成就一个公正的人不能仅通过一次公正的行动来实现。

（三）当代西方德性理论的基本主张

在德性思想的广泛传播的基础上，当代西方的德性法理学逐渐兴起，在受到伦理学复兴思想的影响和启发之后，逐步成为一种规范的法律理论。该理论在亚洲、欧洲和北美洲等地区引起了充分的关注，其目的是能够以德性理论来解决当下法律中难以解决的问题，因为德性理论可以更好地解释法律及其实践中的诸多问题。西方德性法理学将伦理学、认识论和政治学等理论进行了充分糅合和进一步阐释。索伦对于当代西方德性法理学研究做出了突出贡献，“我关注这个课题的缘起之一就是当时哲学中的美德理论”。[2] 其对德性法理学的理论思考也进一步展开。

随着德性研究的深入，西方法理学家们对公正司法与德性之间的关系进行了进一步的细化研究。在德性进入司法裁判之前，我们有必要对西方德性法理学的相关主张进行阐述，以便更有效地进入。

---

〔1〕 李萍、童建军：《德性法理学视野下的道德治理》，载《哲学研究》2014 年第 8 期。

〔2〕 ［美］Lawrence B. Solum、王凌皞：《美德法理学、新形式主义与法治——Lawrence Solum 教授访谈》，载《南京大学法律评论》2010 年第 1 期。

1. 法律目标之德性

德性法理学的基础——西方德性伦理学是以亚里士多德为代表的学者所提出的,该学说的核心思想就是德性和幸福。追求幸福或兴旺繁荣是一项灵魂合乎德性的实践活动,也是人类实践的至善。索伦借鉴了亚里士多德德性伦理学中"最优等的幸福是过沉思的生活,次等的幸福是活得好并做得好"这两个核心,用于对当代法律理论的反省和批判。

在对法律理论进行的相关探索与讨论中,索伦曾对亚里士多德主义进行一定的借鉴和运用,这种思想摒弃了传统注重意识形态和结果的观念,转而开始重视德性的作用,并且积极主张法律的作用,就是要为人民谋幸福,而不是为了保护权利;同时,确立了法律哲学的中心思想就是德性、卓越及人类兴旺繁荣。

虽然法律的主要目标是追求幸福或兴旺繁荣,但其并不是以简单粗暴的形式来命令人们去实现幸福或者兴旺繁荣,而是通过创造各种条件,来促进人们实现幸福或者兴旺繁荣。亚里士多德的伦理学思想强调,幸福或者兴旺繁荣必须依赖外在的善(如财富),也必须依赖身体的善(如健康),更必须依赖灵魂的善(如德性)。所以,要想实现幸福或者兴旺繁荣,就要通过法律来为其创造一定的物质、社会等基本条件,使社会在具有良好秩序的环境下运作。例如,为了营造良好的社会安全氛围,就需要创造充足的物质保障、增加适当的就业机会,并使这些目标能够真正得以实现。从立法上来说,立法机关应该重点关注采取什么样的经济形式来提供充足的物质保障?哪些法律法规的出台会促进人的进步?哪些法律会给腐败提供滋生的土壤?为了使法律对人们更加具有约束力,应当采取哪些有效的、适当的措施?[1]一旦认清这些问题,并寻找出解决这些问题的基础支撑条件,那么人们所追求的幸福生活便越来越近了。

---

〔1〕 Lawrence B. Solum, *Virtue Jurisprudence: A Virtue-Centred Theory of Judging*, 34 Metaphilosophy 182-184(2003).

2. 法律本质之德性

索伦指出，法律是一种人们在社会生活中逐步形成的，并为人们所共同遵守的社会规范，它包括但不限于国家的制定法和实在法。在《尼各马克伦理学》一书中，亚里士多德认为，正义即为合法。在对这一观点进行表述时，亚里士多德将古希腊词“nomos”翻译为“法”。但是索伦却持有不同的观点，他认为将“nomos”翻译为“法律”是不恰当的，由此会导致其内容狭义。因为就希腊语而言，该词所包含的内容比“法律”更为广阔。索伦指出，在古希腊的词汇当中，有通过“nomos”来表达“法”的，也有通过“psēphismata”法令来进行表达的。但是，这两个词在根本上还是存在区别的。简单来说，“法令”不能适用颁布之前的案件，只能适用于颁布当时的案件，也就是说法令的适用是存在一定的时间限制的；但“法”的适用范围相对于法令来说就较广了，法能够适用于将来发生的一些案件。索伦还发现一个问题，在说一个正义的人是一个合法的人时，亚里士多德所用的词汇是“法”而不是“法令”。从现代法律的角度来说，“法令”一词的含义是指某一时期，一个国家所订立并且实施的制定法或者实在法。然而“法”从实质上来说是指一种社会规范，其适用范围比法令更加广泛。所以，法律不仅包括了成文法还包括了一定的社会规范。从此种意义来理解，判断一个人是否为一个合格的守法者，要看其是否遵守社会规范。一个法官要想成为一个合格的守法者，就必须要认真对待和遵守其所在社会的法律和社会规范，不断规范自身的行为。

3. 基于德性的裁判标准

要看一个判决标准是不是合法的，首先要看的就是该判决是不是由具有司法德性的人作出的。简言之，一个拥有一定司法德性的法官在判决时是严格依照其品质作出的，那么这个判决就是合法的。著名学者索伦将这一理论称为“德性中心论的司法理论”。一个判决的合法性严格受到法官司法德性的制约与影响，所以，索伦对于法官的司法德性给予了高度的重视与深入的研究。他用“薄”“厚”两个理论来对司法德性予以区分。

其中,司法德性的“薄”的基础和根基是一些没有争议的关于好的判决,以及人们的本性和对社会现实的理想信念,其着重强调的是一些没有争议的司法德性,比如,公正、守法、自律、诚实、守信、自由等。这些普遍的、全社会有共同认知的、不具争议的司法德性的阐述与说明,就是所谓的“薄”理论。一个合格的司法裁判者要想作出一个正义的裁判,必须具备一定的“薄”的德性,并且这些德性必须不能存在争议。对于个体而言,其无论是站在哪种主义的立场之中,都对这一观点有着一致的认识,这样的“薄”德性理论都可以包含在不是以德性为中心的法律理论中。

索伦曾经说过,司法德性理论是要以德性为中心的,那么它就不能把眼光局限于那些没有争议的法官所必备的品质,除此之外,还要对“厚”理论进行一定程度的研究和探讨。“薄”理论和“厚”理论的根本区别就在于司法德性是否具有争议性、是否具有共识性。索伦所认为的“厚”理论就是指司法德性所应有的智慧与公正。这两种不同的德性理论,人们虽然都给予了较大程度的认同,但是若对其进行具体深化的研究就会导致一些问题和分歧的出现。

索伦认为,要想作出一份合格的、合法的、优秀的判决,那么该法官一定要拥有足够的智慧。“以事实为根据,以法律为准绳”是所有法律工作者必须遵循的原则和恪守的底线。简言之,在作出一份判决之前,一定要仔细的研读法律、准确的使用法律,在对事实有准确认识的基础之上再对案件进行一个综合的评判。但是,如何调查案件事实,对所提供的证据是否应该采信,如何准确找出适用于该案件的法律法规,这是一个优秀的法官所应具备的基本素质。[1] 一个优秀的法官在处理过大量的现实案件之后就会知道,每个案件、每个人都拥有其个性和独立性,普遍适用的法律在某些时候并不能很好地应对其

---

〔1〕 Lawrence B. Solum, *Virtue Jurisprudence: A Virtue-Centred Theory of Judging*, 34 Metaphilosophy 188(2003).

发生的变化。在某些情况之下,如果一味地遵循法律法规的要求,那么就会出现一些不切实际,甚至不公平的现象和结果。在此种情形下,就对法官的素质提出了更高层次的要求,法官要超出法律字面上的含义来进行合法有效的判决,维护司法审判的公平公正。这一公平不是普通的法官所能够胜任并做好的,其必须拥有超高的法律素质与素养。

一个正义的品质与德性,是一个法官所拥有的基本的素质。[1]俗话说,一个审判要想成功那么它必须是一个充满正义的审判。虽然在对正义的理解上,大家都有着普遍的认识,但是在其所包含的具体内容上,又存在一定程度的不同见解和分歧。索伦对于公平的正义和合法的正义进行了一个区分和解读。他认为,若一个正义是公平的正义,那么它将会出现这样一个后果,就是法官会遵循自己心中对于公平所存在的信念和理解,由此来对矛盾进行协调和处理,处理结果就不能很好地解决矛盾,甚至会导致对法律的内容产生疑惑。这样一来,司法审判的权威性、严肃性和公正性就会受到破坏,有损大家对于法律的信仰。对此,司法审判必须逐步转向为合法的正义。

三、法官义务论证的德性转向

现代自由主义的观点认为,法律无法规制人们的道德责任,由于人与人之间的道德水准不同,故而在不涉及法律行为时,政府应当对人的道德持中立态度。同时,法律由于其局限性,难以涉及人的心理约束,只能在外在的道德表现上发挥一定的约束及引导作用。亚里士多德指出,立法的不纯粹性注定了法律条文的不完美性,而此时法官在裁决中融入其德性,便在很大程度上弥补了立法漏洞。在这个意义上,德性法理学的论证无疑提供了学说支持。本部分将对其关系进行简要的梳理,以阐述德性是对法官的裁判要求,以便于德性更好地进

---

[1] Lawrence B. Solum, *Law and Virtue*: *Virtue Ethics*, S. Wales & Willis Ltd., 2015, p. 422.

入法官义务。

（一）德性裁判理论的基础

法官以德性为中心履行职责，是现代法律发展的一个必然的特性。作为法律行为的判决者，法官的德性自然就是法官义务需要主要论述的内容。在德性法理学思想下兴起的德性裁判理论，就是以法官的德性为中心进行裁判行为，其根本的目的在于促进全人类实现良好的发展。德性裁判理论包括裁判主体的德性以及裁判结果的德性。

对于德性的裁判来说，其是围绕着司法裁判展开，并且服务于司法实践的。首先，德性裁判对法官的素质有明确的要求。司法裁判中，法官不只是根据法律条文机械性地审判，而是要融入自身的思想。法官只有具备了司法德性，才能最大限度地避免主观价值判断，从而进行公正公平的裁决。因此，在司法裁判中，德性起着十分重要的作用〔1〕。同时，德性裁判对于审判主体有着极高的要求，即法官要有优异的品行，还要有睿智的思想、智慧及高超的审判实践能力，并且尽力追求审判的公正公平。所以说德性裁判对法官这一主体给予了充分的关切，对其人格品质有着严格的要求，其从道德层面推动司法裁判的公平化。从另一个特定的角度而言，其将司法裁判中最容易产生偏差的因素重新重视起来，将法官的人格道德作为中心议题，将德性对司法的影响引入人们眼中，把德性推到了几乎与法律同等的高度。但是，这并不代表重视德性理论就要忽略法律的作用，而是以德性实现法官忠于法律，以此来促进更好的司法实践结果的产生。

德性裁判不仅对于法官主体提出了明确的德性要求，其对于司法裁判的每个环节都有严格要求。法官要具有德性，并且将德性运用于司法裁决中，得出公正判决。〔2〕对司法裁判的整个过程进行审视，则

〔1〕［美］迈克尔·斯洛特：《美德的转向及其再转向》，郭金鸿译，载《东方论坛》2014 年第 3 期。

〔2〕Lawrence B. Solum, *Virtue Jurisprudence: A Virtue-Centred Theory of Judging*, 34 Metaphilosophy 198(2003).

法官就必须以司法德性为基础进行判决;从德性裁判的结果来说,法官所作出的裁决都应当是符合德性要求的,不能与德性相悖。特别是在疑难繁杂的案件中,有许多案件的实际情况在法律条文中并没有明确地指明,导致法律适用出现了局限性。那么此时就需要法官根据自身的智慧、德性及经验作出较为公平的裁决。若审判法官具有丰富的司法经验、良好的法理基础、高超的司法能力,并且兼有合理的司法想象与司法创造力,那么在法律条文无法完全适用的条件下,法官也能够作出公正裁决。但同时需要注意的是,理论上所谓的"公平结果"是没有明确判定标准的,只能依靠法官的经验进行辨识。在这个层面上,法官的德性裁判是司法中关键的一环,而非只发挥薄弱的辅助作用。

在德性司法判决中,必须对法官的素质作出明确的要求,并且进行有目的的培养。在司法方面,法官应当具有在司法方面的节制、担当、勇气、稳重、才智和智慧,同时强烈的正义感也是不可缺失的。〔1〕当一个法官具备司法德性,其就成为标准意义上的德性法官,就能够以良好的德性与法律驾驭能力为基础,展开公平的司法裁判。同时,司法德性是司法裁判中的重要部分,而非辅助性的工具。在形成公正裁判的过程中,德性在其中发挥着重要的基础性促进作用。同时,法官还要以高度的责任感追求公平正义,将德性裁判者作为自己的重要身份,从自身主体职责出发,研究和实现德性的司法裁判。所以,对于法官而言,德性裁判应当成为其自身品质中的一部分,也是其进行司法思考和司法实践的毕生追求。当然,德性裁判必须不违反法律,也就是说,法官的首要德性,就是忠于法律〔2〕。

在一个符合德性的裁判中,除了确认法官为裁判主体,对于其推理的过程及结果,也必然有着极为严格的要求。在整个裁判的流程之

---

〔1〕 Lawrence B. Solum, *Virtue Jurisprudence: A Virtue-Centred Theory of Judging*, 34 Metaphilosophy 198(2003).

〔2〕 Andersen, *Justice and Other Judicial Virtues*, 34 Social Science Electronic Publishing 94-96(2011).

中,对于具有德性的法官而言,每个环节、每个步骤都应当依据德性而作出判断。[1] 同时,判决的最终结果也要符合德性裁判的要求,即裁判的过程合乎德性,结果合乎德性。需要认知的是,德性的判决,也即正义的判决,尤其是在疑难复杂的案件判决中,有的法律规定不明或者欠缺时,法官的德性就在判决中占据主导的地位。如果法官具有较高的法律知识基础,具有准确敏锐的判断力和高超的智慧,那么该法官依据自己的德性进行的判决就是公正的判决;反之,判决结果难以公正。但需要注意的是,在一些疑难复杂案件的审理中,所谓公正的判决结果,并没有对其评价的客观体系,而是由有经验丰富的法官来进行评价的。由此看来,德性裁判实际上是以德性为中心的,尽量追求公正的过程[2]。

(二)法官德性裁判的表现形式

德性裁判所追求的目标之一就是超越道义论和功利论,并且能够与这两种理论抗衡,使这两种理论在司法实践中的作用相对弱化。[3] 在具体的司法裁决中,道义论是从司法对象的角度出发,强调司法中对司法对象讲求公平公正、正当合理的行为;而功利论所追求的则是司法裁决的结果,即追求司法结果符合法律的全部要求。德性裁判的关键在于审判的主体,即法官的德性在司法审判中的重要作用,主张司法与德性之间的重要关系,并且这种关系对司法判决的结果具有直接而重要的影响。作为法官,不仅要具有自身的司法德性,并且还要以此为基础,将德性运用到司法裁决的过程之中,最终作出公平正义的判决,更好地实现法律的积极效用。因此,法官必须厘清道义和功利的含义,在司法判决中对这两种理论要认真进行对待,防止其影响

---

[1] Lawrence B. Solum, *Virtue Jurisprudence: A Virtue-Centred Theory of Judging*, 34 Metaphilosophy 198(2003).

[2] Iris van Domselaar, *Moral Quality in Adjudication: On Judicial Virtues and Civic Friendship*, 44 Netherlands Journal of Legal Philosophy 35(2015).

[3] 龚群:《德性伦理学的基本特征及其与道义论、功利论伦理学的根本区别》,载《中国人民大学学报》2019 年第 4 期。

司法德性的作用与发展[1]。

以法官德性为中心,并不代表将法律规则放在不重要的位置,而是以德性判决独有的内涵去解释法律判决的过程[2]。按照该观点,案件适用什么法律规则,并不是引经据典就可以概括完全的,其中,德性要求的作用不可忽视。如果排除了法官的德性,那么审判就是不完整的。进一步来说,要产生和识别司法判决中的正确结果,则司法德性是其中的关键。若直接将规则进行机械式地套用,则死板的规则会产生许多破坏德性认知和德性感受的问题。因此,在司法德性的实践中,不断摸索规则的使用方法,使法官在规则与德性之间达到有机的平衡,就成为现代司法判决中的一个重要课题。对于案件来说,尤其是疑难复杂的案件,当规则的底线明显地存在分歧的时候,即使有诸多明确的理由,仍然是模棱两可,无法评价一个判决是正确的还是错误的。[3]

(三)法官义务的德性要求

1.法官的品格特质

法官所作出的裁决,与当事人的利益息息相关,故而全社会都希望法官具有德性,能够在司法裁决中展现出公平正义,使参与司法活动的当事人各得其所,切实保障人们的利益,维护司法安全,形成良好的社会秩序。要想实现法官的这些司法品质,不仅需要相关的规则、规范、准则等进行约束,还需要在德性层面上进行指引。德性裁判将法官的素质放在首位,也就是说,司法裁判也应当是以法官的德性为先[4]。其中的德性,具体可划分为理智与道德两个层次上的德性。

---

[1] Amalia Amaya, *The Role of Virtue in Legal Justification*: *Law*, *Virtue and Justice*, Hart Publishing Ltd., 2013, p. 53-55.

[2] Amalia Amaya, *The Role of Virtue in Legal Justification*: *Law*, *Virtue and Justice*, Hart Publishing Ltd., 2013, p. 54.

[3] Lawrence B. Solum, *Virtue Jurisprudence*: *A Virtue-Centred Theory of Judging*, 34 Metaphilosophy 201 (2003).

[4] Lawrence B. Solum, *The Aretaic Turn in American Philosophy of Law*: *On Philosophy in American Law*, Cambridge University Press, 2009, p. 125.

理智德性,指的是人具有的智慧、理性、对事物的认知力、理解力的一种品质,通过学习获得;而道德德性主要包括人的同情心、责任心、感恩之心、忠勇心及自控能力,抑或慷慨、审慎、勇敢与节制等。德性的主要特点,就是保持中庸之道,既不怯懦退缩,也不偏激冒进。当然,要求法官讲求德性,并不是忽视其行为,而是将主体的、现代法律结构中的法官放置于潜移默化的德性中去履行职责,从而形成以德性为主要内容的新的判决理论。简言之,就是要求法官具有德性,并且在判决的过程中运用其德性作出结果,即德性先于判决,德性在一定程度上决定判决结果。因此,德性应当是法官进行判决时应当履行的主要义务。“只有在具有德性的人面前,才会存在正义的规则,否则正义毫无意义。”〔1〕这一观点明显地与当下的裁判理论存在巨大的差别,甚至与德沃金的赫拉克勒斯式裁判理论也大相径庭。德沃金认为,赫拉克勒斯式的法官进行案件判决时,所依据的是“构建出对整个案件诠释的局面”,以此来达到法律的重证据、重事实的属性。要想达到对整个案件进行全面准确的诠释,就需要法官具有卓越的品质和极高的能力。但我们应当看到,德沃金提出的理论是从判决结果出发,进行逆向扩散性思维所得,从而评价一个法官应当拥有何种品质和能力。在这样的判决理论中,法官的德性就成为辅助司法判决的一种工具、一种附加性的帮助,与上述的德性判决理论认为的“德性先于判决”是相反的。因此,德沃金的理论认为法官的德性并不是判决的主要因素,虽然在一定程度上肯定了德性的作用,但也是不适当的。斯滕平的观点推动了法官德性论的发展,他从法官进行自我提高的层面上对三种司法判决的形式进行了分析研究,即对实证判决、回应判决、德性判决分别进行考察。在这一基础上,其认为判决形式并不是单一的,而是多元化的。因此,法官根据在自我提升过程中的品质和能力,选择符合自身的判决方式。当一位法官的司法经验欠缺,且德

〔1〕[美]阿拉斯戴尔.麦金太尔:《谁之正义?何种合理性?》,万俊人等译,当代中国出版社1996年版,第9页。

性尚需提高之时，其主要应用实证判决的方式进行审判，即严格按照法律的全面规定作出判决；当一位法官品质和能力处于中等水平时，其采用回应判决的方式较为适合，即在合乎法律的结果中作出最为适当的判决；当一位法官的品质和能力均处于极高的水平，则其具有高超的决策能力，此时，该法官不断完善和提高自己的司法德性，凭借自身卓越的司法品质和实践能力作出公正的判决。

上述对现代司法转向德性理论的主要内容和价值意义进行了论述。但是，需要一提的是，法官义务的德性转向是一个动态的过程，随着时代发展对司法判决的不同需求而演变发展，不断呈现新的德性需求，并且需要进行理论的传播扩散。例如，以费尔德曼为代表的侵权法学者们，将德性判决理论的作用延伸到了民事主体动机之中，进行实践性的考察。通过对美国历史中过失侵权的判决标准的演变进行梳理，总结出现代学者为了追求法律的确定性，将衡量其中过失的三个基本标准进行了概括，即“理性”“审慎”“应有的注意”，如果被判决者存在以上三种情况中的一种，那么就不构成过失，而是一种故意。这种理论是机械且死板的，原因在于，其理论中的标准深受康德主义、功利主义、福利经济学等思想的影响，无条件地认为其理论技术是“理性人”，因此对于其他两个方面的德性作用有所忽视。针对这一不足，费尔德曼认为，在过失侵权的评价之中，只有增加德性在其中的作用，才能够使判定出来的侵权与否符合现实世界的事物情形。同时，他还融合了休谟、斯密等德性伦理学家的“同理心”理念，先假设出一个具有德性之人，而后以这个假定的人为主体，对其思想进行探讨性的实验。实验的结果表明，在司法判决中，例如，陪审员等相关判决的人员能够从“同理心”出发，对被告人事发时所处的境遇及思想在一定程度上进行设身处地的还原想象，这种行为是理性的、仁慈的、具有德性的，是符合现代德性判决的要求的。因此，法官与陪审人员，在德性判决的驱动下，会在一定程度上理解被告的行为，从而作出德性判决。他还认为，恢复原本判断过失侵权的评价标准，能够促进司法判决的主体在司法实践中探索德性塑造之路。

2. 推理的实践智慧

亚里士多德多次强调德性与幸福生活的关系，但是这种具有德性的幸福生活，是一种基于人生智慧、享受品质的生活，而这种品质生活必须符合中庸之道，追求极致反而会适得其反。德性是符合中庸的，亚里士多德说过，过度和欠缺都是恶的本质，而德性的特点是必须适度。因此，在中庸的程度上，要讲求智慧，也即人要明智，明智是智慧在实践中所产生的高级思想，而其指导的实践就是处理具体的相关事物。[1] 因此，掌握全局的人，在某些事物上所做的并没有掌握局部的人做得好。所以个别性判断应当比一般判断更加有力，原因是个别性判断中往往具有对事物特定的智慧，这些智慧具有针对性，能够处理好相关的个别事物。与其相同的是，从现代法律的德性角度来看，由于法律具有形式性和范围的确定性，抽象的规范在很大程度上难以为道德与法律的决策提供依据[2]。这就需要有一种适用的德性，能够对具体的案件进行感觉、认知、分析、观察，寻求出其中最全面、最适当的法律理由。法律向德性的转向，不仅仅是用规则进行约束和指引，而且还应当考量德性中内含的智识，在追求确定性的过程中运用智慧和实践对规范进行理解、掌握、运用、丰富和发展，对规范进行德性化的重构。在这一过程中，展现出的是法官的德性与案件的情景能够协同匹配，表现出法官明智的判断力[3]，这就是司法德性。

实践判断并不是简单地运用相关规则进行重复性的实践。所以说，司法判决也并不是简单地按照规则执行即可，而是需要敏锐的感知力、准确的分析力、睿智的思考力，以此形成一个良好的司法判断，并予以证立。同时，这种睿智的慎思即使在面对不可通约的善之

---

〔1〕 刘宇：《当代西方"实践智慧"问题研究的四种进路》，载《现代哲学》2010年第4期。

〔2〕 [美]弗里德里克·肖尔：《像法律人那样思考——法律推理新论》，雷磊译，中国法制出版社2016年版，第28~29页。

〔3〕 甘绍平：《当代德性论的命运》，载《中国人民大学学报》2009年第3期。

时，也能保证法官作出合理的判决[1]。

3. 法官德性义务之“厚”“薄”司法德性

正如前文中所论述的西方德性法理学思想，德性的裁判可以分为“厚”理论和“薄”理论。引入法官的裁判要求，可以将其分为“薄”的德性义务和“厚”的德性义务。

“薄”的司法德性主要是指在司法审判过程中没有很大的争议性的问题，并且还能够让大家都普遍认同并接受的一种德性。一般出现在一些简单的案件中。若对于这些德性要求做进一步的解释与说明，也就是一个合法合格的法官要想作出一个合理合法的判决，他们对德性的理解与其所拥有的基本素质至关重要。即便是在简单明了的案件之中，法官也要施展自己的德性，才能产生卓越的审判结果，也就是“薄”的司法德性。

索伦在经过广泛研究之后，列出来五项普遍存在的司法陋习：一是腐败。由于经济社会的快速发展，腐败现象大量出现，进而对司法的公信力与严肃性造成了极大的冲击，可以说一个法官要是腐败了，那么就会对司法的公信力造成一定的“源头性”的污染。比如在某一案件中，法官接受一方的贿赂，使结果偏向该方，那么必然造成不公正的判决结果。二是懦弱。从两个方面来更深层次解读懦弱对司法公正的影响：一方面，在有一定势力的社会团体或组织的威胁与恐吓之下，性格懦弱的法官往往会因胆小而屈服，特别是在一些行政案件中，来自政府部门的压力是否会给审判结果带来影响，取决于法官的立场是否受到震慑。另一方面，性格懦弱的法官还会迎合广大人民群众的喜好与需求，做出一些能为人民群众所普遍接受的判决和决定，如今互联网媒体高速发展，舆论压力对于法官的裁判来说也是一个必须迈过的关卡。三是脾气不好。一个法官若是脾气不好，易怒，那么其在司法审判中很有可能带着自己的情绪进行工作，从而不

[1] 甘绍平：《当代德性论的命运》，载《中国人民大学学报》2009 年第 3 期。

能很好地对案件事实作出正确的分析，甚至可能会滥用其所拥有的自由裁量权，造成恶劣的结果。四是素质不高、不胜任工作。简言之，法官没有及时提升和优化自己所拥有的专业知识和技能，对于现实生活中出现的各种疑难案件，不能很好地应对与处理。五是愚笨。一个法官若是不能拥有一个聪慧的头脑、敏锐的观察力和丰富的社会实践经验，那么在其具体处理案件时，很大程度上无法做出及时准确的判断，进而可能会出现一些工作中的失误。

通过分析五种司法陋习，进而得出相应的五项普遍适用的法官义务，主要体现在以下几个方面：一是对司法要有节制。在司法节制的调控之下，法官所拥有的愿望与所求应该是有顺序的、有节制的、合法适当的。司法节制也对法官提出了更高层次的要求，一方面，法官要有自己的原则和底线，法官的职务就要求其要谨言慎行、严于律已，做好自己的分内工作。另一方面，在司法节制之下，并非要求法官毫无欲望，相反，一个合格的法官对于社会实践、基本常识要有一定的认识与了解。二是要有司法勇气。一个法官若是有足够的司法勇气，那么在面对社会组织或他人的威胁与胁迫时，才仍然敢于作出公平公正的判决，而不是放弃立场。三是法官要有一定的司法气质。在良好的司法气质的影响之下，法官对于自己的性格、脾气能够做到很好的控制。例如，在法庭上会有一些当事人情绪比较激动进而做出一些扰乱法庭秩序的偏激行为，法官也会按照正常的法律程序对其做出一定程度上的处罚，但是并不会因为此事件的发生而在最后作出判决时对其不利。此外，为了维护法律的威严，维护法庭的秩序，法官也要做出一定的表率来体现出法律和法庭的合理性、威严性和神圣性。四是法官要拥有较高的司法才智。所谓的司法才智，是指一个人要想成为法官，那么其首先应当具有充足的法律职业知识，要想成为一个合格优秀的法官，其对自身的知识和素质要有较高的标准和要求。要想获得这些优秀的学识与品质，必须不断地进行相关法律知识的学习与理解。五是要拥有司法智慧。对于法官来说这是非常重要的一项品质,同时也是一项非常重要的德性义务,它对法官的素质提出了更高层次的要求。在司法智慧的要求之下,法官对于具体的个案中的事实要有自己独到的见解,对于事实和证据的分析要有敏锐的观察力与洞察力,在认真分析的基础之上找出适合案件的法律法规。这一品质又被东塞拉尔称为“司法知觉”。虽然作为司法德性的“薄”的德性可以举出一些具有典型性的例子,但也不能片面地说“薄”理论就是有限的或是没有任何争议的。实际上,在司法实践中,果敢、正直、坦诚、法治等司法德性也是普遍存在和为人们所认可和同意的。无论是简单的案子还是复杂的案子,要是一个法官能拥有这些优秀的司法德性与品质,那么其就能够作出一个优秀的、合法的判决〔1〕。

“厚”的司法德性的出现使法官德性义务清单得到了不断的扩大和补充,它包括了许多的有争议性的德性与意志品质,也在疑难案件中发挥重大作用。普遍意义上,公平的正义就是行事所需的正义要与社会实践所需的道德相一致、相符合。换言之,从一方面来看,正义的品质是一种社会德性的需要,但从另一方面来看,合道德性与合法性又是两个相互独立、大相径庭的领域。对此,一个优秀的法官在处理案件时要严格按照自己对于公平的理解来进行案件事实与法律适用之间的判断,也就是法官个人的一阶判断〔2〕。所谓守法的正义就是对于在社会实践过程中形成和订立的法律、规范等严格予以遵守。在社会实践过程中形成和订立的法律体现了正义,支配和管理社会成员的规范也在无形之中体现着正义。同理可知,要说一个人是一个不正义的人,除了是因为其对制定法的不遵守,还因为他的所作所为与社会规范不相符。换言之,一个优秀的法官首先要做一个合格的守法者,将法律的思想深深地印刻在自己的身体里。对于这里所说的法要做一个扩大的理解与解释,它不仅包括平常我们所熟知和运用的法

---

〔1〕 Lawrence B. Solum, *The Virtues and Vices of A Judge: An Aristotelian Guide to Judicial Selection*, 61 Southern California Law Review, 1750(1988).

〔2〕 Lawrence B. Solum. *Law and Virtue: The Routledge Companion to Virtue Ethics*, S. Wales & Willis Ltd., 2015, p. 506.

律,也包含其他的社会基本规范。一个将法的思想深深刻在自己骨子里的法官,在面对所作出的结果与社会公平正直理念相违背的情形时,其会超越成文法的理念,在借鉴衡平法的基础之上对所作出的判决予以及时的纠正,作出正确的合法的判决[1]。在进行错误纠正的过程中,优秀的、有司法德性的法官为了应对和适应特殊情况的出现,必须适用较为规范的方式方法,但这一做法并不能简单地理解为法官拥有独断的裁量权,相反,法官还是得严格的依照法律来对案件进行公正的、理性的判断[2],换言之,法官依然必须严格守法。正如前文所说,一个优秀法官要想拥有较强的正义感,与其自身优异的学识素质和宽阔的司法视野是密不可分的。在某种程度上,我们也可以理解为,法官要想拥有一个正义德性,那么其必须具备的三个特性就是司法的整全性、司法公平与宽阔的司法视野[3]。正如在异地伪卡交易的案件中,法官不存在贿赂、偏袒等恶性因素,严格地在法律的框架内,充分考虑相关因素(当事人的赔偿能力以及主观过错程度等),对于不同案件是可以作出不同的裁判的。而对于不同的结果,我们都可以说其是正义的。

因此,在总体上来说法律的判决还是有一定的稳定预期的。法官遵守法律也应当被视为一种德性。合法/守法的基本要求是作为现代法治的精髓而存在和不断发展的,在人们之间逐步形成相互信赖和依靠的关系,形成一个良好的社会风气,即在人们的愿望没有实现时,可以直接对其提出反对的意见。也就是说,德性的出现并不排斥法治的运用与发展,相反地,德性在很大程度上能够解决疑难案件所出现的诸多问题,助力法治的发展。

---

〔1〕 Lawrence B. Solum, *The Virtues and Vices of A Judge: An Aristotelian Guide to Judicial Selection*, 61 Southern California Law Review 1740(1988).

〔2〕 Lawrence B. Solum, *Law and Virtue: The Routledge Companion to Virtue Ethics*, S. Wales & Willis Ltd., 2015, p. 506.

〔3〕 Lawrence B. Solum, *Virtue Jurisprudence: A Virtue-Centred Theory of Judging*, 34 Metaphilosophy 198(2003).

4. 法治理念居裁判的核心

在对索伦关于法律的理解的充分研究和解释的基础之上，我们可以发现，一个判决若是出现了问题，一般情况下都是因为欠缺一定的确定性，而不是因为法律在本体上没有为其提供正确的答案。一个法官在审理案件时，总会出现或多或少的问题与不足之处，比如说，对案件事实的理解有欠缺、对法律法规的适用存在不足等。因此，在司法裁决中，必须将德性融入其中。另外，要重点对司法公正、司法视野、司法正确三者进行体系化分析研究，以此寻求到守法与自然正义之间的平衡点，对此可以做出更加公正、合法的判决。综合上述所言，法官的德性义务对法官提出了以下要求：第一，德性是心灵与意志不断融合汇通而形成的产物，一个法官若是能够拥有一个良好的司法德性，那么其在做出判决时就更加能做到公平公正，诚实、公正、节制、聪慧、果敢等就是一些较为优异的司法德性；第二，要想成为一个有德性的、优秀的法官，那么这些司法德性是必不可少的；第三，只有在判决情境中施展德性，法官才能够作出德性判决；第四，要将判决放入相类似的环境中进行斟酌。在具体的个案中，一个具有德性的法官会基于案件事实和所存在的证据以及所能够适用的法律法规作出一定的判决，也就是在此情此景之下做出的最好的行动。从这个意义上来说，在法律上的正确性也就意味着是合法的，是与社会大众的广泛认知相符合的、一致的。综上可知，法官德性义务的核心在于法治理念，而不是人治。[1]

四、德性法官的中国镜鉴

在德性法理学的视角下，对法官义务为司法裁判主体、价值观念、裁判方法、司法德性以及其他特殊情境的司法适用打开了一扇窗，与我国传统文化中的道德思想有相通之处。相对于西方的法治而言，由

---

〔1〕 杜宴林、胡烯：《现代法律德性转向及其中国启示》，载《法学》2018 年第 10 期。

于受传统文化思想的影响,我国的思想道德和伦理规范体系始终秉承中庸的主流思想,从来没有像西方资本主义国家将个人主义发展到尖锐强烈的地步。从古代"画地为牢"到今天以人为本的思想中就能明显看出,中国的法治建设,始终为道德留着重要的位置。所以,构建法官的德性义务,对于当下的法治建设有一定积极的作用。

(一)德性义务中国化的基础

在德性法官进入中国语境之前,我们需对中国德性背景有一个整体把握,以此作为后续讨论的背景知识。本部分将紧密结合古代儒家道德理论体系以及社会对法官角色内容的需求展开。

在孔子的时代,中国的旧社会制度正处于瓦解阶段,新的制度却尚未建立。在这样巨大的变迁中,古典儒学思想家们试图令溃败的社会重新组织起来,通过运用智慧与理论的想象力,展现出一套全新的学说,以提供社会治理的新方案,力求让社会重新回归良好的秩序。[1] 在儒家哲学中,"道"非在人之外,而即在人之中。《中庸》言:"仁者人也。"仁是人的根本,只有做到了仁才称其为人。儒家思想认为,行道是行己之道、行己之仁、行己之义,其将行道责任内转为个人的修身成仁。儒家的道德思想既强调行为准则,又将个人品质作为道德评价的根本标准。在规范理论方面,儒家道德理论将和谐(社会层面的协调和谐和个人层面的自治性和谐)看作社会治理规范的重要价值之一,其要求规则中的评价性概念和内容能够被具有"义"美德的公民所内化,以令社会得以良好运行。

根据儒家的道德理论,人们遵循规则的行动必须要出于适当的动机,在理想的状态下,统治者与被统治的公民都具备仁义美德时,整个社会就可以按照礼法运行,促使每个人都按照德性来行事,达到真正的"路不拾遗,夜不闭户"。这样才能实现社会的和谐。规则固然在道德行动标准中起着构成性的作用,但是也无法被视作美德或者个人品

[1] 王凌皞:《儒家美德裁判理论论纲:当代法理学语境下的重构》,浙江大学出版社 2015 年版,第 37 页。

质，然而从儒家道德思想的整体来看，古典思想家们依然将美德当作道德领域最为核心与基础的观念。孔子所说的“人而不仁，如礼何”就清楚地表明仁相对于礼具有优先性，除此之外，儒家还以内容与形式的关系来刻画美德“义”与规则“礼”之间的关系。在儒家的德性思想中，德性论观念要比道义论观念更为基础，古典思想家们首先关注个人美德，其次才是社会规范或道德规则。这与前文所述德性理论不谋而合，为德性法官进入中国语境提供了本土文化支撑。

（二）法官社会角色的要求

作为法治的国家，司法公正源于法官的公正审判。特别是在我国当下经济持续稳定发展的情况下，不断孕育着从效率到公正的价值追求的转变、从权力本位到权利本位的社会意识转变等变革，人们的注意力从对物质的关注转而变成对人本身的关注。一个人在扮演法官角色时，并不仅仅局限于诉讼中、法庭内或者审判时，他其实也无时无刻地在法院组织体系中显示其身影，在社会中昭示其存在，并且在这些时候，毫无例外，他是一个行使专门职责、具有专业素质的“法律人”。[1] 法官的裁判者角色要求其具有某种超然性。社会的稳定需要法治环境的稳定，法治的稳定需要法官在职业中、心态上对法律理念的稳定。在个案处理中，既达到个案正义，又保持法制统一，真正显示法官的智慧和才智。

中国的法官在使用法律的领域内有很大的权力，但是所受到的道德约束比较薄弱。[2] 基于法律专业化与法律职业性的循环互动，法律的专业化和技术性要求需要法官来解释运用，制约法官行为的核心在于形成理想信念丰满、知识理论充沛、服从于法律精神和法律制度的法官阶层。而在这过程中，德性的理论大有可为。法官的德性思维

---

〔1〕 陆而启：《法官角色论：从社会、组织和诉讼场域的审视》，法律出版社 2009 年版，第 51 页。

〔2〕 葛洪义：《法官的权力——中国法官权力约束制度研究》，载《中国法学》2003 年第 4 期。

便是要求从人类的道德生活与文化背景中解释道德,从人的历史与文化传统中遵守道德规则。费孝通认为:“传统是指从前辈继承下来的遗产,这应当是属于昔日的东西。但是今日既然还为人们所使用,那是因为它还能满足人们今日的需要,并持续发生着作用。”[1]作为社会主义法治国家,中国的司法领域在面对新挑战的同时,更应当为以市场经济为中心的工业社会提供新思路。吸纳传统思想(特别是儒家道德思想),并将之与西方德性法理学有机结合,走扬弃、超越的德性转向道路。这就要求法官在司法裁判中对具体的境遇保持应有的关切。

(三)德性义务中国化的现实意义

1. 对同案不同判的重新思考

近些年来,中国社会经济突飞猛进,这种史无前例的发展也在一定程度上带来了道德价值观的改变——人们开始逐渐以经济价值作为衡量成功的唯一标准。同案不同判的屡屡发生,被认为是司法公信力缺失和民众丧失法治信心的缘由,更激发社会对于司法裁判的急迫期待。

同案不同判的发生,很大程度上是由于每一位法官的思维方式、知识体系、社会经验都有所差异,且无统一标准。因此,法官的德性就显得至关重要。想要实现司法公正,就必须有一个具有正义德性、广阔的司法视野、司法平衡能力与卓越的司法德性的法官来践行职业责任。这对于当下受国外文化侵袭的中国具有更重要的意义[2]。一个有德性的法官,在类似的事件下,是可以作出不同但合理的判断的,并且可以自证此裁决。可以说,这从根本上改变了现有的裁判观念:在具体的司法裁决中,裁判的胜利取决于法官的德性。索伦也认为如果在司法判决中存在司法恶习,如贪污受贿或处于其他目的枉法裁判

---

〔1〕 童建军:《当代西方德性法理学及其中国意义》,载《华中科技大学学报》2016年第4期。

〔2〕 杜宴林:《司法公正与同理心正义》,载《中国社会科学》2017年第6期。

时,所得出的判决必然是错误的[1]。也就是说具有了德性的法官负有公平正义的裁判责任,他应当在法律法规和相关制度的规范之内进行司法判决,从而对整个法律体系负责。因此,以德性为关键要素转变传统法官裁决的思路,将德性融入法官的职业道德之中,具有积极的意义。

一个具有德性的法官并不能仅仅依靠规则适用来对裁判理由进行选择,因为在不同的情境之下,所涉及的利益关系与冲突是不同的,不能依靠同一的规则和手段来对不同的情况进行分析。正如本章开始提到的异地伪卡交易案,北京地区的法官认为借记卡磁条信息及借记卡密码泄露,如果不是持卡人本人的原因,无其他可能途径,因此夏某存在对借记卡保管不利的情况。法院最终驳回了原告的诉讼请求。西安地区的法官认为原被告已经形成储蓄存款合同关系。为存款人保密,保障存款人的合法权益不受任何单位和个人的侵犯是被告的法定义务,被告未能准确识别他人复制的假卡,导致原告商友卡中的存款被盗刷,被告应当承担部分责任。两个不同的判决结果,是不同的法官针对其中事实的判断运用德性的思想,来对价值的冲突进行进一步的衡量,可以说都是正义的判决。因此,一个法官若是能够在整体善的理念基础之上做出一个正当合理的选择,即使所做的结果存在差异,我们也可以说这是正义的判决。换言之,法官不能仅以法律工具来作为其裁决的标准和手段,其应当以德性审视法律,从整个法律发展和适用的角度,成为社会正义的参与者、创造者、维护者,推动法律与社会公平正义的发展。这在一定程度上也是为同案不同判的考量提供新思路。

2. 法治时代下的裁判智慧

无论在何种语境下,司法都不是简单地输出判决书的机械过程,而是离不开法官的思维、经验、技巧与智慧的一项专业性活动。德

---

〔1〕 Lawrence B. Solum, *Virtue Jurisprudence: A Virtue-Centred Theory of Judging*, 34 Metaphilosophy 205(2003).

性也就未置可否地进入其中。离开了实践智慧的行为,经验性的内在品质不是我们所说的德性。正如罗斯所说:"实践智慧暗含着德性,德性也在恰当的意义上暗含着实践智慧。"在实践中,由于立法存在一定的滞后性,而司法智慧却是可以弥补这一缺憾的。索伦曾称法官"是法体制的建筑师"〔1〕。在此基础上可以看出,在司法领域传统的法律推理中,法律的"发现"与裁判的"证立"是相分离的,而德性法理学尝试将这两者有机结合,另辟蹊径地试图搭建裁判中主观性与客观性之间的桥梁,这也体现了实践中"法律发现"的重要性,而这必定是以法官的裁判智慧为基础的。

对具体案件裁判而言,案件的本体主要由其事实所决定,外界因素极难干扰,但即使如此,司法判决也无法遏制恣意的渗入与作祟。在这种情况下,如果法官在判决的过程中以德性为其思考和行动的起点,那么它与公正判决的结果便逐渐靠近,抑或其本身就是公正判决。究其原因,法官能够善用智慧,在实践中得出正确的结论,能够准确运用经验和知识,能够独具慧眼,透过现象看到本质。当法官拥有了这种准确的能力时,他既可以对相关事物进行全面而准确认知,同时也能从规范文本(不仅限于法律条款)中准确提取出适用于全部案情的条款内容。因此,法官的德性就成为评价法官是否恣意裁判的依据。这也是司法体系向着德性转化的一个明显特征:将判决理论的重点放在法官德性上,以德性约束法官的肆意行为,保证司法公正,推动我国法治形成良好的局面并向前发展。在这个意义上,德性法理学的意义不容忽视,它是对不同时代下法律治理危机的反思与超越。

3. 构建德性的社会体系

德性思维要求从人类的道德生活与文化背景中去解释道德,从人的历史与文化传统中去制定道德规则。一个德性法官实际上是内化了社会规范的法官,其作为社会中问题的裁判者,还负有对整个法律

---

〔1〕［美］迈克尔·斯洛特:《美德的转向及其再转向》,郭金鸿译,载《东方论坛》2014年第3期。

体系乃至整个社会的“正义”责任。即便我们身处价值纷争时代，当德性纳入作为社会裁判者的法官的建设中，让其成为正义的参与者、创造者、维护者，那么公正也能以可理解的方式被践行。这势必能为整个社会的德性建设提供可能，让整个社会体系向德性的方向发展。

五、结语

随着现代社会的发展，矛盾的多样性与多变性导致现有的法律跟不上问题的发展。近年来“同案不同判”的频发，也给司法的公信力带来了严重打击，让法官的裁判问题逐渐进入社会的广泛讨论中。现代对德性法理学的重新重视和持续深入的研究，使整个法理学领域的目光都聚焦于此，诸多专家学者都以德性为基础，对法律裁决进行了反思和完善。德性理论既是哲学家进行研究的重要内容，也是法学者在司法裁判中注重的关键因素，其在德性与法律之间架起了一座直接联通的桥梁，使德性裁判与法律互相融通。在德性理论中，亚里士多德对正义的理解，可以较好地解释法律本质。德性法理学将法官的德性置于裁判活动的中心，由于法律具有欠确定性，在法律裁决中不仅要注重法律规范的适用，还要注重法官的德性，使两者达到统一协调。

在司法推理的过程中，负有相应责任的法官必须根据相关的事实和法律规范进行判断，这是无可争议的，但这并不是忽视德性在司法裁决中重要作用的借口。相反德性在司法裁判中具有重要的地位——应用德性在司法裁决中进行证立，则一项裁决是否能够完美地证成，最主要依靠的就是法官的德性。这就要求在司法裁判中，法官不只是根据法律条文机械性地审判，法官应当具备司法素养、司法勇气、司法节制和司法才智等品格，同时也要具有强烈的正义感。在法律推理过程中主张法官的实践智慧，将实践中的智慧看作一种高超的德性，并且这种德性是促进裁判的根本保障。所以说进行司法裁判不能够仅仅依靠单纯的法律条文或规则得出最后的结果，而是需要在案件复杂性的分析研究中，厘清哪些事实因素对案件产生了影响，并且要求法官本着德性法理学的观念,负起德性审判义务。针对其中事实的判断,需要法官运用德性的思想来对价值的冲突进行进一步衡量,一个法官若是能够在整体善的理念基础之上做出一个正当合理的选择,即使所做的结果存在差异,也依然是正义的判决,这也很好地回应了当下“同案不同判”的尴尬境遇。

从德性法理学的角度,重新审视法官的裁判义务,最大限度地保护了裁判结果的公正性。因此,德性法官的课题研究可以为我国当代司法解决一些法律条文难以企及的问题,具有一定积极的引导性作用。它强调的是,法官在司法裁判中所需要的根本素质不仅限于对理论的全面掌握,更重要的是丰富的实践智慧。一个合格的法官有义务作出一个德性的裁判,在最大限度上追求裁判正义。从对司法人员的德性要求到对社会规范的德性内化,皆是对社会个体的伦理规制。

后　记

本书立足“疑难案件中的法官决策”作为逻辑起点，从中观维度整体地探讨和分析在不同法律思想影响下法官裁判形成的风格及其技艺。一如我国司法改革本身在不断完善和探索一样，本书的诸多问题也是探索中的问题，无法穷尽所有的问题，也无法深入准确地阐析所有的问题，期待法理学界，特别是专研法律方法、裁判方法的专家给予批评与指正。

自 2008 年以来，出于好奇心或兴趣，本人开始对法律方法特别是司法裁判这一议题进行研究。之后，陆陆续续单独发表或联合发表了一些文章。自 2016 年开始，根据新的情况，新增了几个章节的内容，同时，又对原来的一些观点与阐述进行较大幅度的修正、凝练和精简，合成了现在这本具有一定体系的专著。本书的作者除了本人之外，还包括南京大学法学院熊静波副教授、中南大学法学院陶文泰博士、清华大学法学院赵东博士等；具体的分工为：谢小瑶撰写或与其他人共同撰写了第二、三、五、七、八章，王政撰写第一章，赵东参与撰写第二章，陶文泰撰写第四章，熊静波撰写第六章，尤飞参与撰写第七章、张城璐参与撰写

第八章。全书在整体上具有一致性,但难免在细节上有些许的差异。

本书为司法部法治建设与法学理论研究课题"疑难案件中法官决策认知风格研究"(16SFB3006)的最终成果,得到宁波立法研究院的支持与资助。本书在成稿过程中,得到了台湾大学黄舒芃教授、中南财经政法大学法学院陈林林教授、厦门大学法学院郭春镇教授、南京大学学报(人文社科版)原主编朱剑教授、浙江大学光华法学院王凌皞副教授、西安交通大学法学院杜军强副教授的支持。在与他们多次研讨中得到启发后,得以修改、完善。另外,还要特别感谢法律出版社翁潇潇编辑,是她善意的"督促",使笔者的"严重拖延症"逐渐得到改善;也由于她的细致、耐心与高效的工作,此书才能得以顺利出版。

对以上同行、学友的无私的帮助、支持,在此一并致以谢忱。

谢小瑶谨识

2021 年 7 月 3 日于宁波